"梁山真儒 天下来学"
——基于来瞿唐先生日录的研究

陈祎舒 张梦雪 杨信良 著

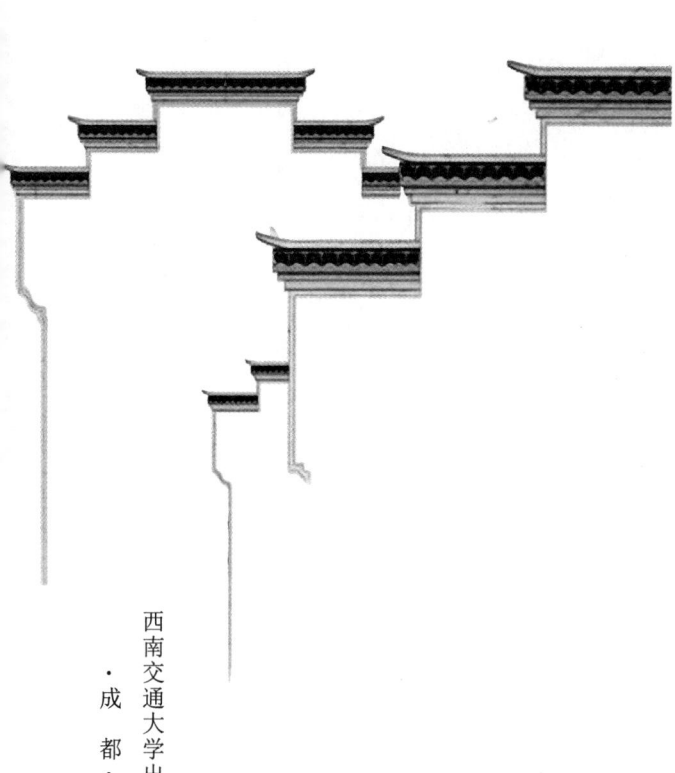

西南交通大学出版社
·成都·

图书在版编目（CIP）数据

"梁山真儒，天下来学"：基于《来瞿唐先生日录》的研究 / 陈祎舒，张梦雪，杨信良著. — 成都：西南交通大学出版社，2022.5
ISBN 978-7-5643-8672-6

Ⅰ.①梁… Ⅱ.①陈… ②张… ③杨… Ⅲ.①来知德（1525-1604）- 人物研究 Ⅳ.①B248.99

中国版本图书馆 CIP 数据核字（2022）第 073126 号

"Liangshan Zhenru, Tianxia Laixue"——Jiyu《Lai Qutang Xiansheng Rilu》de Yanjiu
"梁山真儒，天下来学"——基于《来瞿唐先生日录》的研究
陈祎舒　张梦雪　杨信良　著

责 任 编 辑	何宝华
封 面 设 计	原谋书装
出版发行	西南交通大学出版社 （四川省成都市金牛区二环路北一段 111 号 西南交通大学创新大厦 21 楼）
发行部电话	028-87600564　028-87600533
邮 政 编 码	610031
网　　　址	http://www.xnjdcbs.com
印　　　刷	四川煤田地质制图印刷厂
成 品 尺 寸	170 mm × 230 mm
印　　　张	15.25
字　　　数	350 千
版　　　次	2022 年 5 月第 1 版
印　　　次	2022 年 5 月第 1 次
书　　　号	ISBN 978-7-5643-8672-6
定　　　价	86.00 元

图书如有印装质量问题　本社负责退换
版权所有　盗版必究　举报电话：028-87600562

前　言

来知德作为明代巴蜀地区著名学者，一生学术成就颇丰，在易学、理学、文学等诸多领域均有着特殊的贡献。

结合来知德学术思想的发展历程，笔者将其生平经历大致分为四个阶段，分别是：青少年时期的读书科举生活（1525—1562），积极寻求入圣之道的探索历程（1563—1574），潜心注《易》的隐居生活（1575—1599）以及晚年宠辱不惊的恬静生活（1600—1604）。在这四个阶段，来知德有着在不同心境下的生活状态。

来知德生于四川梁山（今重庆市梁平区），原籍越之萧山，后徙家楚之麻城，元末入蜀定居。来知德出生在一个普通的蜀中平民之家，然而良好的家风与家庭成员之间亲密的关系为他日后立身行道提供了基本的条件，而来知德的后代也都受到他的影响，贤才辈出。作为蜀中名儒，来知德虽然终生未仕，却贤名远播，当时的许多士人均与之结下了深厚的友谊，与友人之间的相互交流也成为来知德学术成就不断提高的重要保障。

来知德天性豁达，热爱生活，常常寄情于山水之间，与友人游历各地名山大川，尤其在川东地区游历得最为频繁，巴蜀大地上的许多名胜都留下了他的足迹。由来知德的门人戴诰、古之贤等编著的《太史来瞿唐先生年谱》中不乏有关来知德生平相关地点的记载。此外，在《日录》外篇来知德诗歌作品中也涉及大量的川东名胜。

《来瞿唐先生日录》作为记载来知德理学思想及诗赋文集的传世著

作，曾被后世多次重新刊刻。我们通过开展万历本与道光本《日录》对校工作，在认识两种版本各自具有的特征的同时，便于恢复《日录》的全貌与原貌，进而为《日录》在日后的古籍整理工作的开展提供版本上的基本依据。

来知德历史人物评价是其历史观的集中体现，具有重要意义。他通过树立典范人物，弘扬儒家传统的价值观。来氏选择了历史上具有代表性的诸位帝王进行评价，在纵向比较的过程中，始终注重把握人物品评的客观性。来知德针对历史人物个人才能进行分析，反映了他道德作为个人才能发挥的先决条件的思想。

来知德生死观既是来知德人生哲学的起点，也是其认识世界的基础。来知德通过理学思想解释生死问题，认为生死取决于气之聚散，且富贵生死皆有命数。来氏对于鬼神有着较为理性的认识，不仅揭露了民间鬼神观念的虚妄，而且极为重视传统的丧葬祭祀所发挥的社会作用。他在探求生命永恒价值的过程中逐渐认识到生命有限，贵在一朝闻道，而人的道德属性成就了生命的不朽。

来知德好诗赋，喜饮酒，纵观其一生的诗赋作品，其中大量的篇幅皆与酒结缘，形成了独具特色的饮酒类诗赋。来氏饮酒类诗赋的创作背景主要有两类：一是与朋友宴饮、书信交往，即兴赋诗；二是寄情于山水之间，佳酿乃合美景，遂而成诗。来知德饮酒类诗赋的创作特点包括：一、多用典故；二、借酒抒情。来氏对于如何饮酒有着深刻的见解，并试图革除当时饮酒习俗当中存在的诸多弊端。

张栻作为南宋湖湘学派的代表人物，生前与朱熹有着密切的学术交流，对于朱熹理学思想的形成起到了重要的作用。他在继承其师胡宏学说的基础上受到朱熹的影响，形成了自己的理学见解。来知德则生活在明代中后期，时值阳明心学大行其道，来知德针对阳明心学之流弊，并

结合朱熹的理学思想,在太极观、功夫论等方面形成了自己的独特认识。本书通过梳理"性""理""心"等一系列理学基本范畴,略述来知德与张栻理学思想之异同,进一步揭示二者理学思想的基本特征。

张栻与来知德,分别作宋明两代巴蜀地区儒家学者中的代表人物,受到宋明理学思想的影响,形成了独具特色的治学思想。张、来二者因所处时代、人生经历及社会身份等方面的差异,使得他们关注的治学问题各有侧重,却因此得以相资为用。通过对比分析二者关于为学宗旨、科举制度、读书方法与知行关系等诸多方面的认识,可以一窥宋明理学思潮影响下蜀中学者治学思想的特征。

来知德去世后,梁山当地有关他的各类纪念活动一直持续到清末,而后世数次关于来知德入祀孔庙的努力更突显了巴蜀学人对于来知德的尊崇,由此亦可一窥来知德其人其学对于后世所具有的影响力。

本书由陈祎舒、张梦雪、杨信良共同完成。其中,第一、二、三章由陈祎舒完成,第四章由张梦雪完成,第五章由杨信良完成。

目 录

绪 论 …………………………………………………………………… 1

第一章 来知德生平研究 …………………………………………… 15
第一节 学术经历 ………………………………………………… 15
第二节 家世与交友 ……………………………………………… 32

第二章 《来瞿唐先生日录》专题考 ……………………………… 43
第一节 两种《来瞿唐先生日录》版本异同考 ………………… 43
第二节 来知德相关川东地点考 ………………………………… 57

第三章 《来瞿唐先生日录》思想研究 …………………………… 75
第一节 历史观：历史人物评价 ………………………………… 75
第二节 生死观：生命价值的思考 ……………………………… 89
第三节 文学观：以饮酒类诗赋为对象 ………………………… 103

第四章 蜀学的传承：理学视域下张栻《论语解》与来知德《日录》对比研究 ……………………………………………… 117
第一节 张栻思想与《论语解》成书略述 ……………………… 119
第二节 张栻与来知德思想对比研究：从理学基本范畴 ……… 133
第三节 张栻与来知德治学思想对比研究 ……………………… 153
第四节 宋明理学经典诠释的风格与永恒魅力 ………………… 168

第五章　晚明至清对来知德的崇祀活动 …………………………… 181

　　第一节　晚明至清梁山县文庙、学宫的兴废与来公祠的
　　　　　　营建修缮 ……………………………………………… 181
　　第二节　晚明至清官员士人争取来知德增祀于孔庙的尝试 ……… 194
　　第三节　来知德崇祀活动中的士人 …………………………… 216

结　语 ………………………………………………………… 225

参考文献 ……………………………………………………… 228

绪　论

一、选题目的和意义

来知德（1525—1604），字矣鲜，号瞿唐①。来氏终生隐居不仕，潜心学问，他的著作除《周易集注》外，其余诸篇后均收录于《来瞿唐先生日录》之中②。较之前者，《来瞿唐先生日录》的成书则经历了更加漫长的过程，其内容体现了来知德一生的学术成就与思想认知。来知德是一位杰出的易学家，同时亦是理学家、诗人以及高尚的道德实践家，他的生平、著作、思想以及诗赋都值得我们的重视与研究。当代著名学者舒大刚先生曾在重庆市梁平县举办的"光明讲坛·文化巴蜀"活动中，欣然命笔，题下"梁山真儒，天下来学"，以表彰来氏的成就，并于2014年10月25日在梁平县做了同名讲座。

首先，本书对来知德的生平过往、家世交友、学思历程、后世影响、蜀中游历等方面进行全面深入地梳理与分析，在揭示明代中后期的士风状况的同时，反映来知德其人其学的独到之处。来知德生于嘉靖四年乙酉（1525），卒于万历三十二年甲辰（1604），七十九载（来知德实际享年七十九岁，虚龄八十）人生岁月，历经嘉靖、隆庆、万历三朝。来知德作为地方乡贤，与其保持交往的人物众多，且来自不同的社会阶层，上至总督、巡抚这样的封疆大吏，下至地方基层官员、僧人、道士以及普通民众，其交往面极广。对来知德生平、游历与交友的研究为了解明代中后期地方士绅的生活情况提供了有效的依据。而结合其生平谈其学术成就与后世影响，则更有利于我们把握来知德其人其学的发展历程，充分认识到来知德学术思想所取得的突出成就。

---

① 黄宗羲所著《明儒学案》书中引作"瞿塘"，但现存的《来瞿唐先生日录》两种刻本（万历版与道光版）以及其他引文多作"瞿唐"。今统一作"瞿唐"，后不再赘述。
②《冉氏家谱序》除外。

其次，本书对《来瞿唐先生日录》中反映的来知德各类观点的相关内容进行研究，增加了来知德思想研究的广度。除《周易集注》外，来知德的其他各类著作均收录入《来瞿唐先生日录》中，分为内外两篇共十二卷，其中内篇七卷，外篇五卷。内篇中的各类著作主要包括易学、理学等涉及来知德思想研究方面的内容，而外篇则收录了来知德所作各类诗歌与辞赋，是来知德生平诗、歌、赋之文集。对《来瞿唐先生日录》的版本展开相应的研究，将成为研究工作开展的基础。《来瞿唐先生日录》中的诸多内容反映了来知德思想内涵的丰富性，需要我们对相关内容进行仔细研读与分析。本书联系来知德所处时代思想发展的脉络以及相关的文化背景，对来知德思想研究寻求角度上的创新，分别以来知德的治学思想、历史观、生死观等方面作为研究重点，进行具有创新性的学术研究。

最后，来知德在文学上亦有着一定的成就。他留下的诸多诗词文章中，存在着大量与友人交往的唱酬之作以及游历过程中所创作的山水辞赋，对明代文学的研究也有重要的参考价值。来知德的诗文现存五百余首（包括了来知德的诗、歌、赋），当代梁平学者熊少华先生将来诗分为三类：第一类是写自己远离尘嚣，闲云野鹤式的读书隐居生活；第二类是写他巡游探圣，寄情山水的仙游生活；第三类是与朋友同道之间相互的赠答。[①]来知德虽然与官场无缘，终身过着清贫的生活，但从其诗词中却看不到怀才不遇的牢骚，亦看不到生不逢时的怨恨，更没有落魄失意的痛苦。他安贫乐道，诗中更是不见一个"愁"字，用诗歌传递自己的真实情感。其诗词选材平凡，却是以小见大，令人见微知著。

总之，来知德其人其学都是非常值得研究的。

二、研究现状及其不足

现有的来知德研究主要集中在其易学的成就上，除此之外还包括其著作《周易集注》版本刊刻流传以及来知德诗词文学等方面。但总体来说，对来知德易学方面研究的深入与全面显得尤为突出。

---

① 2014年10月26日，重庆市梁平县举办了"光明讲坛·文化巴蜀"活动之"来知德儒学思想国际研讨会"，熊少华先生在会上做了关于来知德诗歌研究的学术报告。

（一）来知德生平研究

研究来知德生平的重要史料依据大致可分为年谱与传记两类。年谱即指由来知德门人代诰、古之贤等撰写的《太史来瞿唐先生年谱》，传记则主要包括张廷玉、万斯同《明史·儒林传》，黄宗羲《明儒学案·征君来瞿唐先生知德》，高奣映《瞿唐先生传》，王德完《来瞿唐先生行状》以及其他相关方志中涉及来知德的传记等。今人有关来知德生平的研究，大多是通过对各类著作中关于来知德生平经历的梳理，反映来知德一生的学思生涯的发展状况。

已有的来知德生平研究，以易学史、哲学史、思想史研究中的人物传记为主。如李寰《西蜀大儒来知德先生》、贾顺先、戴大禄《四川思想家》、邱树森《中国历代名人辞典》、燕中人《中国文化大博览（上）》、萧元、廖名春《周易大辞典》、吴枫、宋一夫《中华儒学通典》、张善文《周易辞典》、吕绍纲《周易辞典》、黄开国《经学辞典》、伍华《周易大辞典》、王德友《中国哲学小百科全书（人物与述评）》、王群生《重庆历史名人典》、吴正权《锦绣梁平》以及《一代大儒来知德》、李克明《梁平文化史话》、梁平县地方志编纂委员会《梁平县志·文化人物·来知德》、阿杰《易经：999个易经问题活占活断》等。这些论著主要是参考正史传文，叙述简要，并无深入研究。

由梁平县政协文史委员会编写的《梁平文史》第五辑——《来（夫子）知德专辑》中收集了诸多史料中关于来知德的人物传记、奇闻逸事、后世评价以及各类相关文字资料，是专题性研究来知德生平的重要书籍，涉及范围较为全面。山东大学尹辰霆在其哲学硕士毕业论文《来知德易哲学研究》[①]中在第一章"来知德生平事略及学思历程"中，分四部分对来知德的生平进行了梳理，分别以社会背景、生平事略、思想历程（其中包括来知德对佛道的研究以及儒学学思历程）对来知德一生进行了阐述。唐成元《注〈易〉大师来知德》[②]一文中，通过讲述"会试中举辞建坊""焚引示志孝为先""怜人克己拒赠礼""大器晚成不为官"四个来知德的生平故事，表现了来知德高洁俊逸的君子品德，令后世敬仰。王茂

---

① 尹辰霆：《来知德易哲学研究》，山东大学哲学硕士学位论文，2013。
② 唐成元：《注〈易〉大师来知德》，《晚霞》2006年第12期。

乾、丁耀廷《来知德万州演〈周易〉》①叙述了来知德自隆庆四年（1570）到万历二十六年（1598）（大部分时间）寓居万县虬溪山中注《易》，经二十九年而成《周易集注》的生活。

（二）来知德著作研究

关于来知德的著作研究，主要包括对来知德代表著作《周易集注》版本问题及其流传情况的研究。吴伟《〈周易集注〉的早期版本》②将来知德《周易集注》早期版本归纳为三个系统：张惟任虎林系统、史念冲刻本系统以及刘安侯删芟系统。它们均源于郭子章刻本，而郭刻本现已不存，研究其源流并作出系统性考证有利于揭示这三个早期版本所具有的校勘价值。陈培荣《来知德〈周易集注〉初刻本考》③对《周易集注》各版本广泛搜集，考镜源流，得出《周易集注》的初刻版应该是万历二十六年（1578）梁山县令徐博卿和来氏门人戴诰所刻本，所谓郭子章是初刻者并不属实，并证明"台湾所藏万历二十七年己亥本"与"北师大藏张惟任万历三十八年"为同版，试图据此对初刻本进行复原。谢莺兴《来知德〈周易集注〉版本考述》④根据书名与卷数之差异，通过考察卷首的"图像""图像遗补""启蒙"以及卷末的"採图""杂说"等篇章的有无，将现存版本归纳为二系统：康熙十六年（1677）凌夫惇批注，高翯映校雠本以及崇祯五年（1632）史应选（字念冲）本。

（三）来知德学术思想研究

1. 易学思想研究

由于来知德以《周易集注》而闻名于世，对来知德易学的研究极为丰富，来氏易学历来受到学界重视，尤其是在象数易学领域更是占有举足轻重的地位。来知德易学研究的成果内容涵盖丰富，对来知德易学进行研究的方向与着重点也各有不同，下面对研究内容的异同加以分类阐述。

---

① 王茂乾、丁耀廷：《来知德万州演〈周易〉》，《万县文史资料》第 7 辑，2005。
② 吴伟：《〈周易集注〉的早期版本》，《图书情报工作》2011 年第 11 期。
③ 陈培荣：《来知德〈周易集注〉初刻本考》，《儒家典籍与思想研究》，2013。
④ 谢莺兴：《来知德〈周易集注〉版本考述》，东海中文学报 2001 年 7 月第 3 期。

专著有台湾徐芹庭《易经研究》（五洲出版社，1984年）、《来氏易经发微》（中国书店，2010年）、《来氏易经象数集注》（中国书店，2010年）。专著中包含专篇研究的有朱伯崑《易学哲学史（第三卷）》（华夏出版社，1995年），徐志锐《宋明易学概论》第一章第七节《来知德的象数学》（辽宁古籍出版社，1996年），台湾高怀民《宋元明易学史》第六章《来知德的易学》（广西师范大学出版社，2007年），潘雨廷《读易提要》卷七《来知德〈周易集注〉提要》（上海古籍出版社，2003年），黄开国、邓星盈著《巴山蜀水圣哲魂：巴蜀哲学史稿》第四章第四节《错综为宗论周易》（四川人民出版社，2001年），李书增等著《中国明代哲学史》第三十四章《来知德的思想》（郑州：河南人民出版社，2002年），唐明邦、汪学群著《易学与长江文化》（湖北教育出版社，2004年），郭彧《易图讲座》第41讲"来知德的'易注杂说'诸图"（华夏出版社，2007年）等。

从研究对象与论证结果上来看，陈德述《来知德的易说及其自然哲学》①用唯物主义辩证法的作为指导思想，对来氏象数易学进行解读，反映了来氏易学中包含的朴素辩证法思想，分别阐述错、综、变、中爻理论，从而使六十四卦统一于气一元论的基础上。与陈德述的研究对象类似，官岳在《论来知德易学的哲学思想》②中也是通过对"错""综""变爻"及"中爻"诸方面的研究来阐明其易象学思想，但较之陈德述，官岳增加了对"象"的阐释，使全文的侧重点在于揭示来氏象数与义理之间的关系，认为其易学思想博取众家之长，摆脱门户之见，对清代易学思想乃至后来易学思想的发展都产生了深远影响。同样论证来氏象数与义理关系的还有刘体胜硕士学位论文《大义入象——来知德易学思想浅绎》③，此文以《周易集注》为主本，并参以来知德其他思想著作，遵循其融贯象数、义理于一体的理论建构体系，主要从形而上学基础、象论和思想旨归三个方面对来氏易进行了论释。与官岳和刘体胜二人揭示象数与义理关系不同的是，陈竹义在其硕士论文《来氏易经理数思想之研究》④中，将来氏易学思想研究集中于人事之理及造化气数关系的讨论，

---

① 陈德述：《来知德的易说及其自然哲学》，唐明邦主编《周易纵横录》，武汉：湖北人民出版社，1986年。
② 官岳：《论来知德易学的哲学思想》，《浙江社会科学》2009年第2期。
③ 刘体胜：《大义入象——来知德易学思想浅绎》，武汉大学硕士学位毕业论文，2005。
④ 陈竹义：《来氏易经理数思想之研究》，中国文化大学硕士学位论文，1988。

从而阐释"理"与"数"的关系，陈竹义把来氏易学的形成归因于来知德"尽人事，听天命"的人生态度，明显能感受到来知德思想中包含的宿命论的成分。

从对比分析的角度上来看，王棋《来知德"舍象不可以言易"的易学思想探析》①一文中，研究了来知德关于朱熹易学思想的继承与发展。来知德发掘并阐扬了以象解易的原则与方法，形成"舍象不可以言易"的易学思想。王棋在文中通过考证来氏易学思想在时间纵向上的源流问题，认为来氏易学纠正了明代易学偏重易理、疏忽易象的流弊，也深化了对易象和易理关系问题的哲学思考。而俞荣根在《巴渝文化与易文化》②中则是将来知德与陈抟、周敦颐、谯定等历代巴渝著名《易》学大师共同列举，并对他们易学思想上的共性加以总结，将巴渝易学思想特点概括为隐士易学与象数易学，主要体现了横向的地域文化对来氏易学思想的影响。与王棋相类似，从时间纵向上研究来知德易学思想源流的是江可欣的《来知德〈易经集注〉发挥虞翻易义之疏释》③，但与王棋不同在于，江可欣跳过宋人的易学研究，直溯两汉易学，将来氏易学思想与两汉象数易学代表人物虞翻的易学思想进行比较，阐明来知德是如何发挥虞氏易义，列举二人在诠释《周易》经文时的相同之处并加以统计，加之与其他易学家相互疏释、辩证，一窥来氏易学如何兼容象数与义理，还说明了在汉易及当代的易学体系下，来知德对虞氏易义是如何继承及发展的。与王棋论述来知德对朱熹易学思想的继承与发展所不同，林忠军在《来知德易象说及其意义》④一文中则是以一种更加宏观的视野，从易学起源、易学本质、象辞关系、象理关系的诸多方面论述了来知德以易象为核心的易学思想，从而与宋代程朱易学思想和明代以阐发程朱易学思想为宗旨的官学易学区别开来。林忠军的这一认识与俞荣根《巴渝文化与易文化》中得出的巴渝地区易学是"隐士易学"与"象数易学"的结论亦不谋而合。

---

① 王棋：《来知德"舍象不可以言易"的易学思想探析》，《江西社会科学》2007 年第 9 期。
② 俞荣根：《巴渝文化与易文化》，《西南师范大学学报》2001 年 11 月第 6 期。
③ 江可欣：《来知德〈易经集注〉发挥虞翻易义之疏释》，彰化师范大学硕士学位毕业论文，1994。
④ 林忠军：《来知德易象说及其意义》，《周易研究》2009 年第 4 期。

此外还有对来知德易学思想中的某一部分进行有针对性的单独研究的。对来知德易学思想中的义理学进行研究的有施泳忠的《来知德义理易学研究》①，此文指出来知德作《易》目的在于教人以正，若不以道义配祸福，便是术家之流。相较于吉凶祸福等结果，来氏更强调"无咎"，即道德上没有过失，所以六十四卦之枢纽只是"贞""诚"二字，在自我实践上便是自省与慎始。关于卦爻辞研究的有杨效雷的《巴蜀隐士来知德以象解〈易〉述论》②，此文指出来知德通过以象解易，对卦爻辞作出崭新而妥帖的诠释，纠正了当时忽视象数的时代之弊，但杨效雷同时认为来知德对一些卦爻辞的阐发不甚到位甚至有错误。

2. 理学思想研究

在本体论方面，蔡方鹿《来知德对理学的疑辨及其易学的特点》③一文根据《来瞿唐先生日录》与《周易集注》等相关材料对来知德的哲学思想进行研究，指出来知德通过追溯孔子思想来疑辨宋明理学，并对陈淳"地是水载"之说进行了批判。蔡氏认为来知德是以气为本，遂与朱熹的理本论哲学划清了界限。余光贵在《明末隐士来知德的哲学思想》④的第一部分"'阴阳变合'的唯物世界观"中，也得出了与蔡方鹿近似的结论，认为来知德坚持了"气一元论"的朴素的唯物主义思想。而余氏的论证过程则是从解读"来氏太极图"开始的。余光贵认为来知德在太极与阴阳二气的关系上，肯定了阴阳之气作为第一性的存在，而"太极"只是阴阳二气相互转化、运行不息的"气机"，不能脱离阴阳二气所独立存在。阴阳二气既是物质世界的本源，则形气之中的"理"，仅是指事物的属性或规律，而非形气之外独立存在的世界本源，也以此否定了宋明理学的唯心论。然而与蔡方鹿、余光贵的上述结论有所不同的是，王棋在硕士学位论文《来知德易学思想探微》⑤的第二章"来氏易学宇宙观"中对"太极""阴阳""理气""道器"四大范畴进行了具体的分析，并认

---

① 施泳忠：《来知德义理易学研究》，暨南国际大学硕士学位毕业论文，2007。
② 杨效雷：《巴蜀隐士来知德以象解〈易〉述论》，《历史文献研究》2009年。
③ 蔡方鹿：《来知德对理学的疑辨及其易学的特点》，《福建论坛（人文社会科学版）》2012年第1期。
④ 余光贵：《明末隐士来知德的哲学思想》，《孔子研究》1990年第2期。
⑤ 王棋：《来知德易学思想探微》，山东大学硕士学位毕业论文，2006。

为来知德对程朱思想中的本体论与生成论进行了全面的吸收与继承。除此之外，刘体胜在其硕士学位论文《大义入象——来知德易学思想浅绎》①中还提出了一种折中的观点，在其文的第二章"来氏易建构的形上学基础——理气合一论"中，将朱熹的理气观及其在明代经历的数次改造进行了深入论述，刘体胜认为来知德在前人的基础上对本体论进行了继承与改造，创新性地提出了"理气合一"的本体论思想。

在人性论方面，王棋《来知德"舍象不可以言易"的易学思想探析》第三章"来氏易学道德论"对来氏易学中涉及理学思想的"性二论""良知说""简易说""功夫论""理想人格论"五个方面做出了阐述。而针对理与性的探讨，官岳在其博士学位论文《来知德易学研究》②第四章的第二节"来氏易心性论"中对其加以阐述，并着重于人性论与良知说，来氏对五性论阐述本于天地之理及人之理命。相较于官岳、王棋，尹辰霆的硕士学位论文《来知德易哲学研究》③第五章"人性论与修养功夫"中对来知德《周易集注》以及《格物诸图》《大学古本》《入圣功夫字义》诸篇理学思想进行了分析，在阐释来知德人性论与良知说的基础上，结合朱熹、王守仁的理学思想，将其与来知德理学思想进行对比，并对来知德"格物欲之物"的格物论思想进行了阐述，最终强调来知德修养功夫中所谓"诚"的重要性。

3. 其他研究

熊明安主编的《四川教育史稿》④中对来知德的教育思想做出了论述。此书在介绍了知德哲学思想的内容后，对来知德的教育思想作出了深入的分析：首先，来氏强调了教育目的及环境在教育实践中的意义，并强调在学习过程中立志的重要性；其次，来知德对学习过程的渐进性进行了分类；第三，培养好的学习方法以及独立思考并加以笃行的重要性；第四，关于教师问题的讨论。余光贵在《明末隐士来知德的哲学思想》第三部分"重'躬行实践'的为学方法"中，则总结了来知德诸多

---

① 刘体胜：《大义入象——来知德易学思想浅绎》，武汉大学硕士学位毕业论文，2005。
② 官岳：《来知德易学研究》，山东大学博士学位毕业论文，2008。
③ 尹辰霆：《来知德易哲学研究》，山东大学硕士学位毕业论文，2013。
④ 熊明安等：《四川教育史稿》，成都：四川教育出版社，1993年7月。

具有辩证思想的为学方法,并指出来氏为学的关键在于最终落实在现实的躬行实践上。

(四) 来知德文学成就的研究

已有的来知德诗词研究大多为各类相关的诗词集丛书对来知德诗词的选编及相应的简单评析,其中如:朱技能《三峡旅游诗词选》、吴文志主编《明诗话全编》中孙肃的《来知德诗话》、余学新《三峡诗词评注》、汤明嘉《峨眉诗联拾撷》等。此类文章无论是对来知德诗词选取还是内容评析都极为简略。母中华、徐涛《巴渝诗人来知德诗歌之思想内容研究》①将《蜀诗》中所选录的五十四首来知德的诗歌作为主要研究对象,并对诗歌题材与思想内涵进行分析,以彰显来知德在注《易》之余以诗歌充实生活、表达心志、寄情山水的超然与洒脱。郑家治、李咏梅在《心学家来知德的诗学思想研究》一文中,将来知德同时看作诗人与心学家,对来知德诗歌以及《弄圆篇》《省事录》《入圣功夫字义》等相关诸篇进行分析,在探讨来知德诗歌内容的同时,对来知德著作中的诗学思想进行提炼与总结,从而反映来知德论述诗学的片言只语中所蕴含的重要的理论意义。此文对来知德诗歌从本质论、美学论、创作论、接受论四部分分别进行具体论述,较为全面与翔实地论述了来知德的诗歌思想,对来知德诗歌研究具有重要意义。

(五) 来知德研究的不足

在对来知德生平研究方面,首先,已有研究大多是通过对来知德各类传记与年谱中的有关事迹进行罗列并加以平铺直叙,缺乏对传记与年谱等相关文献资料的深入分析,不同文献之间也缺乏联系与互证;其次,对涉及来知德生平的原始文献的搜集也不够广泛与全面,在各个版本的梁山县志以及其他相关方志中仍然存在部分涉及来知德的文章;再次,当前各类研究对来知德传记与年谱中涉及来知德交友与游历的相关内容也鲜有提及;最后,来知德《日录》外篇中留下诗歌共五百余首,这些诗歌成于来知德生活的不同时期,几乎涵盖了其整个生涯,许多诗歌都

---

① 母中华、徐涛:《巴渝诗人来知德诗歌之思想内容研究》,《消费导刊》2008年三月。

是在与朋友游历或酬赠当中完成的，其中不乏反映当时的社会风貌的内容，对揭示来知德的生平与思想内涵亦有着重要的意义，这也符合以诗证史的史学思想，可是这样的研究视角在当前来知德生平研究中也是很少看到的。总之，通过对于前人已经取得的研究成果进行学习与借鉴，使我们对来知德的研究有了初步的认识。与此同时，我们也应当总结与发现前人研究成果的不足。关于来知德生平以及后世崇祀的研究，仍然存在许多有待发掘的资料值得我们深入研究。这些都需要我们在年谱、著作以及相关正史与方志文献互证的基础上，更为深入全面地揭示来知德生平各个阶段的情况以及后人对他的崇祀与评价。

在对来知德各类思想的研究著作及论文中，易学研究一直备受重视，也较为全面而深入。相比之下对来知德人生哲学的研究，虽然各类著作与论文中大多也有涉及，但主要还都是围绕着《周易集注》进行研究，通过分析来知德的易学成就从而揭示其中蕴含的人生哲学。而来知德论述其人生哲学的《来瞿唐先生日录》内篇中的大量内容，往往只是作为来知德易学中涉及相关的理学思想的旁证。《来瞿唐先生日录》思想内涵之丰富，其中的认识与观点涉及诸多方面，而当前学界依旧比较缺乏以此书作为来知德研究的主要对象而进行深入的发掘与论述。

对于来知德诗、歌、赋方面的研究，现有的成果依旧有限，且研究角度单一，多以诗歌的文学价值与意义作为出发点。而我们应该看到的来知德的诸多诗、歌、赋中蕴含的史学价值以及哲学思想。对来知德诗、歌、赋中相关人物的考证以及对其各类诗歌创作背景的认识与把握亦是来知德诗歌研究中有待解决的问题。

三、研究思路与方法

本书首先从时代的大背景入手，简要说明来知德生活年代学术思想的发展状况，为下文分析与阐释来知德的独特思想做好铺垫。在明晰来知德所处的时代背景以及前人研究成果的基础之上，对相关史料进行全面的搜集、阅读与理解，以正史传记为主，辅以各类方志、人物年谱、碑刻文献以及其他古籍中涉及来知德的相关内容。同时通过进行实地考察，笔者从直观上感受到了来知德曾经生活的地域环境，进而寻求获得民间关于来知德的相关口述史料,在最大程度上做到参考史料的广泛性、多元性和真实性。从来知德家族世系的研究揭示家庭因素在来知德成长过程中所发挥的重要作用;从来知德的交友方面考证来知德作为隐士这一特殊士人阶层的生活以及当时的士风状况;从来知德科举求学与游历悟道的经历考证来知德思想的形成与完善,由此呈现出明代中后期理学、易学的独特风貌,丰富明代理学史、易学史的研究。

本书考察了来知德的生平经历与后世影响、家世与交友以及与来氏有关的川东地点,并以《来瞿唐先生日录》作为主要的参考文献,将当前两种常见的《来瞿唐先生日录》版本进行了对校,在尽可能还原《日录》真实面貌的前提下,重点研究了来知德的历史观、生死观以及诗赋特征等几个方面的内容。来知德的治学思想、历史观和生死观中皆反映了来知德的儒家价值观,而他的这种价值观也对上述观点的形成起到了决定性的作用。由于身处理学大兴的时代背景下,来知德各类思想的形成也主要受到了理学思潮的影响,因此需要笔者深入认识理学史的发展历程,发现并思考来知德的理学思想对前人的吸收与创建。

就来知德的生平经历而言,笔者以时间先后顺序为主线,以《太史来瞿唐先生年谱》与来知德相关传记、行状为主要依据,结合《来瞿唐先生日录》中诸如《格物诸图引》《客问》等资料,对来知德一生中不同四个阶段的学思历程进行了还原。至于来知德的后世影响,则是参考了相关的方志文献,将后世有关来知德的崇祀活动加以呈现。此外,笔者通过查阅大量明清后学著作,将后世对来知德学术思想评价的内容进行汇总,并根据正反两方面的内容择要进行解读。

有关来知德的家世与交友的内容,主要还是依据《年谱》与《日录》中的相关信息,至于与来知德有关的川东地点的考证,除了依据《年谱》与《日录》之外,笔者还查阅了大量方志文献。由于此次考证的地点主要选择来知德曾经长期生活的川东地区,笔者还采取了田野调查的方式,对诸如仁贤乡、求溪、蟠龙洞等地点进行了实地的考察,更有利于笔者对相关信息的深入了解。

笔者通过对两种《来瞿唐先生日录》版本(万历本与道光本)进行对校,将二者的异同进行了全面的呈现,并依据文献学的知识,对

两版本的关系进行了总结，为《来瞿唐先生日录》日后的整理工作铺平了道路。

笔者阅读《来瞿唐先生日录》后，发现来知德在探讨诸多理学问题的过程中，往往是通过对某些历史人物举例并作出评价，从而达到阐述思想观念或表明价值取向的目的。来知德对于历史人物作出的评价也是来氏历史观的集中体现。笔者进一步对来知德所评价的历史人物作出分类，分别从"儒家典范人物""历代帝王"以及"历史人物的才能"三个方面出发对来知德的历史观加以阐释。

来知德生死观是来氏哲学思想的集中体现。笔者首先阅读来知德对生死问题的相关论述，发现来氏将生死现象归结为"气之聚散"，这反映出来知德对于生死现象的理性认识。在此基础之上，笔者进一步研究了来知德对于鬼神的认识和丧葬观念。最终从来知德对生死问题的认识升华到他对生命价值的判定。

来知德善诗赋，喜饮酒。《来瞿唐先生日录》外篇当中的大量诗赋皆与饮酒有关。笔者阅读当前来知德诗赋研究的已有成果，发现对来氏诗赋当中酒文化的研究还少有涉及，这也是笔者对来知德饮酒类诗赋研究的初衷。笔者以来知德饮酒类诗赋作为研究的对象，结合年谱、传记当中关于来知德饮酒的记载，试图在反映来知德饮酒类诗赋的文学特点的同时，揭示来氏诗赋当中的酒文化意蕴。

笔者在研究宋明时期巴蜀地区理学思想的过程中发现，作为南宋湖湘学派代表人物的张栻以及作为明代巴蜀易学家、理学家的来知德，二者学术思想的形成都受到了来自朱熹的影响。张栻与来知德在太极观、功夫论等方面的论说，在某种程度上皆可看作是对朱熹理学思想的回应。于是本文通过列举理学的基本范畴中二人的观点，对比分析了张、来二者认识的异同，进一步揭示出二者理学思想的基本特征。在揭示来知德治学思想的研究过程中，笔者对《来瞿唐先生日录》中有关治学思想的内容进行了全面的梳理，并引入宋代巴蜀理学家张栻的治学思想，通过对比分析的方式，从为学宗旨的形成、对科举制度的认识以及读书方法与知行关系三个方面列举了张、来二者治学思想的特点，以张栻与来知德为例，试图呈现宋明理学思潮影响下蜀中学人的治学特点。

对于来知德后世崇祀的考证，笔者主要借助相关方志文献并结合明清时期孔庙的实际从祀情况，按照时间次序对梁山及其周边地区来公祠的营建以及后世官员士人对来知德增祀孔庙的几次尝试进行了还原。

四、难点与创新之处

（一）本书写作的难点

首先，资料收集的复杂性。由于相关资料十分庞杂，加之来知德著作流传至今的四百余年间经历了多次的编订与重刻，版本分支众多，在漫长的流传过程中有些章节也已散佚，如《来瞿唐先生日录》的总目中内篇第六卷有《读易悟言》一篇存目，但其中内容在今诸多版本的《日录》中已经不见记载；还有如来知德年谱中提及来知德曾著《来氏家训》，此著今亦已无从可考；另外见于《梁平文史》第五辑中所引用的文献有《来氏志书》，笔者至今仍未能明晰其来源与内容，而更加令人遗憾的是此书作者田光国先生已经逝世多年。再如清人张汉的《奏请将明儒来知德配享学宫事》，虽然目前通过网络信息得知此文献藏于中国第一历史档案馆，但是由于客观条件的局限，笔者目前还未能亲赴中国第一历史档案馆对此文的具体内容一探究竟。这些问题都为资料收集以及确保来知德研究的全面性、完整性增加了难度。

其次，在对来知德生平研究的过程中，对相关各类文献材料的整体性进行把握与综合性运用。关于来知德研究的文献材料，一方面来自来知德自己的著作，另一方面来自他人对来知德的评价以及相关事迹的记录与描述，那么如何将二者结合并作出综合性的分析，去伪存真，就是成为笔者在来知德研究过程中的又一难点。

最后，由于来知德博览群书，通晓各类典籍，他的著作中涉及的学术领域范围极广，引用各类典籍以及相关文献众多。在感叹先贤学术功底之深厚的同时，客观上也就要求笔者阅读大量相关文献，把握当时学术思想的整体脉络。从《来瞿唐先生日录》纷繁复杂的内容中提炼并总结出来知德在某一方面的认识，真正揭示出来知德在学术思想上的独到之处。

（二）本书的创新之处

本书结合各类资料，对来知德的生平进行了全面且深入的研究，在揭示来知德学思历程发展变化的同时，将来知德学术思想的主要成就与特征进行说明，并对来知德的后世影响加以呈现。笔者对来知德交友的状况进行列举分析，试图以来知德为例展示明代中后期士人阶层的交往状况，并进一步考证了《年谱》与《日录》中与来知德密切相关的川东地点。

在对来知德的著作研究方面，由于来知德在《易》学领域所取得的突出性成就，所以前人往往将《周易集注》作为研究的主要文献材料，并对来知德《易》学思想加以研究并阐释。相比之下，《来瞿唐先生日录》就没有受到足够的重视。本文则是以《来瞿唐先生日录》作为来知德研究的主要参考的文献，通过对《来瞿唐先生日录》版本的梳理，以及对内、外篇内容进行深入挖掘与分析，将来知德的诸多思想成就呈现于世。由于受到宋明理学这一时代思潮的影响，理学思想塑造了来知德各方面的认知观念，这也在一定程度上成就了来知德人生哲学的独到之处。如：来知德在对历史人物进行评价时，其始终以道德标准作为历史人物评判的关键性尺度，并注重保障事实的客观性。来知德还对生死问题有着自己的一系列认识，总体上延续并发扬了孔子"未知生，焉知死"的圣人情怀，体现了其重视现实生活的人文主义精神。在对来知德诗赋著作的研究中，本书首次以来氏饮酒类诗赋作为研究对象，通过对此类诗赋进行探讨与分析，在反映来知德文学成就的同时，更加突显了来知德本人与酒文化之间的密切联系。此外，本文着眼于蜀学的历史传承，在理学视域下探讨了来知德与宋代巴蜀学者张栻思想之异同，为揭示宋明两代巴蜀地区的理学发展以及巴蜀学人一贯的治学特点提供了一定的参考依据。

来知德由于在学术方面的突出贡献，对后世产生了极大的影响。笔者从后世崇祀入手，进一步还原了明清时期来公祠的营建情况以及相关官员士人对来知德从祀孔庙的多次尝试，并对这些官员士人的身份加以梳理与呈现，这也在一定程度上体现了来知德之于后世的巨大影响力。

第一章　来知德生平研究

来知德生于嘉靖四年（1525）的十月初五日，卒于万历三十二年（1604）三月初六，在长达八十载的人生岁月里，他大部分时间都是在乡间田舍中度过。由于他终生未仕，加之久居蜀中僻地，远离当时的学术中心，既没有名师的指点，也缺乏与当世大儒之间的学术探讨与交流，其学术活动多是在蜀中授徒传道，教化桑梓，故而被黄宗羲批评作"师心自智"①。然而任何事物都应一分为二进行看待，虽然来知德一生参与的学术交流相对有限，但他正是经历了长期的知识积累，加之个人持续地独立思考与推敲，最终在易学取象之法方面形成了自己独到的认识与见解，促进了明代象数易学的发展。纵观来知德学术成就，诸如"格物欲之物"的修养功夫论，集理、气、数三者于一体并以"主宰者理"为本体的太极观，乃至以"错、综、中爻、变"为主体的取象条例，兼具象数、义理于一体的解《易》路径，这些都是来知德在充分总结并吸取前人学术成果基础之上的发明与创建。来知德的学术思想受到程、朱以来理学思潮的浸润，就明代而言，薛瑄、王阳明、蔡清等人都对他产生了深远的影响。研究来知德的生平经历，有助于我们更好地把握来知德学术思想的形成过程。此外，来知德作为中国易学史上的代表人物，后世学者有关他各方面的评论更是层出不穷；来知德同时也是明代巴蜀地区的著名儒者，后世蜀中有关他的纪念活动多见于各类文献记载。由此可见来知德在易学与蜀学领域所具有的巨大影响力。

第一节　学术经历

结合来知德学术思想的发展历程来看，笔者将其生平经历大致分为

---

① （清）黄宗羲：《明儒学案》，上海：世界书局，1936年，第572页。

四个阶段，分别是：青少年时期的读书科举生活，积极寻求入圣之道的探索历程，潜心注《易》的隐居生活以及晚年宠辱不惊的恬静生活。这四个阶段分别代表了来知德在不同心境下的生活状态：从最初在读书科举的求知过程中思考人生的理想与追求，到立志"愿学孔子"以来，结合自身生活而有的体悟与实践，进一步寻求在修养功夫一途的入圣法门，再到潜心数十载，一念只为在易学领域有所建树的注《易》岁月，最终在完成立德立言的壮举之后，表现出在实现人生价值后的悦然与通透。纵观来知德的一生，虽然平淡，但是对于道德理想的追求与德性生命的实践却是贯穿始终的，儒家的价值观影响到他生活的方方面面，最终来知德也在自己不断的努力下成就了不朽的人生。

一、青少年时期的读书科举生活（1525—1562）

来知德于嘉靖四年乙酉的十月初五日（1525）出生在一个普通的蜀中平民之家，其曾祖来昭为贡生，曾任宜良令，至其父来朝时，以开设旅店为生，曾有过"奉还遗金"的义举，良好的家风为来知德日后圣贤人格的养成提供了必要的环境保障。就其个人而言，来知德自幼在读书方面展现出一定的天赋。《年谱》称其八岁知书，九岁能作长短句，十岁已能依题作诗。然而幼年的来知德身体较为虚弱，长年患有癫疾，这也在一定程度上影响到他早年读书考试的进程。来知德于嘉靖十九年（1540）十六岁时成为生员，初治《诗》，后改治《礼记》，并于嘉靖三十一年（1552）二十八岁时以第五名考中举人。来知德将自己青年时期的精力主要投入读书与科举上，并在这一过程中逐渐完成了知识的积累。而在读书与科举的历程中，来知德始终保持着极高的志向，据《格物诸图引》载来知德言："德生蜀中僻地，少时不揣，妄意圣贤，然无传授且愚劣，虽有此二者，而学圣贤之志未尝一刻忘也。"①在立志学圣贤的同时，来知德也在不断地思考长期奔波于科举考试之于人生的意义，他反感以富贵名利作为科举考试的目的，于是在中举之后请辞建坊，并婉拒了朋友们赠送的礼金。他曾言道："鳅生始进，无毫毛裨益桑梓，以坊金

---

① （明）来知德：《重刻来瞿唐先生日录》，《续修四库全书》第一一二八册《子部·杂家类》，上海：上海古籍出版社，2003年，第31页。

累闾里，义所不安，请辞。"①在中举后的第二年（1553），来知德初次会试不第，并于此年开始在当地的宏山书院授徒讲课，最初拜入来知德门下的弟子共三十八人，皆为当地生员，其中就包括古之贤、戴诰等人，古之贤于嘉靖四十三年（1564）中举，并于第二年（1565）中进士，并官至户部主事。戴诰也曾任职于秦中。

自嘉靖三十一年（1552）中举后，来知德分别于嘉靖三十二年（1553）、嘉靖三十五年（1556）、嘉靖三十八年（1559）三次会试不第。其间来知德曾游历巫峡，有感于十二峰之盛景，作《春风辞》诸篇。自嘉靖三十七年（1558）起，来知德长住京师达六年之久，正是在京城的读书生涯扩展了他的见闻与知识。来知德在《格物诸途引》中言道："过京师，见薛敬斋（轩）《录》，始知学当求诸心。"②对于"学当求诸心"的理解促进了来知德自身理性思维觉醒，他对于前人思想成果的态度也从全盘学习与接收逐渐转变为有选择性地去取与批判性地继承，并根据自己的经验与理解加以创造性地发明。来知德的学术思想由此开始逐渐形成自己的风格与特点。

嘉靖四十一年（1562），来知德在第四次会试揭榜前夕梦见自己立于巫峰之上，不禁叹曰："巫峰乃川水汇归，峰多秀拔，文章之征，非富贵之征也。"次日揭榜，果又不第，恰逢此时家书至，在收到"父风疾发，母目疾重"的消息之后，来知德决定焚去路引。友人见状，纷纷表示惋惜，认为读书人以科举作为出路，而来知德则不以为然，并言道："有圣贤一条路，做圣贤不要命。富贵贫贱皆可为之。割断科目一条肠，圣贤由我做。"并书"愿学孔子"四字于绢，缚于臂上，毅然踏上了归乡之路，来知德也从此告别了考科举求功名的生涯。可以说，第四次科举失利，加之彼时收到父母疾发的消息，致使来知德对于人生有了新的理解，这也成为来知德人生当中的一次重要转折点。来知德对于科举的态度也从最初的接受到逐渐怀疑，最终走向了全面的否定。来知德认为，从消极的方面来看，科举高中与为官入仕成为当时知识分子心目中的主流意识，

---

① （清）高翥映：《来瞿唐先生传》，（清）朱言诗：《（光绪）梁山县志》卷九《人物志·列传》，成都：巴蜀书社，1992年，第267-270页。

② （明）来知德：《重刻来瞿唐先生日录》，《续修四库全书》第一一二八册《子部·杂家类》，上海：上海古籍出版社，2003年，第31页。

使得科举之途沦为读书人获取功名财富的利禄之梯，这样便与读书为学圣的本来目的背道而驰。而在这种价值观的影响下，科举制度已然难以选拔出德才兼备的真正人才，因此在《日录》中，有关来知德对于科举制度的批判比比皆是。来知德甚至认为应该恢复三代之时"乡举里选"的取士之法，由此建立起德位相配的人才选拔机制。虽然来知德提出的这种选拔机制过于理想，在现实中恐怕难以付诸实行，但作为当时科举制度下的受益者，还能够有如此的思考与认识，其胸怀与格局也可见一斑。而从积极的方面来看，来知德也承认，在以学圣贤为人生目标的前提下，将科举登第视作君子践行仁义的平台，则"科举亦未尝累人也"[①]，并以薛瑄、王阳明二贤之生平为例证。来知德认为，天地之间有理，有气，有数，理之于人表现为支持个人行善立德的道德理性，气之于人表现为口之于味，目之于色，耳之于声，鼻之于臭，四肢之于安佚的个人生理需求，数之于人则表现为包括贫富、贵贱、生死在内的个人后天命运的差异。对于圣人而言，"知天地间有此气，有此数，有此太极之理，故不于气数上做功夫，乃于太极之理上做功夫"[②]。圣人追求的是立身行道的道德践履，至于人生之富贵与否则不重要，或为尧舜，贵为天子，享九五之尊；或为颜渊，箪食瓢饮，年少早亡。来知德在承认人生命运具有差异的前提下，将个人后天的努力定在成就圣贤一途之上，于是他言道："万个公卿不如一个圣人，然公卿难到，圣人可学。"[③]公卿一途，并非在个人主观的努力下就得以实现的，反观圣贤一途，则是通过自己的努力可以达成的。更重要的是，公卿一途，说到底还是在形气之上用功夫，在人生境界上自然与在太极之理上用工夫的圣贤之道相去甚远。

二、积极探求入圣之道（1563—1574）

自嘉靖四十一年（1562）来知德第四次会试不第归乡后的次年开始，他在家中读书三年。在此期间，来知德开始结合自身的实践与体悟，对

[①]（明）来知德：《重刻来瞿唐先生日录》，《续修四库全书》第一一二八册《子部·杂家类》，上海：上海古籍出版社，2003年，第84页。

[②]（明）来知德：《重刻来瞿唐先生日录》，《续修四库全书》第一一二八册《子部·杂家类》，上海：上海古籍出版社，2003年，第86、87页。

[③]（明）来知德：《重刻来瞿唐先生日录》，《续修四库全书》第一一二八册《子部·杂家类》，上海：上海古籍出版社，2003年，第123页。

入圣的修养功夫进行了探索。最初他选择以程颐、李侗一脉，通过"澄心默坐"的方式，达到"无天无地无人无我"的境界，从而对本体之理加以体悟。但长期的读书与静坐并没有使来知德在修养功夫一途有所精进，他甚至感觉通过静坐体悟本体的方法类似禅学。

在经历了内心的思虑与困惑一时难以解决的纠结之后，来知德于隆庆二年（1568）与友人杨嘉制①同游于吴，乘一商船走水路沿长江而下。过九江，见时任户部主事员外郎中袁三接，并与三接诗文唱酬。旋即入南京，好友绍兴人张子功亦与之同行，共赴燕子矶，援笔即成数十诗，其中就包括诗作《燕子矶》，张子功赞曰："其文如鞭凤驾霆，周游六合之外，然自嫌庸笃。"②而后北上至山东，复游泰山。再至北京，见友人古建吾，建吾送来知德游山之资，知德坚辞不授，于是游西山后乃还，归后作《游吴稿》诸篇。隆庆三年（1569），御史谭启赴梁访知德，知德"烹菽炊糜"以待之，谭启也不曾介怀，并认为来知德日后必成高贤。同年夏，来知德父亲来朝去世，来母丁氏亦于隆庆五年（1571）去世，来知德自此开始了六年的庐墓之期。为了追思父亲，来知德曾作《秋风辞》诸篇。庐墓期间，来知德"不茹荤，不御内，不巾栉，琴瑟俱废，日悲号，心志甚苦"。在服丧期内，友人曾以酒肴款待，并以席间无别客相劝，来知德乃言："余之斋戒，非以要誉，为此心不忍也！"

万历二年（1574）冬，六年守制期满，来知德遂赴梁山境内之太白山，在经历了守丧期间始终保持对欲望的节制，以及长期以来对于修养功夫的不断探索后，来知德终于在经验与知识的积累过程中，迎来了太白山巅的最终"顿悟"：来知德自此认识到，"此心之往来者，非有他也，乃三欲也，盖孔子之三戒孟子之三好也。"③他对《大学》"八条目"之首的"格物"作出了新的解释，认为"格"字重"除去"之义，类似于阳明"四句教"中的"为善去恶在格物"，然而不同于朱熹、阳明将"物"字都作"事"字解，他将之解作"物欲之物"，因此"格物"即是去欲功夫，并以周子所谓的"无欲故静"证之。来知德结合自身的经验，认为

---

① 杨嘉制：梁山人，嘉靖三十七年戊午（1558）举人，曾授南京苑马司。
② （明）来知德：《来瞿塘先生日录（一）》，《四库全书存目丛书》子部第85册，济南：齐鲁书社，第655页。
③ （明）来知德：《重刻来瞿唐先生日录》，《续修四库全书》第一一二八册《子部·杂家类》，上海：上海古籍出版社，2003年，第32页。

作为本体的天理无声、无臭、无形而难以感知，而物欲则有迹可循，因此在此心未发之时对本体之理进行体悟，难有所获，当在已发之时行去欲的功夫，物欲既去，天理自然呈现。在这些认识的基础上，来知德进一步对以静坐的方式感悟天理的直觉体悟功夫展开了批判，认为此种功夫流于释氏：

> 殊不知此非圣学也，乃释氏闭城门功夫也。圣人之学，在于诚意上用功夫，先于惩忿窒欲。若延平此功夫，乃在诚意上一层。默坐澄心，无天无地，无人无我，无喜无怒，无哀无乐。①

在来知德看来，修养功夫当从已发处入手，这也是圣学异于佛学的关键之处。为了证明自己"格物欲之物"的修养功夫在儒家经典中所具有的合理性，来知德作《大学古本》，对儒家经典《大学》作出了新的解释。此外，来知德还在《格物诸图》中，对克己去欲的修养功夫论进行了系统性的阐释：来知德根据孔子之"三戒"，孟子之"三好"，将人欲总结为"好勇、好货、好色"的"三欲"，其中"三欲"又可总归为富贵：

> 此三欲虽分三者，其实不过要富贵有富贵，三欲遂矣。世人只是要高爵厚禄，家中有金银财帛，此好得也；要娇妻美妾，歌儿舞女，此好色也；要人人通仰视他，畏惧他，尊敬他，凡出一言，人皆不敢违背，通奉承他傲得气，此好勇也。圣人之言，虽分三者，其实富贵其总管也。②

来知德将"去欲"作为自己修养功夫论的核心思想，即其所谓的"头脑功夫"。至于摒弃欲望之后天理之于人的"五性"，来知德认为，理乃形而上的存在，是气化世界的主宰；气乃形而下，是气化世界形成之初的物质实体。而在此基础上，由阴阳二气之迭运又进一步生成了构成万物的五种基本元素，即"五行"，此"五行"对应了形而上的"五性"："如以五行单言，仁属木，礼属火，义属金，知属水，信属土，此各有属也。"③

---

① （明）来知德：《重刻来瞿唐先生日录》，《续修四库全书》第一一二八册《子部·杂家类》，上海：上海古籍出版社，2003年，第53页。
② （明）来知德：《重刻来瞿唐先生日录》，《续修四库全书》第一一二八册《子部·杂家类》，上海：上海古籍出版社，2003年，第34页。
③ （明）来知德：《重刻来瞿唐先生日录》，《续修四库全书》第一一二八册《子部·杂家类》，上海：上海古籍出版社，2003年，第166页。

若以"五行"之中某一元素单独而言，亦包含"五性"于其中："若又以木单言，木仁也；枝枝叶叶文理灿然，若铺张陈设，仁中之礼也；大者为干，小者为枝，截然判断，仁中之义也；强干弱枝，明明白白，不相悖害，仁中之智也；柏千年是柏，松千年是松，仁中之信也。"①对于个人而言，天理所赋之性亦此"五性"，"五性"也就成为超越人伦道德的宇宙本体的存在，因此在根源上具有了先天的合理性。

可见，来知德修养功夫论的形成，离不开"格物欲之物"这一基本认识。在太白顿悟之后，来知德创作了《述悟赋》，改太白山为"悟山"，并作《悟山稿》与《理学日录》诸篇。

三、潜心注《易》的隐居生活（1575—1599）

在经历了太白顿悟之后，来知德在修养功夫方面存在的疑惑得到了解决，并建立起自己独特的入圣之法。于是，来知德对于自己的人生规划也愈发清晰，即将之后的主要精力投入到对于易学的研究之中，这一时期来知德写就的部分文章中也透露出他的这一想法。万历三年（1575），来知德作《九喜榻记》，其文如下：

九喜榻记

〇一喜生中华。〇二喜丁太平。〇三喜为儒闻道。〇四喜父母兄俱寿考。〇五喜婚嫁早毕。〇六喜无妄。〇七喜寿已逾六十花甲之外。〇八喜赋性简淡宽缓。〇九喜无恶疾。

君不见鹰隼乎，志在腥腐，头目四顾，而其念未尝一刻不遑遑也。若蝉则不然，不饮不食，无求于世，长鸣于木杪之间，其自得之意不可名状。某数年以来，万念已断，惟注《易》一念耳。每一入枕，即酣寝自如。此心廓然寂然，明镜止水。及尔觉寤，无意、必、固、我，无畔援歆羡，仍复酣寝。然其原有九喜焉，亦如蝉之无所求也，因名其榻而记之。

---

① （明）来知德：《重刻来瞿唐先生日录》，《续修四库全书》第一一二八册《子部·杂家类》，上海：上海古籍出版社，2003年，第166页。

万历乙酉冬十月望日。①

通过《九喜榻记》中来知德所述，可以得知，此时的来知德对于注《易》一事，已然是十分笃定，而且已经成为其人生唯一的奋斗目标。万历四年（1576）来知德所撰的《客问》一文，更是将他此时的心境全然地呈现出来：

客　问

仆以先父病末疾、母目疾，侍养不仕。友人致书多疑之，作此代答。虽文其辞，然实有是问，非《客难》《宾戏》之假设也。

瞿唐来子于釜山书堂，客有过而问之者，曰："某闻子久矣。闻子冠道德，履仁义，衣百家，佩六艺，知子已栖君子之林矣。众人慕之，某窃为子不取也。吾闻鸟能鸣，阳葵知倾日，物且如此，况于人乎？是以哲士乘时，达人骎世，方今皇猷丕赫，王表辉昭，群衿献玮，诸义圜桥，采蕙苴而兼蓄乎萧艾，选干将而不遗乎铅刀。非憃忨而抱瑟，岂济渡而无舠。苟可以存心于利物，奚必于执璧而垂貂。子乃悬车城市，击壤蘅皋。腾鹓飞于鸢汉，羌绁迹于鹍蒿。泂拗鳋而戢翼，必滞惠而屯膏。枕雕龙而削草，怢荼荠于镰锌。吾将冀子兮参轨伊吕，胡知今子兮驾言许巢。"

来子曰："子以我为隐矣，夫隐者必有所为。今生值明时，以不见用为耻，吾不为也。"

客曰："人之酬世，非处则出。荣春者兰，华秋者菊，我知子之心矣。方其采秀云庄，燔枯雾筑，刻羽引商，吹金鼓玉，高价霓巅，吡声蝉谷，狎花鸟，傲坟索，恁远引于青岑，非缨情于朱毂。岂知暗者斯章，微之必着。乃若岩廊访仄，荃宰罗奇。旭日属夫干鹊，条风转于枯荑。书将鹤载，旌以鸾持。束帛投园，结轸填茨。庆吾道之大行，感人世之我知。子乃整筋挥翲，仰首伸眉。披菝岫，出釜邃，盼鸡衢而扬袂，排凤阙以论思。知子有南山之径，虑子有北山之移。"来子哑而笑曰："非径也，是迂

---

① （明）来知德：《重刻来瞿唐先生日录》，《续修四库全书》第一一二八册《子部·杂家类》，上海：上海古籍出版社，2003年，第160页。

也。夫欲仕无路者，故以山为路耳。予滥科名，仕则仕矣，不求可期之荣于见在，而徼未必之宠于方来，岁踏齿戳，谓之何哉？骚亦绝矣，吾不为也。"

客曰："子知夫古人乎？漆园之放，叔夜之简，王衍之谈，阮籍之懒，耽竹林，啸山阪，脱冠履，解襟枕，幕天席地，操觚挈盖。尔其齐舜豕，比周猿，逢糟荷钟，遥曲生涎。俗士称为六逸，诗人名为八仙。坐侯夫九畴之敦叙，罔顾乎两曜之亏圆。恭敬消于唇吻，名节剥于覃碾。子之不仕，复不沽名于世者，意者其在此乎？"来子曰："此自放而忘世者也。予欲救世，吾不为也。"

客曰："若有人焉，遗情弃世，绝坪脱屣，紫籍通名，青冥轻举。尔其垂琳绶，佩珵玦，骖滕六，驱列缺，调世外之玄灵，弹壶中之白雪。青鸟萦音，红鸾击节。已而明月初升，云璈方歇，眙桑海之几迁，回岁序于一瞥。悲荒丘，惜古血，乃若芝宫匏瓞，桂馆龙骧，吹冰成醴，叱石飞浆。真妃掺馈，姹女拉䈥。招王乔以容与，拉萧史以相羊。既沉湎以言别，指流水以成章。歌曰：'流水兮东注，美人兮何处。回首兮三素，浮世兮朝暮。'乃若阴慈云，灭甘露，谢四流，弘六度。秘授禁苑之旨，洞开葱岭之路。尔其不生作圉，无象为家，天地蘧庐，形体虫虾。见理即障，笃学愈差。乃吼桐峰之虎，垂长庆之蛇；种云门之树，浇南泉之花；点洛浦之金，衣洞山之麻；烹明昭之铫，饮赵州之茶。早闻者难登彼岸，刲醉者未窥津涯。彼倾海入毛，不挠鱼鲔；若施藤倚树，必瘵宝宋。子之勃窣，不出户庭，不面官长，孜孜而惟日不足者，必居于此矣。"来子曰："子愈言而愈远矣。此方外之术，出于名教之外者也。世皆若此，三纲绝矣。吾不为也。"

客曰："我真不知子矣。"遂避席而起，拂衣而去。来子曰："居，吾语女。夫大德者不官，中立者戒倚。是以君子无终食违仁，大人以万物为体。不怦怦于必行，不硁硁于必止。盖澡浴存乎吾身，显晦安于所遇。立德之基有常，树功之途不一。苟入而可以事吾亲兮，则啜菽承欢；苟出而可以事吾君兮，则捐躯弗计。见轮出圆，因楦施直。遭坎则停，乘流斯逝。大行兮何所欣，穷居兮何所戚。故移忠于家则敬同，移孝于国则爱同。使人皆以不仕为是今，则龙逢非孝；使人皆以仕为是今，则曾参非忠。汇征者何以诵其骏业，嘉遁者何以高其清风。盖骏业者扶颠持危，有匡世之绩；清风者起顽立懦，有垂世之功。是皆有裨于国家之教化者也。可见事无定体，惟义是适；行无定辙，惟道是崇。故可以仕，亦可以止，仕止之间，存乎修己。子谓子夏，不云乎'无为小人，女为君子'？若为小人，何取青紫。若为君子，出亦可矣，处亦可矣。末学兴而功利炽，此言不闻于人之耳也久矣。吾将寻孔、颜之所乐，析茧丝于此理。愧榛楛之无成，空勤勉而不已。苟友于可以为政，空言足以善俗，则尘雾之微忱，或可以为山海之小补也，独非鸣阳向日之心乎？子何过疑至此。"

客曰："我过矣，我过矣。而今而后，始知江湖廊庙，原为一体；明道行道，皆将淑人。我过矣，我过矣！"

来子援笔作《客问》。①

在《客问》一文中，来知德针对友人对于他放弃仕途，一心奉养双亲的做法表现出的不理解与质疑进行了回应。来知德模仿汉代扬雄所撰的《解嘲》，虚构出一个"客"的身份，通过"客"与己的问答过程，解释了自己选择这样人生的原因。来知德十分擅长这种模仿前人文学的呈现方式，并在创作的过程中结合个人的心境，注入了自己独有的思想意蕴。这类文章多见于来知德《日录》外篇的文学作品当中：如其模仿唐代韩愈的《送穷文》创作了《迎穷文》，模仿宋代邵雍的《安乐吟》与《喜乐吟》分别创作了《快活庵吟》与《九喜榻记》。而《客问》这篇文章则是来知德对于自己人生观的总结与表述，其作用与周敦颐的《爱莲说》在某种意义上有着异曲同工之妙。周敦颐在《爱莲说》中借花喻人，通过展现不同的人群对于花的喜爱与偏好，反映了不同学说与思潮的对比下，儒者所具有的风骨与担当。在《客问》中，来知德首先指出，自己身逢明世，以不见用为耻，因此自己的"隐"实乃"有所为"的隐。这种"隐"既不同于意欲借助隐者身份获得见用的终南捷径，也不同于魏晋玄者放浪形骸、不复沽名的忘世逍遥，更不是追求修道之后的飞升成

---

① （明）来知德：《重刻来瞿唐先生日录》，《续修四库全书》第一一二八册《子部·杂家类》，上海：上海古籍出版社，2003年，第184-186页。

仙以及佛家苦苦寻觅彼岸世界而将纲常伦理弃置不顾。在文章的最后，来知德言道："立德之基有常，树功之途不一。"在来知德看来，不能以仕与不仕作为儒者成就自身功业的唯一标准，而不管选择何种的人生，立身行道，成就道德生命的不朽则是儒者共同的追求。来知德的这种人生观也与《日录·入圣功夫字义》中他对"天命"及"命数"的理解一脉相承："天命"对应了儒者道德生命的成就，"命数"则涉及不同个体之间有关仕与不仕的具体人生选择。可见，来知德认为无论是建功立业的"骏业者"还是作为道德榜样的"清风者"都是利于国家教化的儒者典范，因此其所谓的"隐"仅仅是指自己不曾涉足宦海，至于其本人则始终秉承着儒者"处江湖之远则忧其君"的入世情怀。而正如《九喜榻记》中提到的那样，来知德之所以绝意仕途，选择所谓的隐世而居，就是因为此时的他已经找到了人生唯一的奋斗目标——撰写《周易集注》。结合他在《周易集注》自序中所云："始于隆庆四年（1570）庚午，终于万历二十六年（1598）戊戌，二十九年而后成书"①，可知此时来知德的注《易》工作已经有条不紊地展开。而根据其自序所云："乃取《易》读于釜山草堂，六年不能窥其毫发。"②可见，在前往求溪注《易》之前，来知德在易学领域并没有多少真正的创获。

万历五年（1577），来知德首次来到万县（今万州区）求溪注《易》。在求溪注《易》的过程中，来知德的学术思想逐渐发展到较为成熟的阶段，不仅是针对宋人治《易》"不言象，只言理"的不足之处在取象一域形成自己的观点，他的理学著作大多也是在这一时期撰写而成，此外还包括大量诗赋作品：万历六年（1578），作《省觉录》《省事录》《铁凤稿》；万历七年（1579），作《求溪稿》《买月亭稿》，订正《太极图》《大学古本》；万历九年（1581），作《游华山稿》《太和山稿》；万历十年（1582），作《游峨眉稿》《论俗俚语》《八关稿》；万历十二年（1584），作《重游白帝稿》；万历十三年（1585），《大学古本》与《格物诸图》定稿；万历十五年（1587），作《四箴》。万历十六年（1588），作《入圣功夫字义》；万历十七年（1589），作《弄圆篇》《格物诸图集》《孔子谨言功夫四十条》；万历十八年（1590），作《心学晦明解》《河图洛书论》《理学辨疑》；万

---

① （明）来知德：《周易集注》，北京：中华书局，2019年，第10页。
② （明）来知德：《周易集注》，北京：中华书局，2019年，第10页。

历二十年（1591），改《大学古本章句》，作《革丧葬夷俗约》；万历二十三年（1594），作《来氏家训》。以上提及的著作，除《来氏家训》外，皆收录在《来瞿唐先生日录》中，并根据学术思想类与文学类的区别，分为内篇与外篇两部分。来知德注《易》期间，虽然有过求溪深山中"沉潜反复，忘寝忘食有年"的经历，但也不乏纵情山水，悠游禹迹的轻松时刻。如来知德于万历九年（1581）游华山，于万历十年（1582）游峨眉山，于万历十二年（1584）游白帝城。此外，结交贤友，谈儒论道也成为来知德平日生活中的重要一环。如万历八年（1580），时任四川学政的郭棐出蜀，避暑龙泉山中，来知德不远百里相送，临别赠古风四章。郭棐为来知德《日录》作序，赞其："独探理窟，不落言筌，至其诗赋，时出奇崛语，飘飘有凌云气，寄兴于寥廓，而归宿于仁义，以游逍遥之虚，即庄周所谓至人者非与？"①万历十一年（1583），作为来知德的同乡，时任桂林知府的傅时望为《日录》作引，称来知德："常自比李白，所著诗中无一愁字。"②万历十六年（1588），时任四川学政的郭子章考校梁山期间，专程上门拜访了来知德，两人一见如故，相谈至夜分。

万历二十五年（1597），来知德完成了《周易集注》的撰写工作，并于次年（1598）在时任梁山知县徐博卿与门人戴诰的帮助下完成了刻书的工作。根据相关序跋的落款时间来看，来知德自序的落款时间为万历戊戌年，即万历二十六年（1598），但徐博卿《序》与戴诰《跋》的落款时间皆为万历己亥年，即万历二十七年（1599），于是有学者将《周易集注》初刻本的诞生时间确立为万历二十七年（1599）③。自此，来知德历经近三十载，终于完成了《周易集注》的撰写工作。有关来知德的易学成就，主要表现在象数一域：作为象数易学家，来知德提出"舍象不可以言《易》"，在他看来，象由理而生，理由象而显，正是象的存在，使得《周易》六十四卦、三百八十四爻及所附卦爻辞不再是一条条具体的事件与道理。在象的辅助之下，不同时间、境遇、经历下的人们都可以

---

① （明）来知德：《重刻来瞿唐先生日录》，《续修四库全书》第一一二八册《子部·杂家类》，上海：上海古籍出版社，2003年，第1页。

② （明）来知德：《重刻来瞿唐先生日录》，《续修四库全书》第一一二八册《子部·杂家类》，上海：上海古籍出版社，2003年，第2页。

③ 陈培荣：《来知德〈周易集注〉初刻本考》，北京大学《儒藏》编纂与研究中心：《儒家典籍与思想研究》，第五辑，2013年，第200-208页。

在《周易》中找到启迪自我、指导实践的人生智慧。在来知德看来，象具有"事理之仿佛近似可以想象"之义，正是通过取象，卦爻辞中一些不符合常识的说法有了它存在的意义，而通过取象，加之与习《易》者的实际情况相联系，又能将一切义理包含其中，故而实现"弥纶天地"的效用。至于取象之法，来知德在《易经字义·象》中，对《周易集注》的取象条例作了全面的总结与阐释。其中包括：卦情之象、卦画之象、大象之象、中爻之象、错卦之象、综卦之象、爻变之象、占中之象、即阴阳之象、相因之象。上述十种取象条例中，来知德又认为错卦之象、综卦之象、爻变之象、中爻之象最为基础，应用亦最为频繁。他在《易经字义》中称之为"错""综""变""中爻"，并对此四类取象条例的形上学依据加以说明："大抵错者，阴阳横相对也；综者，阴阳上下相颠倒也；变者，阳变阴、阴变阳也；中爻者，阴阳内外相连属也。周公作爻辞，不过此错、综、变、中爻四者而已。"①来知德将阴阳变化的方式与《周易》取象之法相对应，突出了《周易》取象乃是圣人根据阴阳变化方式进行模写的意义。

而在实现自己为后世立言之人生理想的同时，来知德始终秉承着儒者慎独的道德准则，未曾有过一丝的松懈。就在《周易集注》写就之后，来知德撰联以自警："昔卫武公九十五而不忘儆戒，饮酒悔过；孔子七十而从心不逾矩，不为酒困。"来氏素来喜饮酒，然而正如他在《日录》中所言："在山中二十余年，颜子'不迁怒'功夫，十年前已觉可能，至于'不贰过'，则不能学。盖大过可以不贰，至于小过则难，小过多在言笑毫忽之间失于觉照，偶然而出。又因饮酒几乱，圣人'惟酒无量，不及乱'，然则乱也者，非小过乎？"②来知德深谙饮酒过量给个人道德实践带来的负面影响作用，因此在生活中时时严于律己，勤于反思，将立德永远作为个人言行的基础。

四、晚年的恬静生活（1600—1604）

自《周易集注》问世之后，无数的赞誉与美名纷至沓来。当时的公卿

---

① （明）来知德：《周易集注》，北京：中华书局，2019 年，第 81—82 页。
② （明）来知德：《重刻来瞿唐先生日录》，《续修四库全书》第一一二八册《子部·杂家类》，上海：上海古籍出版社，2003 年，第 128 页。

名宦或荐之于朝，或旌之以额，争相为知德表彰。万历三十年（1602），四川总督王象乾联合贵州巡抚郭子章向朝廷共同上疏举荐来知德。其文如下：

> 为荐举境内逸才，恳乞圣明优礼录用，以风恬退，以光圣治事。臣闻自古盛明之世，有不宾之士，岩穴之中，多绝尘之侣，昔帝王常访而委任之，不终投之山林以老其身，抑或因而成就之，不强縻之以爵禄，以遂其高。如申培以八十进，蒲轮辕固以九十拜太傅，此以用为用者也；如严光桐江一丝，扶汉九鼎；邵雍《经世》一书，羽翼雒学，此以不用为用者也。总之，皆旌帛高士，物色异才，为国家计耳。臣查得《大明会典》："天顺元年诏：处士中有学贯天人，材堪经济，隐居高蹈，不求闻达者，所司具实奏闻。""隆庆二年题准举人中，如有孝友姻睦，名实相孚，不分已未坐监，许抚按臣会荐，遇有两京博士等缺，酌量推用。钦此。"臣仰见屡朝列圣，侧席幽人，惟恐不及。陛下御宇以来，明目达聪，显忠遂良，几于野无遗贤，而旁招俊乂，网落隐逸，亦盛世所不废者。如臣抚蜀，境内梁山举人来知德，正所谓处士之高蹈隐居，举人之名实相孚者也。臣知知德，匪自今日。昔为四川提学副使，读知德书，慨慕其人。及考校梁山，礼于其庐，与之语，始知其为天下士。臣于是荐之抚臣徐元泰，泰方请告归，旌其庐曰"西川高士"，未及荐于朝也。臣今待罪贵州，梁山为臣属县，访知德年七十余，而身健神王，无异曩昔。贵州按臣宋兴祖与知德比邻，知之甚真，言之更详，顾嫌于同里，未敢形之牍也。臣请以知德平日之学行，为陛下陈之：嘉靖壬子，以《礼记》中四川乡试第五名。是时举人牌坊，尚派本乡里甲。知德鹿鸣宴毕，对御史喻时曰："鲰生始进，无毫毛禆益桑梓，而以坊金累闾里，义所不安。请辞。"御史壮而许之，予之匾曰："清节可风"，而别助盘费三十金。其志操之贞白有如此者。后频上公交车，屡摈南宫。而父母春秋高矣，知德青云之念，夺于白华，遂题柱曰："采服堂前，幸喜双亲今八秩；红尘路上，不将一日换三公。"二亲继殁，祭葬庐墓，一轨诸礼，其孝行之纯笃有如此者。既葬之后，遨游五岳，求友四海，往来峨眉、太和、庐山

之间。所著有《太白山》《述悟赋》《峨眉山赋》《游吴稿》《太和稿》《鞋山》等篇,不下数十万言,即相如之赋、李白之词不雄于此矣。老而归隐梁之釜山,坐九喜楣、作八关诗、画三戒图,所著有《入圣工夫》《理学辨疑》《心学晦明解》《省觉录》《省事录》《河图洛书论》,言言着理,字字印心,即斋粥长白不勤于此矣。已而研究易理,专注易象,犹嫌釜山纷沓,乃去梁之万县求溪山中,绝往来,捐形骸二十余年,超然悟伏羲圆图之为错,文王《序卦》之为综,以错综二字,极易象之变,发千古未发,言四圣欲言,即程《传》朱《义》不晰于此矣。该臣会同总督川湖贵州军务、巡按四川、兵部左侍郎兼都察院右佥都御史王象干,看得举人来知德学有渊源,言称古昔,据其岩居川观之节,或似严邵之踪,而论其注《易》画图之功,实出申辕之上。龄逾古稀,夏不扇,冬不絮。望之者,辄以为神仙之侣。读其《日录》,有《内篇》,有《外篇》,叩之者知其为孔孟之徒,岂铜梁玉垒之秀,育于斯人,而君平老苏之余,仅一再见。知德家食已久,绝无一毫求名之意。独念臣属境有斯人而不以闻是蔽贤也,国家有斯人而不一用是弃才也。臣又查得往例,如江西布衣吴与弼、广东举人陈献章,俱蒙先朝聘礼赴京,授以喻德检讨,至今以为美谈。近例如江西举人邓元锡、刘元卿,俱蒙皇上特允儒臣之荐,元锡以病不至,元卿授礼部主事,争相濯磨。窃谓知德之学之行,在四臣伯仲之间,优乞发下吏部,再加察访。如果臣言不谬,将来知德优礼录用,庶圣朝弓旌束帛之典,不遗于嵁岩,而山林独抱守素之士,不填于沟壑,其于世道非小补,而圣治为益光矣。①

后朝廷降旨,敕封来知德为翰林院待诏。自此,来知德的声望达到了巅峰,得到朝廷承认的他,也成为继吴与弼、陈献章、邓元锡、刘元卿四人之后,又一享此殊荣的当世大儒。但由于此时来知德已年逾古稀,年老体衰,不再适合入朝为官,且早已习惯了隐者的恬静生活,意欲终老于山林之间,于是在收到朝廷征用的消息后,来知德即建悠哉阁,订正《周易

---

① (明)戴诰、古之贤等:《太史来瞿唐先生年谱》,《北京图书馆藏珍本年谱丛刊》第50册,北京:北京图书馆出版社,1999年,第157-162页。

集注》于其中，并于万历三十一年（1603）春具疏辞官。其文如下：

奏为感激天恩，恭抒谢悃。自分衰朽，不堪职任，恳乞圣明，俯容终老山林，以安愚分事。臣由本县儒学生员中嘉靖三十一年壬子科乡试第五名，频年计偕，屡试屡蹶。因父来朝患病，母丁氏继患目疾，臣既鲜兄弟，遂留家侍养未仕。及父母去世，臣虽有欲仕之心，已非可仕之年矣。夫亲存不能仕以养吾亲，亲没而窃升斗以养妻子，臣不忍也。既不忍负吾亲而徒仕，乃负明时而徒隐，臣不敢也。因思先民有言，未得其位，无所发施，则讲明圣人之学，使其教益明，出处虽异，推己及人之心则一也，臣佩此言，遂将本朝纂修《五经》《性理大全》，日夜诵读。及读《周易》，见诸儒皆以象失其传，不言其象，止言其理。臣愚劣，自知远不及诸儒，但思《易》乃五经之首，象既失传，则自孔子十翼之后，四圣微言秘旨，已绝二千余年矣，若不穷究其象，则以讹传讹，何以谓之明经？经不明，何以为士？所系世道匪轻。臣遂远客万县求溪深山中，反复探索，思之思之，夜以继日，如婴儿之恋慈母。数年而悟四圣之象，数年而悟文王《序卦》，孔子《杂卦》，数年而悟卦变之非。始于隆庆庚午，成于万历己亥，二十九年而后成书。书既成，臣亦自知祖宗以来，列圣相承，菁莪朴棫之化；皇上继照，丰芑熙洽之仁；有一代之圣君，必有一代之经术；天意不借才于异代，故臣得窥《易》于一斑。非臣庸愚，自能悟《易》也。譬之鸟鸣于春，蝉鸣于秋，乃天地化育，使之如是，非鸟蝉之能鸣也。不然，鸟蝉天地一蠢蠢者，安能应期而鸣于春秋哉！臣自《易》注成后，四肢罢敝，万念灰冷，不复问人间事矣。讵意四川督臣王象干、贵州抚臣郭子章会荐。蒙吏部题覆，奉圣旨："来知德学行既优，添注翰林院待诏，钦此。"臣一闻报，不胜惶惧。臣章句腐儒，樗栎弱植；未尝不讲学，而学愧先贤；未尝不修行，而行犹乡人。至于翰林院，名贤侍从之地，待诏尤儒臣极荣之选，臣何人斯，敢觊于此？且臣之齿，今年七十有九，青天蜀道，白首龙钟。虽犬马之恋，不敢忘于江湖；而麋鹿之性，终难驰于廊庙。伏望皇上悯臣之老，不能出户庭；

矜臣之病，不能登舟舆。臣未尝效一日之劳于陛下，终不敢虚冒荣衔。容臣仍以举人终老山林，庶臣于舜日尧天之下，得遂鸢飞鱼跃之性。生为圣世之逸民，老作明王之弃物，臣之荣；逾于三接九迁，臣之感。誓于魏草杨环矣。①

在《辞官疏》中，来知德讲述了自己心理变化的过程。正如来知德所说的那样，曾经他在青年时期屡次会试不第，加之父母患疾，于是毅然决定在家中奉养双亲。而当父母相继去世，并为之守孝六年以后，自己却已经过了可仕的年龄，于是他在遍读儒家经典后，发现了前人在《周易》取象一域的不足之处，因此欲在象数易学方面有所建树。而当《周易集注》撰成以后，来知德称自己"四肢罢敝，万念灰冷，不复问人间事矣"，这恰好与他在万历三年（1575）所作《九喜榻记》中称"某数年以来，万念已断，惟注《易》一念耳"的话语两相映证，可见自从他决定撰写《周易集注》以来，这一信念几乎伴随并支配他之后生活的方方面面。在收到来知德的《辞官疏》后，朝廷表示应允，并以来知德原授翰林院待诏职衔致仕，令有司月给米三石，以示优渥。来知德在接到朝廷恩旨后，又上《辞禄疏》②，具疏辞米。郭子章建言："毋周之则受"，于是知德乃止。梁山县全体生员亦具呈书欲为其修坊，来知德得知后便书与县令，固辞不授。万历三十二年（1604），来知德于家中书一联，云："天下当太平，不识不知，鱼跃鸢飞皆富贵；身中无个事，辞官辞禄，风清月白自期颐。"③由此可见来知德高尚的人生境界。后又作《呈进易注并谢恩疏》。同年二月二十二日，来知德偶染风寒，至三月初一，卧褥不起。三月初六日早，来知德唤其孙来许至床前曰："我出世观化一番，生平为善不为恶，仰不愧俯不怍，幸得闻道，可以逍遥去矣。"④语绝而逝。得知来夫子去世的消息，四方学士无不痛悼，来知德死后葬于县西十五里福德祠。

---

① （明）戴诰、古之贤等：《太史来瞿唐先生年谱》，《北京图书馆藏珍本年谱丛刊》第50册，北京：北京图书出版社，1999年，第164-168页。
② 见《悠哉阁稿》。
③ （明）戴诰、古之贤等：《太史来瞿唐先生年谱》，《北京图书馆藏珍本年谱丛刊》第50册，北京：北京图书出版社，1999年，第174页。
④ （明）戴诰、古之贤等：《太史来瞿唐先生年谱》，《北京图书馆藏珍本年谱丛刊》第50册，北京：北京图书出版社，1999年，第175页。

第二节 家世与交友

来知德生于蜀中平民之家，良好的家风传承以及家人之间亲密的关系使得他自幼就感受到来自家庭的关爱，这也在他日后人格的塑造过程中起到了关键性的因素。而来知德天性豁达，喜交贤友，正是在与朋友的交流过程中，他的学术造诣得以不断精进。正所谓"德不孤，必有邻"，可以想见来知德这样的一位高洁逸士品格与思想的塑造是绝对不可能脱离时代与社会而单独存在的。所以，梳理来知德家世与交友的状况就成为我们研究来知德需要解决的问题。

一、家世

（一）祖辈

来知德祖籍萧山，即今浙江省萧山区。据《太史来瞿唐年谱》载："先生讳知德，字矣鲜，号瞿唐，原籍越之萧山，后徙家楚之麻城。元末始祖泰入蜀，卜居梁山，故世为梁人。泰生均受，均受生晁富，晁富生志清，俱潜隐未仕。志清生昭，始起家为宜良令，以清白致仕。昭生尚廉，好施予。尚廉生朝，尝拾金还主，即先生父也，母丁孺人。"[①]据此可以得知来知德的家世传承，至于在元之前的世系传承，来知德在其《快活庵斋居日》中言道："圣诞祭丁元旦冬至日先一日斋居。遇祖先生日、忌日，本日斋居。祖先生死于元时以前者恐时日不真，不敢斋居……"[②]可见在来泰之前的祖辈信息，来知德本人亦不知其详，此文中还记载有来知德四位祖妣，分别是：刘氏、李氏、张氏、许氏。另外王廷章在《来瞿唐先生日录》外篇卷首的序文中言道："先生有一祖，相传来曾作龙图阁学士，不知何时移居湖北麻城，遂世为麻城人。"廷章所言虽为传闻，却也在一定程度上反映出来氏家族曾经的兴盛。对于来知德曾祖来昭，

[①]（明）戴诰、古之贤等：《太史来瞿唐先生年谱》，《北京图书馆藏珍本年谱丛刊》第50册，北京：北京图书馆出版社，1999年，第65页。

[②]（明）来知德：《重刻来瞿唐先生日录》，《续修四库全书》第一一二八册《子部·杂家类》，上海：上海古籍出版社，2003年，第239页。

傅时望在为《来瞿唐先生日录》所作引文中载："曾太父曾作宜良令，有善政。致仕后以俸金贷人，终身之日尽焚其卷。"①

（二）父

来知德父名来朝，终生未仕，以开设旅店作为生计，出身商贾的他一生都保持着高洁的品质，曾有过"奉还遗金"的义举：来朝曾在店中拾得客人南昌王孟六遗金二百两，分文不昧，并主动还于失主，王孟六提出愿分其半作为回报，来朝坚辞不收，王孟六大受感动，曰："愿来氏世世子孙生英贤也。"②来朝的义举一时间在当地传为佳话。无论是从曾祖父来昭的"焚卷义举"还是父亲来朝的"拾金还主"，都体现了来氏良好的家风传承，这无疑对来知德日后的人格塑造产生了深刻的影响。

作为父亲，来朝对于来知德的教育极为重视，然而在对来知德的培养过程中，来朝并没有表现出作为家长通常都会存在的望子成龙的迫切心态，更多的则是以一种开放、包容的态度鼓励来知德顺其自然地发展。《太史来瞿唐先生年谱》曾记有一件轶事，从此处也可以初窥端倪："初，先生在襁褓时，梁山邑人冯庚为县令，与典史同入觐，拨御郡守。五鼓入朝，坐蓬忽寐，梦朝中出一牌云：'翰林院来某应得禄米三石，盐十斤'，仍赴翰林院。回与先生父言之。父曰：'吾儿得长龄足矣，安望至此？'"③作为父亲，来朝对来知德的关心浸润于生活的点滴之中：嘉靖三十七年（1558），来知德第三次入京参加会试，父亲在临行之前曾叮嘱道："如不第，不必回，住京师而。有琴辟酒辟，戒之。"④嘉靖四十一年（1562），来知德第四次会试不第，恰逢此时收到"父风疾发，母目疾重"的家书，遂题诗《路引》，放弃功名，毅然决定回乡侍奉双亲。归乡后在父母榻前

---

① （明）来知德：《重刻来瞿唐先生日录》，《续修四库全书》第一一二八册《子部·杂家类》，上海：上海古籍出版社，2003年，第2页。
② （明）王德完：《来瞿唐先生行状》，（清）符永培：《（嘉庆丁卯岁）梁山县志》卷十六《艺文志四》，哈佛大学汉和图书馆珍藏影印，共十八卷。
③ （明）戴诰、古之贤等：《太史来瞿唐先生年谱》，《北京图书馆藏珍本年谱丛刊》第50册，北京：北京图书馆出版社，1999年，第174页。
④ （明）戴诰、古之贤等：《太史来瞿唐先生年谱》，《北京图书馆藏珍本年谱丛刊》第50册，北京：北京图书馆出版社，1999年，第73页。

日夜照料，讲述京城见闻达数月之久，在向父亲道明焚引缘由之后，父亲亦表示理解，并言："而若做孝子成圣贤，不做官何害？"①父亲的理解与支持也更加坚定了来知德"愿学孔子"的理想追求，于是在嘉靖四十三年（1564）再一次会试即将开始之时，闻有司催上公车，乃书一联于堂曰："彩服堂前，幸喜双亲今八秩；红尘路上，不将一日换三公。"②"彩服"也就是彩衣，即指春秋时著名孝子亦为隐士的老莱子穿彩衣以娱双亲，来知德自比于老莱子，能够看出他不恋三公之位，甘于与父母共享天伦之乐。来朝与知德母丁孺人分别于隆庆三年（1569）与隆庆五年（1571）相继辞世，来知德庐墓六年，其间来知德"不茹荤，不御内，不巾栉，琴瑟剧废。日悲号，心志甚苦。"③亲友见其悲苦，便以酒肴强之（来知德平素喜饮酒），并以"席间无别客，无害"为由，但来知德断然拒绝，并言："余之斋戒，非以要誉，为此心不忍也。"④在想到父亲病重时，秋风过而多有呻吟，来知德哀而赋《秋风辞》三首，以表心志：

秋风辞

秋风号兮如裂布，我父风痹艰行步。而何一往长不窹，天寒日短时将暮。欲往从之天无路，黄云惨淡鸟啼树，肝肠摧断谁瞻顾。

秋风号兮岁云徂，我父风痹谁将扶。生儿小时掌中珠，及长南北走红途。乌生有子反知哺，我生粪土不如乌，纵然有子依然无。

我生我生空朽腐，今夕何夕纳场圃。日往月来箭到弩，见与父兮成今古。丈夫生不列鼎釜，死后椒浆竟何补。儿哭父兮哭声苦，父不自知卧黄土。⑤

---

① （明）戴诰、古之贤等：《太史来瞿唐先生年谱》，《北京图书馆藏珍本年谱丛刊》第50册，北京：北京图书馆出版社，1999年，第75页。
② （明）戴诰、古之贤等：《太史来瞿唐先生年谱》，《北京图书馆藏珍本年谱丛刊》第50册，北京：北京图书馆出版社，1999年，第75页。
③ （明）戴诰、古之贤等：《太史来瞿唐先生年谱》，《北京图书馆藏珍本年谱丛刊》第50册，北京：北京图书馆出版社，1999年，第78页。
④ （明）戴诰、古之贤等：《太史来瞿唐先生年谱》，《北京图书馆藏珍本年谱丛刊》第50册，北京：北京图书馆出版社，1999年，第175页。
⑤ （明）来知德：《重刻来瞿唐先生日录》，《续修四库全书》第一一二八册《子部·杂家类》，上海：上海古籍出版社，2003年，第192页。

(三) 兄

来知德兄来知行。关于来知行的事迹，现存文献中涉及的部分并不多，我们只能通过与来知德有关的文献资料中加以了解。《太史来瞿唐年谱》中就记载有来知德兄弟之间的相关事迹：嘉靖十三年（1534）来知德十岁时，伯兄知行"令提水池"，于是少年来知德随即成诗，其中就有"苍生领望通舟楫，邻家暂借养鱼龙"的佳句；万历三年（1575），为了解决兄长生活上的困难，来知德将田庄一所让与兄，并且为兄长提供衣服与酒食以及相关生活用具；万历二十四年（1596），兄长来知行去世，来知德为兄长的离世而恸哭，兄长知行的坟墓衣棺也都是由来知德操办。《梁山县志》中高裔映所著《瞿唐先生传》亦载："……买庄供伯兄资，竖堂以成其志，出入必侍、饮食必携，宴会若遗其兄，先生坚不独赴。"来知德还曾言一日有四乐：玩图、登山、偕饮、醉卧。并分别赋诗，其中诗《偕饮》曰："万世无心一老翁，兄为明月弟清风。竹根醉倒双双起，风起西方月起东。"《来瞿唐先生日录》收录此诗，并在诗后附注："先生兄知行亦以恬退自甘，每常偕饮共卧起。"①

通过以上的数则材料我们不难看出，来知德自幼与兄长关系融洽，兄弟二人一生都保持着深厚的感情以及密切的交往。除兄弟关系之外，二人在精神追求上的一致性亦更加促进了兄弟间思想上的共鸣以及价值取向的趋同。关于来知行的生平，虽然留下的材料仅仅都是只言片语，但可以想见他的一生必然也与来知德相似，亦是甘贫乐道，绝非追名逐利之辈堪比。正是这种家庭成员间的相互关心以及个人追求上的相互默契，对来知德一生践行孝悌之道产生了深刻的影响。

(四) 后代

来知德与妻子倪氏共育有二男三女，其中长子时敏，为蜀藩典仪；次子时升，为邑之廪生。三女当中，"一适学博马南峰冢子，庠生可龙；一适寺丞杨作吾冢子，庠生极；一适万邑隆韶次子国化。"②孙子共三人，其中

---

① （明）来知德：《重刻来瞿唐先生日录》，《续修四库全书》第一一二八册《子部·杂家类》，上海：上海古籍出版社，2003年，第39页。
② （明）王德完：《来瞿唐先生行状》，（清）符永培：《（嘉庆丁卯岁）梁山县志》卷十六《艺文志四》，哈佛大学汉和图书馆珍藏影印，共十八卷。

长孙来许，为郡廪生；次孙来谒，为邑廪生。二人皆为长子来时敏与妻高氏所生。幺孙来译为次子来时升与妻古氏所生。来知德共有曾孙十五人。

此外，曾为来知德重修年谱的涂有祜在其所作的《来瞿唐先生年谱原序》中称："予母即先生堂孙媛，予亦属曾孙辈。"①据《梁山县志》载，涂有祜于天启甲子（1624）科中举，天启乙丑（1625）科中进士，曾任贵州布政使司。按涂氏序文中所言，其母为来知德"堂孙媛"，即堂孙女，而根据现有资料，来知德仅有兄知行一人，基本可以断定涂有祜乃其兄来知行的后人。除了涂有祜，曾于崇祯十二年（1639）为《重刻来瞿唐先生日录》作序的冯仕仁在其序文中亦云："余事先生为外大父。"可知冯仕仁应为来知德的外孙。

二、交友

来知德的交友十分广泛，包括儒、释、道三个领域中的诸多人物。现存的《来瞿唐先生日录》外篇保留了大量来知德与友人之间的诗文唱酬。这类诗文多数是反映来知德与儒士之间的交往，当然也不乏僧人与道士。来知德作为一名儒者，虽然在思想观念上与释、道二家存在着一定的差异，然而这些差异并没有成为他与僧人、道士之间交往的障碍。《日录》当中与来知德有过诗文交流的释、道人物有：太空禅僧、东明禅师、李子垭禅师、归云寺和尚、白牛和尚、福利道人、太和程道士等。由于相关史料的缺乏，这些人物的生平以及与来知德交友过程至今已难以考证。相比于释、道二家，来知德与儒士之间的交往就显得更加频繁与密切，儒者之间的交流与共鸣也在一定程度上促进了来知德学问造诣的不断提高。因此，本章将研究重点集中在来知德与儒士之间的交往。笔者通过研究来知德与儒士之间的交往，在反映明代中后期的士风状况的同时，进一步揭示隐士这一特殊士人群体的生活状态与精神面貌。

来知德友人多儒士，这些儒士之中除了少量与来知德同属隐者外，多数来自当时的各级官僚阶层。与来知德交友的官员大致分为以下两类：

---

① （明）戴诰、古之贤等：《太史来瞿唐先生年谱》，《北京图书馆藏珍本年谱丛刊》第50册，北京：北京图书馆出版社，1999年，第61页。

一类为川籍官员,因同乡关系与来知德结交。如:傅时望、谭启等。另一类是曾在蜀地做官的非川籍官员,其中尤以四川学政及各级学官居多。如:郭棐、郭子章等。除以上人物外,艾穆①、袁三接②、曹大埜③等人皆与他结下了深厚的友谊。他曾言:"……又乐多贤友,即有朋自远方来,得天下英才而教育之乐也,皆非涉于形气之私之乐也。"④来知德十分看重与朋友之间的交往,而这种交往更是一种脱离了物质与利益的束缚,上升到精神层面的交流与共鸣。本章选取傅时望、谭启、郭子章、郭棐四人,对来知德的交友状况进行考证。

(一)郭子章

郭子章,字相奎,号青螺,又自号蠙衣生,江西泰和人。隆庆五年(1511)进士,后历任福建建宁府推官、南京工部主事、广东潮州知府、四川提学佥事、两浙参政、山西按察使、湖广右布政、福建左布政。万历二十七年(1599),郭子章受命为贵州巡抚,与湖广川贵总督李化龙合力剿灭播州宣慰使杨应龙叛乱,消灭了盘踞播州二十九世八百余年的杨氏土司,因平播有功,升任兵部尚书兼都察院右副都御史。万历四十六年(1618年)逝世,卒年七十六岁,葬故里井坑。赠太子少保,谥文定。

郭子章于万历十四年(1586)迁任四川提学佥事,自此与来知德有了人生的交集。"提学佥事"又称提学宪臣,简称督学、提学官,来知德的诗文中亦多次称呼郭子章为"郭督学"。郭子章身为督学,经常需要在川内各地行走,进行试事的考校工作,这样的工作性质也为他能够来到梁山造访来知德提供了可能。据《资德大夫兵部尚书郭公青螺年谱》载,郭子章第一次来到梁山应该是于万历十六年:"五月,校士梁山毕归绵

---

① 艾穆:字和父(又作和甫,一字纯),号熙亭,平江人,嘉靖三十七年(1558)举人,曾任四川巡抚。艾穆曾在万历二十年(1592)上疏朝廷,以期征聘来知德。
② 袁三接:字平洲,香山人,嘉靖四十一年(1562)进士,历任庐州榷使、户部主事、光禄少卿、应天府丞、顺天府尹。隆庆二年(1568),来知德乘船顺长江而下游于吴,在九江榷关处见袁三接。
③ 曹大埜:字荔溪,四川巴县人,嘉靖三十七年(1558)进士,曾任江西巡抚。
④(明)来知德:《重刻来瞿唐先生日录》,《续修四库全书》第一一二八册《子部·杂家类》,上海:上海古籍出版社,2003年,第77页。

城……"①这一史料在来知德年谱中同样得到了印证:"万历十六年戊子,先生六十四岁,回釜山,作《入圣功夫字义》。督学青螺郭公考校梁山,礼于其庐,仓促无备,止蔌殽二器。相与议论至夜分。"②根据来知德的年谱可以得知在郭子章来四川任职的万历十四、十五两年中,来知德皆"客求溪",如此基本可以断定郭、来二人的首次见面即在万历十六年五月来知德位于釜山的家中。

自万历十六年(1588)五月二人的首次见面,至万历三十二年(1604)三月来知德去世,在十六年的人生中,郭、来二人交流频繁,涉及个人生活与学术思想交流等诸多方面。来知德以易学见长,而郭子章(1542—1618)本人也有着不俗的易学成就。郭子章的易学著作《蜎衣生易解》亦纳入《四库全书》③。在郭子章所著的《豫章诗话》中,收录有来知德《九喜榻记》以及来诗《村居二首》。万历二十九年(1601),郭子章为来知德作《附刻来矣鲜先生易注序》。郭序中曾这样评价来知德的易学成就:

> 来不假安排,天然吻合。其言似杨之绵络经错,而无《太玄》之艰深;其旨似邵之阴交阳交,而绝《皇极》之枝蔓。使王弼、程、朱诸子见之,象不必扫,理自能会。予谓矣鲜《易注》继往开来,亘百代而一见者也。④

可见郭子章对来知德的易学成就十分推崇。郭子章曾于万历三十年(1602)与时任四川总督的王象乾共上《荐来知德疏》,来知德因此得到朝廷的征用,添注翰林院待诏(后来知德辞去)。为了对郭子章的赏识与举荐表示感谢,来知德书《报郭青螺中丞》,其中言道:"当时题'路引',因诗中有'东海宣尼是引师'之句,故书'愿学孔子'四字以帛系之于臂。京中会友祖行笑之。归蜀,士林亦笑之。独门下校蜀,扁茅堂以'明道',是众人疑而门下信之也。岂知荐于圣明,以学行之优,添注翰林哉,

---

① (明)郭孔延:《资德大夫兵部尚书郭公青螺年谱》,《北京图书馆藏珍本年谱丛刊》第52册,北京:北京图书馆出版社,第529页。
② (明)戴诰、古之贤等:《太史来瞿唐先生年谱》,《北京图书馆藏珍本年谱丛刊》第50册,北京:北京图书馆出版社,1999年,第139页。
③ (清)永瑢等:《四库全书总目》,北京:中华书局,1965年,第57-58页。
④ (明)来知德:《周易集注》,北京:中华书局,2019年,第6页。

已知恩深覆载，刻骨难报其万一。"①郭、来二人虽然一仕一隐，但志趣相投与学术上的共鸣使他们结下了深厚的友谊。投之以桃，报之以李，来知德亦为郭子章作《郭青螺先生诸草序》，并于郭子章父亲郭两峰八十寿辰时，作《寿诰封中丞郭两峰翁八十序》。

朱国桢在《涌幢小品》中记录了来知德与郭子章之间的轶事："四川梁山县举人来知德，字矣鲜，有高行，邃于易学。督、抚交荐授翰林待诏。不出，额其阁曰：'优哉。'郭青螺素相善，闻之曰：'来不矣，优哉游哉，聊以卒岁。'未几果殁。"②类似的记载亦见于《资德大夫兵部尚书郭公青螺年谱》，这一事件的真实性虽然有待商榷，但是从中也反映出郭子章对于来知德的深入了解。

（二）郭棐

郭棐（1529—1605），字笃周，号梦菊③，广东南海人。嘉靖二十八年（1549）乡荐，师事湛若水，嘉靖四十一年（1562）进士，初授户部主事，后改礼部，曾疏陈十事，皆见采纳，因数忤当权，被外调做夔州知府，后任湖广道屯田副使、四川提学、广西右江副使、湖北参政、云南右布政使等，晚年晋光禄寺卿致仕。著有《粤大记岭海名胜记》《梦菊全集》《齐楚滇蜀诸稿》，并参与了《广州通志》《四川通志》等地方志的纂修与编订工作。郭棐敢于直谏，曾上疏隆庆皇帝责其过失，并一度因得罪内阁首辅高拱而去职。在地方任职期间，郭棐以课农养士为本，打击盗贼，维护地方治安，秉公办事，守正不阿，受到了地方百姓的拥护。

郭棐于隆庆六年（1572）任夔州知府。郭棐在对《日录》的序文中曾言："予壬申春来为夔守，行部次梁山，躬先生之庐，乃先生复惠，秉

---

① （明）来知德：《来瞿唐先生日录》，《四库全书存目丛书》子部八六，济南：齐鲁书社，1995年，第119—120页。
② （明）朱国桢：《涌幢小品》，《续修四库全书》第一一七三册，上海：上海古籍出版社，第298页。
③ 笔者曾于2014年10月26日重庆市梁平县举办的"光明讲坛·文化巴蜀"活动之"来知德儒学思想国际研讨会"上发表论文《来知德著作及相关著作考》，此篇论文之后曾刊登于四川大学"儒藏网"。其中笔者将"郭梦菊"误认为是郭子章，而"梦菊"实为郭棐之号。由于郭棐、郭子章二人曾先后任四川提学，且皆与来知德建立了深厚的联系，因此造成了笔者对二人名、号的混淆，特此更正。

烛款语,坐逾夜分。"据此可以知郭棐与来知德最初相识是在隆庆六年(1572)郭棐初任夔州知府期间。万历五年(1577),郭棐升任四川提学。万历八年(1580)夏,郭棐出蜀避暑于龙泉山中,来知德百里相送至江边,作古风四章,即《江边别郭梦菊四首》。郭棐则亲自为《日录》作序。而傅时望的《重刻来瞿唐先生日录引》中亦言:"曰'来瞿唐先生日录'者,郭督学梦菊公名之也。"①可见《来瞿唐先生日录》即由郭棐命名,《日录》的诸篇序文中,也以郭棐序的成文时间最早②。

(三)傅时望

傅时望(?—1584),字仲瞻,号达吾,夔州万县人。少时家贫,室不容书,于万县太白岩③之左凿一石室,苦读数年。隆庆元年丁卯(1567)中举,又于隆庆戊辰年(1568)中进士,任户部云南清吏司主事。万历五年(1577)任广西桂林府知府。傅时望任桂林知府期间多有惠政,曾修《桂林府志》五册,并制御倭寇方略,卒于任上。桂人将其入名宦祠。

傅时望与来知德同为夔州府人,因此与来知德的关系更为密切。万历五年(1577),来知德游峨眉,傅时望与其兄送来知德至忠州,并赠予游山之资,知德不受,至舟中,时望问曰:"何以不受?"知德曰:"鸿雁啄人间粟,绝不能摩霄。"时望听后私语兄曰:"愿庵公常谓先生有伯夷之清,于兹见矣。"万历十一年(1583),时值傅时望北上还乡,来知德作《赋得有所思一首寄傅达吾》。傅时望于笈中见来知德《大学古本》,

---

① (明)来知德:《重刻来瞿唐先生日录》,《续修四库全书》第一一二八册《子部·杂家类》,上海:上海古籍出版社,2003年,第2页。
② 万历八年庚辰(1580),郭棐为《来瞿唐先生日录》作序;万历十一年癸未(1583),夔州傅时望为《来瞿唐先生日录》作序;万历十三年乙酉(1585),吴会张子功为《来瞿唐先生日录》作序;万历十三年乙酉(1585),来知德为《大学古本释》作序,作《格物诸图引》,武林杨澄作《刻格物诸图前语》;万历十六年戊子(1588),豫章王必恭为《入圣功夫字义》作序;万历十八年庚寅(1590),鄂渚周文为《理学辨疑》作序;万历三十九年辛亥(1611),关中张惟任重新刊刻《来瞿唐先生日录》,张惟任、武林黄汝亨二人为《重刻来瞿唐先生日录》作序;崇祯十二年己卯(1639),冯仕仁为《重刻来瞿唐先生日录》作序;清人王廷章也曾为《省觉录》《釜山稿》作序。
③ 太白岩位于万县(今万州)西南郊,古称西岩,相传李白曾在此读书、吟诗,故称"太白岩"。

读后汗出，遂为《日录》作序①。傅时望在序文中将自己比作"先生之钟子期"。来知德亦作《谢傅达吾送日录序》以表谢意，二者视彼此为知音。然而仅在一年之后，傅时望卒于桂林知府任上，来知德甚是悲伤，作《有所思（吊傅达吾）》，并于诗后附曰："傅子北还时，余曾以《有所思》寄之，载之《铁凤稿》中，乃为余作《日录序》，自以为余之钟子期，未及一载而游岱宗。今子期辍春，余当绝弦矣，不觉令人恸悼。兹复以有所思吊者，不忘生前意也。"②

（四）谭启

谭启（1528—？），字敬所，四川大宁县人。谭启少时读书于邑之天宁寺，嘉靖三十四年乙卯（1555）中举，又于嘉靖四十一年壬戌（1562）中进士。初任福建晋江县知县，有异政。隆庆元年（1567）升浙江道监察御史兼侍经筵，拜浙江巡按。在任期间，谭启直疏减少僧道度牒，同时还纠察了兵部侍郎迟凤翔托病规避、总督蓟辽都御史刘焘失守边防等事。隆庆二年（1568）四月，谭启巡视部属至凤阳，弹劾了五河知县张宪翔居官侵渔的不法行为。六月又弹劾扬州知府卫东楚，武进知县谢师严侵隐官银，并上《请恤民困疏》。宦官许义等人殴打御史李学道，谭启于是奏请查办宦竖，并建言称不宜调李学道于外，又言大学士徐阶不宜去位。至是年十二月，被谭启弹劾的方面大员，自布、按、参议、佥事以及提学、道府等已经有数十员。后奉旨再留任一年，加管松、苏、常、镇四府漕运钱粮，兼理济宁一带河道。谭启为官清廉，不畏权贵，坚决打击官员贪腐。当朝权贵恶其直，于是他被谪官云南，后复起用为福建按察司副使，中外咸称忠节。

据来知德《年谱》载，隆庆三年（1569），时任御史的谭启亲自登门拜访，由于仓促无备，来知德仅"设菜二盘"作为款待。次日，来知德将谭启送至溪边，谭曰："我见尔腹中一肚子铁，以菜款御史乃谈笑自如，尔愿学孔子成矣。"来知德则曰："独不闻四时八节无钱使，半夜三更有

---

① 即《来瞿唐先生日录引》。
② （明）来知德：《重刻来瞿唐先生日录》，《续修四库全书》第一一二八册《子部·杂家类》，上海：上海古籍出版社，2003年，第257页。

客来者乎？"①于是二人一笑而别。《大宁县志》谭启传中亦有相关记载："……素与梁山来知德相友善。来固名儒，注《易》于万县之求溪。启去滇海时，尝过其庐，来烹菘炊糜以待。次早临别，乃谓来曰：'尔高贤决成矣，我见尔以蔬菜待大宾，谈笑自若，应知尔心铁石也。'其往来赠答诗甚多，见来子《日录》。"②

---

① (明)戴诰、古之贤等：《太史来瞿唐先生年谱》，《北京图书馆藏珍本年谱丛刊》第 50 册，北京：北京图书馆出版社，1999 年，第 77 页。
② (清)高维岳：《光绪大宁县志》卷七《儒林传》，《中国地方志集成·四川府县志辑 52》，成都：巴蜀书社，1992 年，第 183 页。

第二章 《来瞿唐先生日录》专题考

《来瞿唐先生日录》一书一经问世，就受到了当时学者的重视，后世更是屡经刊刻，留下了众多的版本，此外《日录》当中涉及的一些信息，也由于年代久远，难以为今人所熟知。基于以上情况，在厘清《日录》版本源流的基础上，分辨版本之间内容与编次之异同，并对《日录》当中涉及的相关信息加以考证，就成为当下《日录》研究的应有之义。

第一节 两种《来瞿唐先生日录》版本异同考

《来瞿唐先生日录》作为记载来知德理学思想及诗赋文集的传世著作，曾被后世多次重新刊刻。全国各大图书馆中，仅笔者所见的现存《日录》[①]版本就多达四种，分别是：中国国家图书馆藏明代张惟任虎林本、中国社会科学院考古研究所藏明万历本[②]、四川省图书馆藏清道光辛卯本[③]、北师大图书馆藏清集善堂保元瑶函本[④]。除此之外，《日录》当中的部分内容，如《大学古本》有单行刻本仍见于世。当前学界关于《日录》版本的问题仍然少有研究，因此具有进一步深入研究的必要。

笔者曾持万历本（即中国社会科学院考古研究所所藏之万历本）与张惟任虎林本对校，发现二本版式、书名，正文内容及编次皆相同，二者的差异仅在于万历本对诸篇序文的删减。万历本较之张惟任虎林本删减内容如下。内篇卷一开篇删去张惟任、黄汝亨、张子功三序。张子功《序》落款时间为"万历乙酉仲冬"，即万历十三年（1585）。据此《序》

---

① 以下凡引《来瞿唐先生日录》简称《日录》。
② 上海古籍出版社 2003 年影印出版《续修四库全书》所选用的版本。
③ 齐鲁书社 1995 年影印出版《四库全书存目丛书》所选用的版本。
④ 另有保元瑶函赞育堂重刻本。

可知张子功为来知德生前相识，张《序》应为原有之旧序。卷二开篇删去武林杨澄《重刻格物诸图前语》。卷四开篇删去豫章王必恭《入圣功夫字义序》。卷五《省觉录》前删去王廷章《省觉录序》。至于此万历本增改的内容，皆是后人以抄写的方式在此版本上的改动与添加。改动如：内篇卷二《格物诸图引》中，将"开明觉悟"改作"开发觉悟"。添加如：内篇卷二《格物诸图》之"三欲中五性"后抄入来知德《玩图》《登山》《偕饮》《醉卧》四首诗，此四诗不见于万历本《日录》外篇，但在道光本《日录》之《悠哉阁稿》与《太史来瞿唐先生年谱》（详见于"万历十年"）中皆有收录。内篇卷四《入圣功夫字义》解"忠"字义后抄入黄辉所作《来瞿唐先生象赞》，此《象赞》不见于其他文献中。内篇卷四解"一"字义后抄入来知德诗《焚引》，此诗亦不见于《日录》外篇，但收录于《年谱》之中（详见"嘉靖四十一年"）。此外，万历本还将郭棐《序》与傅时望《序》提前。至于万历本为何作此调整与删减，不知其故，但通过以上笔者的校对，基本可以确定万历本与张惟任虎林本实为同一版本。

在确定了中国社会科学院考古研究所藏明万历本即为万历三十九年（1611）张惟任虎林本之后，需要解决另一个问题，即中国社会科学院考古研究所藏明万历本与四川省图书馆藏清道光辛卯本的关系。因此笔者在本章中，通过对上述万历本与道光本进行对校，在揭示二者差异的同时，试图去恢复《日录》的本来面貌。

一、《日录》成书经过与各类目录书中的版本

《日录》的成书是一段漫长的过程，这一过程几乎贯穿了来知德的后半生。《日录》成书后曾多次重新刊刻，各种版本的《日录》见诸明清两代的各类目录书中。

（一）《日录》的成书经过

从"日录"名称的最初确立，到《日录》最终的完全写就，经历了一段漫长的过程，可以说贯穿了来知德的整个后半生。就内容来看，此书分为内篇与外篇两部分，内篇收录了来知德各类理学思想的著述，外篇则收录了来知德一生当中创作的共五百余首诗、歌、赋，相当于是来

知德诗、歌、赋的别集。由《日录》中不同篇章的完成时间来看，根据《太史来瞿唐先生年谱》的记载，从嘉靖三十五年（1556）来知德作《春风辞》算起，直至万历三十一年（1603），来知德上疏辞翰林院待诏，《日录》当中内容的写作时间跨度至少达到四十七年。"日录"名称的最早出现是在万历二年（1574），据《年谱》载："万历二年甲戌，先生五十岁。庐墓。思父，作《秋风辞》诸篇……著《理学日录》。"[①]这里所谓的"理学日录"，不见于现存各版本的《日录》中，笔者推测这里的"理学日录"可能是指最初的《日录》内篇。而"来瞿唐先生日录"书名的最终确定则是在万历八年（1580），据《年谱》载："万历八年庚辰，先生五十六岁。客求溪，郭公作《日录》序。"[②]此处的"郭公"即郭棐，号梦菊，字笃周，时任四川学政，郭棐序现存于张惟任本与万历本中，落款为："万历庚辰夏五望日，番山人郭棐笃周甫撰。"[③]这也印证了《年谱》记载的准确性。另据傅时望《日录》引[④]载："'日录'者，瞿唐先生日所录也，曰'来瞿唐先生日录'者，郭督学梦菊公名之也。先生所著有《四省录》《釜山稿》《悟山稿》《八关稿》《铁凤稿》《快活庵稿》《游吴》《游岳》诸稿，梦菊公总名之'来瞿唐先生日录'云。"[⑤]可见，"日录"之名即出自郭棐，因此也可以确定《日录》初成于万历八年，郭棐序也成为《日录》当中的第一篇序文[⑥]。随着来知德文章的不断写就，《日录》的内容也不断增加、丰富，这一过程一直持续到万历三十二年（1604）

---

① （明）戴诰、古之贤等：《太史来瞿唐先生年谱》，《北京图书馆藏珍本年谱丛刊》第50册，北京：北京图书馆出版社，1999年，第78页。
② （明）戴诰、古之贤等：《太史来瞿唐先生年谱》，《北京图书馆藏珍本年谱丛刊》第50册，北京：北京图书馆出版社，1999年，第118页。
③ （明）来知德：《重刻来瞿唐先生日录》，《续修四库全书》第一一二八册《子部·杂家类》，上海：上海古籍出版社，2003年，第1页。
④ 万历本、张惟任本作"引"，道光本作"序"。
⑤ （明）来知德：《重刻来瞿唐先生日录》，《续修四库全书》第一一二八册《子部·杂家类》，上海：上海古籍出版社，2003年，第2页。
⑥ 万历八年庚辰（1580），郭棐为《来瞿唐先生日录》作序；万历十一年癸未（1583），夔州傅时望为《来瞿唐先生日录》作序；万历十三年乙酉（1585），吴会张子功为《来瞿唐先生日录》作序；万历十三年乙酉（1585），来知德为《大学古本释》作序，作《格物诸图引》，武林杨澄作《刻格物诸图前语》；万历十六年戊子（1588），豫章王必恭为《入圣功夫字义》作序；万历十八年庚寅（1590），鄂诸周文为《理学辨疑》作序；万历三十九年辛亥（1611），关中张惟任重新刊刻《来瞿唐先生日录》，张惟任、武林黄汝亨二人为《重刻来瞿唐先生日录》作序；崇祯十二年己卯（1639），冯仕仁为《重刻来瞿唐先生日录》作序；清人王廷章也曾为《省觉录》《釜山稿》作序。

来知德去世前。

(二) 目录书中的《日录》存目

自《日录》问世以后，曾被多次重刻，《日录》的各类版本也见于诸多目录书中。

《日录》见于明、清的私人藏书目录中。明代祁承爜《澹生堂藏书目》卷一《经类第五·礼》载："《来瞿唐大学古本释》一册，一卷，来知德。"①《经类第十·理学》载："《来瞿唐先生日录》六册，十五卷，来知德著。内篇七卷：《弄圆图说》一卷，《河图洛书论》一卷，《格物诸图》一卷，《入圣功夫字义》一卷，《省觉录》一卷，《省心录》一卷，《省事》等录一卷，《理学、心学辨疑解》共一卷。"②祁承爜将《日录》归入经部，同时从这段文字中可以看出，后来纳入《日录》当中的一些内容，如《大学古本》，是以单行刻本的形式流传的。清代徐乾学《传是楼书目·子部》之《腾字三格·儒》载："《瞿唐日录》，明来知行德，六本。"③《集部》之《果字二格·别集》载："《来瞿唐日录》，明来知德，十二本。"④笔者认为之所以子部与集部当中均收录有不同本数的《日录》，是将《日录》的内篇与外篇内容分别归入了子部与集部当中。

除了私人藏书目录外，《日录》也见于《明史·艺文志》当中。《明史·艺文志》中有关来知德《日录》的著录信息有卷九十六，志第七十二《艺文一》之《经类·易类》载："来知德《周易集注》，十六卷。"⑤卷九十八，志第七十四《艺文三》之《子类·儒家类》载："来知德《日录》，十二卷。"⑥卷九十九，志第七十五《艺文四》之《集类·别集类》载："来

---

① (明) 祁承爜：《澹生堂藏书目》，《明代书目题跋丛刊 (上)》，北京：书目文献出版社，1994 年，第 940 页。
② (明) 祁承爜：《澹生堂藏书目》，《明代书目题跋丛刊 (上)》，北京：书目文献出版社，1994 年，第 947 页。
③ (清) 徐乾学：《传是楼书目》，《续修四库全书》第九二〇册《史部·目录类》，上海：上海古籍出版社，第 745 页。
④ (清) 徐乾学：《传是楼书目》，《续修四库全书》第九二〇册《史部·目录类》，上海：上海古籍出版社，第 880 页。
⑤ (清) 张廷玉等：《明史》，北京：中华书局，1974 年，第 2347 页。
⑥ (清) 张廷玉等：《明史》，北京：中华书局，1974 年，第 2429 页。

知德《瞿塘日录》，三十卷。"①值得注意的是，《明史·艺文志》在子类与集类之中，分别著录有来知德《日录》，而集类《日录》的卷数与现存《日录》诸版本卷数皆有着较大的差异。笔者推测，从内容上来看，《子类·儒家类》著录的十二卷《日录》当包括现存《日录》的内外篇内容。至于《集类·别集类》著录的三十卷《日录》则当与现存《日录》外篇内容类似。

而在《四库全书总目》当中，《日录》亦有存目。其中的《日录》版本采自浙江朱彝尊家曝书亭藏本。根据提要当中的记载，此本《日录》内篇共有十五种，分别是：《弄圆篇》《河图洛书论》《格物诸图》《大学古本》《入圣工夫字义》《省觉录》《孔子谨言工夫》《省事录》《九善榻记》《四箴》《谕俗俚语》《革丧葬之俗》《理学辨疑》《心学晦明解》《读易悟言》。外篇则共有十三集，分别是：《釜山稿》《悟山稿》《游峨眉稿》《快活庵稿》《八关稿》《游吴稿》《重游白帝稿》《求溪稿》《买月亭稿》《铁凤稿》《游华山稿》《游太和稿》《续求溪稿》。②

综合看来，各类目录书中的《日录》版本，在卷次、册数、各篇名称诸多方面都存在着一定的差异。因此，在《日录》的校对过程当中，需要特别加以细致的区分。此次校对的工作，笔者选用万历本作为底本，以道光辛卯本作为校本，对两版本《日录》当中的各类差异做了详细的考订，最终综合两版本的优点，进一步还原了《日录》的本来面貌。

二、万历本与道光本之间的关系

在对这两个版本进行对校的过程中不难发现，二者之间存在着内容上的互补与卷次上的差异，通过对内容与卷次的分析，可以逐步明确二者之间的关系。而在明确两版本关系的基础上，对道光本中由于避讳而导致的差异进行说明，据此呈现出道光本由于时代原因所形成的避讳特征。

（一）错误与缺文的雷同

万历本与道光本的相同之处在于二者版式皆为半页九行，行二十字，白口，单鱼尾，四周单边。此外，两者存在着错误与缺文的雷同。两版

---

① （清）张廷玉等：《明史》，北京：中华书局，1974年，第2487页。
② （清）永瑢等：《四库全书总目》，北京，中华书局，2017年，第1072、1073页。

本的《大学古本》在解释"明德亲民"的第三段开头都写作:"大抵自孔孟以后,至于今日,'明德亲民,止至善'八个字通认不真。"① 很显然,既然是"八个字通认不真",但"明德亲民,止至善"仅七字,所以"明德亲民,止至善"当是"明明德,亲民,止至善"之误。在外篇卷一《釜山稿》中,《残灯》《览□□遗事》二诗皆不见于两版本的《釜山稿目录》中,但均出现在了两版本的《釜山稿》正文中。在外篇卷二《悟山稿》中,《朱少府曾许枉太白山堂,乃遣人惠巾并扇,寄之以诗》《寄庄岐冈郡丞》《答赠汪大池》三诗亦不见于两版本的《悟山稿》目录中,但都出现在了两版本的正文中。除此之外,两版本的外篇卷五诗《戊子求溪元日纵笔(十首)》,其中的第六首与第九首皆有缺文(万历本缺文处为墨钉),且缺文位置完全相同,具体如下:

□□□□□□□,□□□□□□□。方倾柏叶欢新岁,仍对梅花叙旧年。雪里谁人知玉马,眼中何物是金莲。神仙自古无名位,骑得鸾凤便上天。

□□□□□□,楠毫随意咏东皇。阳春有脚无贫富,芳草多情第短长。赤凤从今随我驾,黄封原不许人尝。求溪泗水知相接,莫在其中得钓璜。②

笔者认为,这种雷同可以说明二者在刊刻时依据了相同的祖本,正是由于二者的祖本相同,《日录》在后世虽然几经重刊,但祖本当中最原始的错误与缺文却一直保留了下来。

(二)内容的互补与卷次的不同

万历本与道光本二者相较,还存在着内容上的互补与卷次上的差异。

笔者在对校的过程中发现,就文本内容而言,存在此类情况:即道光本虽为后出,但在相同篇章中,道光本的内容较之万历本则更加完备。也正是因此,作为校本的道光本就在一定程度上补充了底本万历本的不

---

① (明)来知德:《来瞿塘先生日录(二)》,《四库全书存目丛书》子部第86册,济南:齐鲁书社,第145、146页。
② (明)来知德:《重刻来瞿唐先生日录》,《续修四库全书》第一一二八册《子部·杂家类》,上海:上海古籍出版社,2003年,第287页。

足。诸如万历本内篇卷三《大学古本》中，无以下数段内容，而这些缺失的段落均见于道光本外篇卷七《大学古本》当中：

至 善

○至者极也，如冬至、夏至之至。冬至前虽有小寒、大寒，然六阴之极，天地之气，从此而呼于外，所以为冬之极。夏至前，虽有小暑、大暑，然六阳之极，天地之气，从此而吸于内，所以为夏之极。善者良也，易言继之者善。孟子道性善，皆维皇降衷之良，而无一毫人欲之私，传所谓仁敬孝慈，信是也。

止至善

○止者，已也、息也、居也、静也，书之安汝，止钦、厥止是也。孔子止字出于此，止字内藏得有定、静、安三字意。

知止而后有定一节

○知者，觉也，识也，喻也，即下文"知"字。心无二知，分生知学，知困。知者，以人之资禀不同也。此"知"字，即应下文"此谓知之至"也。定者，正也，言此心有定向也。静者，寂也，息也，定也。安者，心无愧也，宁也，止也，静也，其实此心既定已安矣。但自心之既定，寂然不动言则曰定；自心之既定，妥贴无愧言则曰安。非此心既定，又别有所谓静与安也。虑者，详审其过不及，以示求其至善也。即太甲之弗虑胡获。说命之虑善以动也。盖获字即得字，言不虑，何以得，故虑而后能得也。至善而曰虑，而后能得者，言必虑善以动，动惟厥时也。①

此外，万历本内篇卷四《入圣功夫字义》中，卷首开篇处无此卷目录，而道光本内篇卷三《入圣功夫字义》卷首开篇处却有目录。万历本外篇卷四《铁凤稿》中，无《荡荡歌》和《相士索诗，口头语与之》，但两首诗见于道光本外篇卷四《铁凤稿》中。万历本外篇仅存五卷，没有收录来知德晚年写就的包括《辞官疏》《辞禄疏》诸篇在内的《悠哉阁稿》，而道光本却将《悠哉阁稿》纳入其中。

---

① （明）来知德：《来瞿唐先生日录（二）》，《四库全书存目丛书》子部第86册，济南：齐鲁书社，1995年，第145页。

反之，万历本在某些内容上，也存在比道光本更加全面的地方。例如道光本在内篇卷二《格物诸图》中，在解释"动静合一"的内容，较之万历本缺少了以下的一段文字：

〇程子不知格物是圣学头脑功夫，故于心之未发上用功甚多也。费了许多执持，用心亦苦矣，而不知儒、释之分，正在于此。以程子之初心论之，岂肯甘为释氏之教哉？用功之差，其流至此，而今学者讲慎独功夫，通由葱岭来了。可痛可痛！①

再如道光本内篇卷三《入圣功夫字义》中，在解释"道"字的内容，较之万历本缺少了以下的三段文字：

〇天地位、万物育者，五性之能事也，乃圣神之极功也。致者，至也，言到此中和地位也，此处止只言圣神之极功，已与下学功夫不相粘矣。注中又说"自戒惧而约之，自谨独而精之"，依然又是下学之事。（必恭云："正是正是。"）

〇又说"吾之心正则天地之心亦正，吾之气顺则天地之气亦顺"，全不是了，况此处也说不得一个气字，只将"惟天下至诚，惟能尽其性"一章来作证，何等明快，何必言"吾之心正，则天地之心亦正，吾之气顺，则天地之气亦顺"。

〇宋儒只看此章文章句法有对待，就依对待解了，殊不知全在说"率性之谓道"一句，看书要将我往日下手功夫去体认他方不差，宋儒只依文字解，所以差了。②

道光本在解释"德"字的内容，较之万历本缺少了以下的一段文字：

〇此二字关系不小，王霸之辨在此，正学禅学之辨在此，此二字不明，一本《大学》通无用了，注之何益！宋儒不注亦可也，（某）不得不辨，正孟子所谓"予不得已"也。③

---

① （明）来知德：《重刻来瞿唐先生日录》，《续修四库全书》第一一二八册《子部·杂家类》，上海：上海古籍出版社，2003年，第50页。
② （明）来知德：《重刻来瞿唐先生日录》，《续修四库全书》第一一二八册《子部·杂家类》，上海：上海古籍出版社，2003年，第99-100页。
③ （明）来知德：《重刻来瞿唐先生日录》，《续修四库全书》第一一二八册《子部·杂家类》，上海：上海古籍出版社，2003年，第103页。

道光本在外篇卷五《续求溪稿》中,无《答黎樵石》一文,而此文见于万历本《续求溪稿》中:

答黎樵石

书来,以朱子"羽翼圣道"苦辛一番,还当以"明德"为"虚灵不昧"。殊不知道在天地,乃天下之公道也,纵朱元晦生同其时。某此言一出,亦不失为先生之忠臣直友,况此言不自某出,乃孔子门人之传,某不过表章之耳。何也?所谓"平天下在治其国者"一节,乃当时孔子亲炙门人释经文"古之欲明明德于天下者,先治其国"二句也。亲炙门人已曰:"老老长长"矣。故孟子亦曰:"人人亲其亲,长其长,而天下平。"执事从朱子之"虚灵不昧"乎?从亲炙门人"老老长长"乎?若从朱子之说,则亲炙门人之传皆不是矣。"明德"冠《大学》之首,所系匪轻。故某常以孟子没后,道丧千载为可哀者,此也差之厘毫,谬以千里,执事其反复思之。①

综合以上所有道光本当中缺失的段落与文章来看,可以发现,这些文字内容都是涉及来知德对宋儒理学思想的批判。所以笔者进一步认为,道光本之所以会出现这些文字内容的缺失,并非是当时刊刻者粗心遗漏所导致,而应该是其有意为之,意在削弱《日录》语句当中对朱熹等宋儒的批判程度。道光本中还将诸如"朱子解此注通解错了""朱子……则说得全不成话了,岂有是理也哉"此类的话统统删去,甚至还对一些批判性的文字表述做了较为温和化的处理。另一方面,道光本为避清讳,也有意删改了一些不利于清廷统治的文字内容,这部分内容笔者将在下一节进行阐释。

至于两种版本卷次上的差异,主要有两处:一处是道光本将《大学古本》编排在了外篇的最后一卷(外篇卷七),而万历本当中的《大学古本》则被编排在了内篇卷三的位置上。仔细分析,按照《大学古本》中阐释的内容来看,很显然将其放在《日录》内篇当中更为合理,至于

---

① (明)来知德:《重刻来瞿唐先生日录》,《续修四库全书》第一一二八册《子部·杂家类》,上海:上海古籍出版社,2003年,第288页。

道光本将《大学古本》放在《日录》外篇的最后一卷，笔者推测很可能是因为当时的刊者在刊刻时参考了单行本的《大学古本》与内容当中不包含《大学古本》部分的《日录》版本。不包含《大学古本》部分的《日录》版本在前面列举的各类《日录》存目的目录书当中确实存在，甚至现存的保元瑶函本《日录》当中亦不包含《大学古本》的内容。另一处卷次上的差异是万历本《石鼓歌》正文位于外篇卷三末尾处，道光本《石鼓歌》正文则位于外篇卷四《古诗》与《买月亭稿》之间。两版本的外篇卷三《游峨眉稿》目录均将《石鼓歌》放在了目录的最后，但不知何故导致道光本《石鼓歌》的卷次编排没有按照目录的顺序。所以根据目录来看，《石鼓歌》的位置位于外篇卷三末尾处更为合理。

综上而论，如果仅根据后出的道光本在某些篇章的内容较之万历本更为充足，似乎可以得出二者不存在直接继承关系的结论，即万历本非道光本所依据的底本。但是结合前文已经笔者目验的实事，即万历本实为万历三十九年（1611）张惟任虎林本（仅仅是删去了数篇序文），而道光本中附有张惟任虎林本诸序，即张惟任《序》、黄汝亨《序》与张子功《序》，基本可以确定道光本所依据的底本就是张惟任虎林本，也就是万历本，而这就与之前的结论相矛盾。较为合理的解释就是道光本主持者在整理刊刻的过程中，除主要参考虎林本外，还可能参考了其他的《日录》版本，补入了《悠哉阁稿》等未见于万历本中的内容，并有意删去了来知德对宋儒理学思想的批判的内容，同时对部分内容与文字进行了避讳处理。不过值得注意的是，自万历三十九年（1611）张惟任虎林本《日录》刊印，到道光辛卯年（1831）《日录》刊印，其中近二百年的版本流传情况到底如何，是否还有待发现新的版本，这些都有待进一步的研究。

三、道光本因避讳而产生差异

道光本因为刊刻的时代原因，较之万历本，在避讳方面产生了一些差异。这样的差异主要表现在两个方面：一是避清代帝王讳，二是避胡虏夷狄讳。

（一）避清代帝王讳

道光本为避清代皇帝讳，在《日录》的全篇内容中，分别对涉及康熙、乾隆、嘉庆、道光四个皇帝名讳的字做了避讳处理。具体的避讳做法分别是：全文中避康熙、乾隆、道光讳，均用了改字的方法。"玄"字皆改作"元"，如"唐玄宗"作"唐元宗"，"谈玄"作"谈元"。但是也存在几处特例，如《革丧葬夷俗约》，以及外篇卷六《悠哉阁稿》中的诗《倪禺同铨部过求溪寄诗十首，用来韵奉答》《蟠龙山送汪昆麓明府以内艰还楚》，文中的"玄"字皆写作"纟"。全文中将"弘"字皆改作"宏"，"曆"字皆改作"歷"，"寧"字改作"宁"，如"公孙弘"作"公孙宏"，"弘远"作"宏远"，年号"万曆"作"万歷"，"地得一以寧"作"地得一以宁"。避嘉庆"颙"字讳，则用了空字的方法，如诗《题华封三祝图寿杨东泉少府》："积阳真朱光，修景迎南陆。岂知在乾封，□亦见四目……"①对照万历本，可知此诗的空字处应作"颙"。避嘉庆"琰"字讳以及避道光"旻"字讳，又采用了以同义词代替的方法。如内篇卷一《弄圆篇》中，在解释《历代文章、大混沌》图时，万历本其中一句为："七篇琬琰不如一字之廉，五策汪洋不如一字之俭。"②道光本则改为："七篇珠玉不如一字之廉，五策汪洋不如一字之俭"。③"琬琰"即泛指美玉，故道光本以"珠玉"代之。万历本在《省觉录》中，有："蔡琰岂不读书，然卒失其节者，昧良心故也。"④道光本则将"蔡琰"改作"蔡文姬"，以其字代其名。万历本《铁凤稿》开篇第一首诗《登铁凤山寄傅达吾计部》，其中的一句为："铁鸾衔诏下重旻，执信秉桓环岳牧。"⑤道光本将诗中的"重旻"改为"重霄"，"旻"字本意即指天空，故以"霄"代之。

---

① （明）来知德：《来瞿唐先生日录（二）》，《四库全书存目丛书》子部第 86 册，济南：齐鲁书社，1995 年，第 67 页。
② （明）来知德：《重刻来瞿唐先生日录》，《续修四库全书》第一一二八册《子部·杂家类》，上海：上海古籍出版社，2003 年，第 21 页。
③ （明）来知德：《来瞿唐先生日录（一）》，《四库全书存目丛书》子部第 85 册，济南：齐鲁书社，1995 年，第 675 页。
④ （明）来知德：《重刻来瞿唐先生日录》，《续修四库全书》第一一二八册《子部·杂家类》，上海：上海古籍出版社，2003 年，第 137 页。
⑤ （明）来知德：《重刻来瞿唐先生日录》，《续修四库全书》第一一二八册《子部·杂家类》，上海：上海古籍出版社，2003 年，第 272 页。

（二）避胡虏夷狄讳

因为清朝为少数民族建立的政权，因此对涉及"胡""虏""夷""狄"一类的词多有禁忌，道光本对于这类词语当中的部分作了避讳处理，并对《日录》当中涉及华夷观念的内容进行了一定的删改。来知德作为明代学者，深受理学思潮的影响，有着强烈的华夷观念，因此在《日录》中，许多篇幅都与华夷之辨有关，比如对于佛教与元朝社会的批判，就往往是围绕着华夷之辨的论点而展开。来知德这样的言论在汉族主政的明王朝是无所禁忌的，但是随着清王朝的建立，加之清朝统治者对汉文化认识的不断加深，图书中涉及夷狄方面的内容就成为清代统治者的禁忌，也正是因此，清代的文字狱较之前代尤甚。道光本的刊刻者自然深知其中的利害关系，因此对道光本《日录》中涉及夷狄的内容作了一定的删改处理。

首先，来知德《日录》中涉及"华夷之辨"的内容，道光本作了大量的删减处理。万历本在《弄圆篇》中，解释图《以周家论、小混沌》，其中两句作："以皇朝论元，乃宋之戊亥也，纯是一团阴，所以夷狄主中国"①"汉之后三国，以至五胡乱华"②。而在道光本中则删去了"所以夷狄主中国"与"以至五胡乱华"。万历本《格物诸图》中，其中的《三欲实验》共八条，而对比道光本，则仅剩七条，原因是道光本将其中的《夷狄》条直接删去。此外，道光本还删去了《省事录》中的以下一整段文字：

> ○"中正"二字乃世儒之所难当者，孔门以中庸不可能，则"中正"二字之难当可知矣。吾常以许衡、王通二人评之。衡谥文正，后世更无一人议黜之者。衡河内人，乃中国之地所生，非蒙古所生也。当宋失天下之时，三尺之童亦知哀悼，不知衡亦痛否？若曰痛矣，衡曾仕元，此邪心也，当元得天下之时，三尺之童亦知憎恶，不知衡亦喜否？若曰喜矣，以中国人而喜夷狄为主，毁冠裂裳以事之，此邪心也，又不知当为祭酒之时，假如元

---

① （明）来知德：《重刻来瞿唐先生日录》，《续修四库全书》第一一二八册《子部·杂家类》，上海：上海古籍出版社，2003年，第21页。
② （明）来知德：《重刻来瞿唐先生日录》，《续修四库全书》第一一二八册《子部·杂家类》，上海：上海古籍出版社，2003年，第21页。

主问以取宋之策，衡将何以对乎？又不知衡死之后与文天祥、陆秀夫、张世杰四人相见，何以议论乎？大抵衡以治生为先，务欲治生以求富贵，故不暇择其主，区区教人科条干禄之饵，尔何足道哉？故临死言慎勿请谥，正丘琼山所谓"人之将死其言也善"。衡自知仕元之非天理，在人心未尝或泯也，予故常论衡曰："非文正也，譬之妇人之失节，纵有别善，不足言矣。"至于王通，门人谥以文中，通立言平正，较之庄列则又醇矣。人乃讥其河汾献策，不知何意，殊不知王通献策于隋文帝之时，年方二十岁，炀帝之恶尚未露也。通知其不能用，遂作东征之歌以归。及炀帝即位，通即征之不至，后屡征辟不至者，知炀帝之为人也，则王通之志节较之事腥膻之主者远矣。虽少年献策，较之近日科举之士披发以见有司者，相去又天渊矣，而乃讥其献策，何哉？虽其中说门人推尊太过，亦自古儒者师徒之常尔。夫王通不仕炀帝，许衡仕夷狄，其人品皎然可知矣。许衡谥正，人不讥之；王通谥中，人反讥之。岂未读王通之书，考其行实乎？亦科目陷人，不知所以论人乎。①

以上这段文字中，来知德赞扬了文天祥、陆秀夫、张世杰这些面对外族入侵时不畏强暴、奋勇抗争的英雄，而对许衡折节仕元的做法予以谴责，并认为"王通志节较之事腥膻之主者（许衡）远矣"。这段话也反映了来知德的夷夏观念，然而这样的内容很显然是同样作为少数民族政权的清朝统治者不愿意看到的，故而道光本的刊者将其全部删除。此外，道光本还对《省事录》当中的《革丧葬夷俗约》一文进行了大量的删改。道光本将题目"革丧葬夷俗约"改作"革丧葬礼约"，删去了"至元则夷狄矣，夷人父母死则歌舞娱尸""皇祖一扫腥膻"②，并将"盖尺布裹头，夷人之俗，今犹沿元人之尺布。此孝帕所当革者一也"③改作"盖犹沿元

---

① （明）来知德：《重刻来瞿唐先生日录》，《续修四库全书》第一一二八册《子部·杂家类》，上海：上海古籍出版社，2003年，第158-159页。
② （明）来知德：《重刻来瞿唐先生日录》，《续修四库全书》第一一二八册《子部·杂家类》，上海：上海古籍出版社，2003年，第163页。
③ （明）来知德：《重刻来瞿唐先生日录》，《续修四库全书》第一一二八册《子部·杂家类》，上海：上海古籍出版社，2003年，第163页。

人尺布裹头之旧"①,将"而甘为十恶大罪之人,非真夷狄乎"②改作"而甘为十恶大罪之人乎"③。

其次,来知德在批判前人理学思想以及禅学时,经常会使用夷狄一类的词语,道光本将其或删减或改写。万历本有:"后程子自涪归,叹门人俱化于夷,盖因为师者往日端坐如泥塑人,故不觉流而为禅矣。"④道光本删去"后程子自涪归,叹门人俱化于夷";万历本有:"所以程子门人无处下手,不觉流而为夷矣!"⑤道光本将其中的"夷"字改作"禅";万历本有:"延平先生乃曰:'学问之道不在多言,但默坐澄心,体认天理,若见虽一毫私意之发,亦退听矣。'此言至于今日数百年间,使天下学者皆化为夷,深可痛息。"⑥道光本将其中的"皆化为夷"改作"皆流为禅";万历本有:"佛虽夷狄异端,非吾儒中庸之道,然彼知世人所贪在此三者,乃尽去而黜之。"⑦道光本删去其中"夷狄"二字。另外,道光本还将《省事录》当中的以下一段文字全部删去:

○今人皆说梓潼神司桂籍,读书者在在祀之,而求嗣者亦祀之,不知何所据也……殊不知举人、进士乃争名夺利富贵之事也,孔子曰"富贵在天",斯言尽之矣,子孙之多寡贤不肖乃气数也,孟子以"子之贤不肖,皆天",斯言尽之矣。斯二者天也,非梓潼所可得而与也,媚奥媚灶,胡可得哉?大抵理学不明,人心陷溺,已非一日,可哀也!可哀也!其事《诗》《书》者,不知尊敬著书立言万世师法之孔、孟。春秋二祭,未闻一人有斋戒

---

① (明)来知德:《来瞿唐先生日录(一)》,《四库全书存目丛书》子部第85册,济南:齐鲁书社,1995年,第803页。
② (明)来知德:《重刻来瞿唐先生日录》,《续修四库全书》第一一二八册《子部·杂家类》,上海:上海古籍出版社,2003年,第164页。
③ (明)来知德:《来瞿唐先生日录(一)》,《四库全书存目丛书》子部第85册,济南:齐鲁书社,1995年,第803页。
④ (明)来知德:《重刻来瞿唐先生日录》,《续修四库全书》第一一二八册《子部·杂家类》,上海:上海古籍出版社,2003年,第50页。
⑤ (明)来知德:《重刻来瞿唐先生日录》,《续修四库全书》第一一二八册《子部·杂家类》,上海:上海古籍出版社,2003年,第50页。
⑥ (明)来知德:《重刻来瞿唐先生日录》,《续修四库全书》第一一二八册《子部·杂家类》,上海:上海古籍出版社,2003年,第53页。
⑦ (明)来知德:《重刻来瞿唐先生日录》,《续修四库全书》第一一二八册《子部·杂家类》,上海:上海古籍出版社,2003年,第132页。

沐浴者。至于不知出处之梓潼，为其司桂籍，则竭诚以祀之；其不事《诗》《书》者，不敬所生之父母，视父母如路人，奉养之菲薄，言语之犯触，无所不至，乃反远敬夷狄不知来历之佛，拜弥勒如父母，其可笑类如此。①

除了以上的两种避讳外，道光本还对涉及圣人孔子的内容进行了避讳处理，在外篇卷四《江边别郭梦菊（四首）》中，将诗中的"孔丘"改作"孔某"。由此也可以看出道光本在避讳方面做得还是十分严格的。

第二节　来知德相关川东地点考

来知德作为明代巴蜀地区著名的理学家、易学家，一生淡泊名利，潜心学术，终生未曾涉足宦海。但他天性豁达，热爱生活，常常寄情于山水之间，与友人游历各地名山大川，其中尤其以在蜀中地区的游历最为频繁，巴蜀大地上的许多地方都留下了瞿唐先生的足迹。这些与来知德有关的地点，既包括了诸如峨眉山、白帝城等其生前曾经游历的蜀中名胜，还有一些虽非名胜，却与来知德有着密切关联的地方。本章以来知德家乡及周边区域作为主要考察对象，即明代川东地区，对来知德《年谱》以及各类诗赋作品中涉及的地点进行考证，结合各类方志文献中的相关记载，并通过田野调查的方式，将这类地点的今昔变化加以说明。

一、《年谱》中的地点

由来知德的门人戴诰、古之贤等编著的《太史来瞿唐先生年谱》，对来知德的生平经历了详细的记载，其中提及最多的地点还是来知德生前长期生活的家乡梁山以及注《易》之万县求溪等地。

（一）仁贤乡

来知德于嘉靖四年（1525）出生于四川梁山县，即今重庆市梁平区。

---

① （明）来知德：《重刻来瞿唐先生日录》，《续修四库全书》第一一二八册《子部·杂家类》，上海：上海古籍出版社，2003年，第153-154页。

关于他出生的具体地点,《年谱》中有着详细的记载:"嘉靖四年乙酉十月初五日亥时,生于县西沙河铺釜山下。"①来知德的出生地就是今天的梁平区仁贤镇,而"仁贤镇"名字的由来也与来知德有着密切的关系。据《梁山县志》卷二《舆地志·古迹》载:"仁贤乡碑:县西三十里,万历时,邑令赵世显为来知德立(癸巳仲冬)。"②赵世显对来知德其人其学颇为服膺,且素来与来知德友善,在其诗集《芝园稿》中,留下了许多写给来知德的诗文,其中就包括《画兰赠来瞿唐》:"尘世争先看牡丹,谁知深谷有蘘兰。幽香九畹随风发,翠色三秋带雨攒。不竞纷华来上苑,独留清气向岩峦。天香国色那堪并,千载令人忆考盘。"③诗中将来知德比作兰花,赞美了他隐世君子的高尚人格。前文注中的"癸巳"即万历二十一年(1593),来知德时年六十九岁,生前他便享此殊荣,可见来知德对地方文化影响之深远。笔者曾对来知德的故乡,今梁平区仁贤镇华安村白鹤湾进行了实地走访,这里至今仍保留有来家桥、来氏宗族墓地等遗迹,此外,来知德著作中经常提及的釜山则依然矗立于其间。

(二)太白山

来知德长期以来体悟个人的作圣之法,其中一个重要的节点就是万历二年(1574)太白山的顿悟。《年谱》载:"万历二年甲戌,先生五十岁……冬,服阕。登太白山,悟格物之物乃物欲之物,一者无欲也,格物则无欲矣。孔子说吾道一以贯之,所以行之者一也,天下之动贞夫一者也,孔子三个一字通同,皆祖述尧舜,惟精惟一之一就豁然贯通,晓得作圣工夫,有头脑,有次第。作《述悟赋》。改太白山为悟山。又作《悟山稿》。"④《悟山稿》中亦有来知德的相关描述:"来子居太白山有年矣,长恶此山与先达同名也。一日跌坐其巅,恍然偶悟作圣之学,因述悟之

---

① (明)戴诰、古之贤等:《太史来瞿唐先生年谱》,《北京图书馆藏珍本年谱丛刊》第50册,北京:北京图书馆出版社,1999年,第66页。
② (清)朱言诗:《光绪梁山县志》,《中国地方志集成·四川府县志辑54》,成都:巴蜀书社,1992年,第56页。
③ (明)赵世显:《芝园稿》,《四库未收书辑刊》第五辑第二十四册,北京:北京出版社,1997年,第505页。
④ (明)戴诰、古之贤等:《太史来瞿唐先生年谱》,《北京图书馆藏珍本年谱丛刊》第50册,北京:北京图书馆出版社,1999年,第78页。

所由，即以易兹山之名焉，作《述悟赋》。"①在《格物诸图引》中，来知德亦言道："制方阕，登太白山，见此心之所以往来者，非有他也，乃三欲也，盖孔子之'三戒'，孟子之'三好'也。"②上述几段材料都指明了一个地点，就是"太白山"，可是这里的"太白山"到底在什么地方，来知德并没有具体说明，笔者查阅相关文献，在《补续全蜀艺文志》卷二《述悟赋》前的注释中找到了有关"太白山"具体方位的记载："太白山在顺庆府蓬州。"③查阅《顺庆府志》，其中载："营山县……太白山：治西。"④根据相关方志的记载，营山县当时属蓬州治下，所以营山县之"太白山"即应当为注释中蓬州之"太白山"。《营山县志》中对太白山的方位作了更加详细的描述："太白山：治西，城跨其上，为圣庙之正脉。左云凤，右翠屏，二水合流，前拱文笔，后拢衮山。"⑤可见，这里所说的太白山正是营山县文庙的所在地，而这里的文庙早在元时就已经设置，而在以后的岁月里，历经多次的毁坏与重建："学宫：在县治西太白山，即元时旧址。明洪武初面南；成化间东向；宏治中，知县任重仍归面南；正德五年毁于贼。后知县严杰□□学公议请公帑修建，复东向，苦工费浩繁，物力维艰，历官捐助，竟未告成。至隆庆壬申，知县王廷稷始报竣。万历甲寅，知县王三聘又改南向。戊午，知县马中豸有学识，以南向不利于士，一时人心踊跃，乡官侯文才、陈鹤，举人王崇诰合学诸生，善士梅安梭等争相劝输，协心修理，仍东向。至明末尽遭兵燹……"⑥

根据《补续全蜀艺文志》之《述悟赋》前关于太白山的注释以及相关方志文献的记载，似乎已经说明了来知德所处的太白山就是位于营山

---

① （明）来知德：《重刻来瞿唐先生日录》，《续修四库全书》第一一二八册《子部·杂家类》，上海：上海古籍出版社，2003年，第206页。
② （明）来知德：《重刻来瞿唐先生日录》，《续修四库全书》第一一二八册《子部·杂家类》，上海：上海古籍出版社，2003年，第32页。
③ （明）杜应芳、胡承诏：《补续全蜀艺文志》，《续修四库全书》第一六七七册《集部·总集类》，上海：上海古籍出版社，2003年，第13页。
④ （清）李成林修、罗承顺纂：《康熙顺庆府志》，《中国地方志集成·四川府县志辑54》，成都：巴蜀书社，1992年，第421页。
⑤ （清）翁道均修，熊毓藩纂：《同治营山县志》，《中国地方志集成·四川府县志辑58》，成都：巴蜀书社，1992年，第266页。
⑥ （清）翁道均修，熊毓藩纂：《同治营山县志》，《中国地方志集成·四川府县志辑58》，成都：巴蜀书社，1992年，第303页。

县西的太白山。然而，这一说法也有值得怀疑与商榷的地方，笔者对此提出了如下疑问：从时间上来讲，根据《年谱》记载，万历二年（1574）冬，来知德服阕登太白山，并于同年作《述悟赋》，可知来知德写就《述悟赋》之时必然是在万历二年年底。从空间上看，营山县之太白山与来知德的庐墓地点——今重庆梁平区至少也有上百公里的距离，倘若《述悟赋》中的"太白山"真的是指营山县的太白山，来知德则必须在万历二年（1574）年底庐墓服阕之后的短暂时间内，从家乡梁山县前往营山县之太白山，并写就《述悟赋》，这在时间上显得有些仓促。而在《述悟赋》前的自序中，来知德曾言"居太白山有年矣"，这应该是指来知德在隆庆三年（1569）庐墓以前，就曾长期居住于此。可见，太白山对于来知德而言并非短暂的游历地点，而是曾经长期生活过的地方，《日录》当中也有相关的诗句可以佐证：

太白山堂成四首①

其一

茅屋厰朱明，春风到杜蘅。松应寻竹友，酒或是诗兄。陟巘凭空远，临流独濯清。犬猫机事少，不论结鸥盟。

其二

月入嚣嚣榻，风清睘睘窝。（山下二堂，杨大理名其左者嚣嚣榻，右者为睘睘窝。）鸟花成富贵，礼乐自丘轲。兀坐忘人象，论文或客过。枯桐如手滑，随意足高歌。

其三

谁是人间乐，谁为世上闲。闲非宫室好，乐是水山间。欲下全牛手，须先见豹斑。蜗庐与斗舍，到处可寻颜。

其四

松老蟠虬铁，篁幽覆瓮区。广居无定宅，安乐即康衢。与我二三子，乘风南北隅。翛然多揖让，白日见唐虞。

---

① （明）来知德：《重刻来瞿唐先生日录》，《续修四库全书》第一一二八册《子部·杂家类》，上海：上海古籍出版社，2003年，第224页。

朱少府曾许枉太白山堂，乃遣人惠巾并扇，寄之以诗三首①

其一

昔日充城去，曾云过草堂。岂知翻厚贶，今复枉疏狂。遇雨先须折，乘风且奉扬。菊花秋露白，不共故人尝。

其二

闻尔清操甚，官衙亦泠然。将簪长当米，沽酒每赊钱。羊续鱼犹在，时苗犊可牵。好来看鱼犊，吟弄共留连。

其三

秋雨蒙蒙落，秋山处处登。君应同野鹤，我亦似孤僧。客到寻常饭，闲居纸竹灯。白云长绕榻，得酒即飞腾。

通过以上的诗句，我们至少可以了解来知德曾经在此处建有草堂，并长期居住。如果来知德曾经悟道并作赋的"太白山"真的位于营山县，来知德又是如何往来于其间，而《年谱》等相关文献中却对此未曾提及呢？比较合理的解释就是来知德所指的"太白山"应该离来知德的居住地的仁贤乡釜山距离并不遥远。笔者查阅《梁山县志》，发现梁山县境内确实也有关于"太白山"的记载："太白山：县北三十里。"②而真正印证笔者上述推论的文献则是今见于重庆垫江县来氏后裔所保存的咸丰年间手抄本《来氏族谱》。根据《来氏族谱》中《族人各居基地坟墓田地志》的记载："太白顶：庄田，瞿唐于顶耆《易》，改为'悟山'。"可见，这里所说的"太白顶"就是来知德于万历二年（1574）悟道并作《述悟赋》，并改名"悟山"的"太白山"，这一证据也足以推翻《补续全蜀艺文志》中关于"太白山"在今营山县的论断。

（三）求溪

除了太白山悟道外，来知德生平的另一重要经历就当属"求溪注

---

① （明）来知德：《重刻来瞿唐先生日录》，《续修四库全书》第一一二八册《子部·杂家类》，上海：上海古籍出版社，2003年，第218页。
② （清）朱言诗：《光绪梁山县志》，《中国地方志集成·四川府县志辑54》，成都：巴蜀书社，1992年，第40页。

《易》"了。《年谱》载:"万历五年丁丑,先生五十三岁。读《易》,以宋儒不言象止言理,因客万县求溪注《易》。"①自万历五年(1577)《年谱》中首次出现来知德客居求溪注《易》,之后的很长一段时间里,来知德曾多次往来于求溪与釜山的家中。至于来知德为何选择在万县(今万州区)的求溪山中注《易》,笔者推测,除了求溪其地僻静,利于思考与撰写《周易集注》之外,可能也与来知德的女婿隆国化有关。王德完《来瞿唐先生行状》载:"聘君瞿唐先生,盖夔梁之隐君子也……女三,一适学博马南峰冢子庠生可龙,一适寺丞杨作吾冢子庠生极,一适万邑隆韶次子国化。"②来知德有女三,其中的小女儿"适万邑隆韶次子国化",这无疑为来知德客居求溪提供了更多生活上的便利。后世为了纪念来知德曾在此地注《易》,于来知德注《易》处修建求溪书院,并建来公祠以祀先哲:"讲易台:在治南市郭里虮溪,明梁山来知德注易处,今遗址犹存,邑人即其地建虮溪书院。"③"虮溪书院:在县南市郭里。道光十一年,邑绅民易光晨、秦正高、张问恒、秦德辉、冉之瑜、李自富、秦永兴、邬兴礼共捐银二千六百四十两,劝输银百八十两钱六百余千,于来瞿塘演易台故址建书院,置买田产五契,岁入租二十石,每年延师训课,刊来氏《年谱》《日录》《大学古本》《入圣工夫字义》等书,秦正高等议叙八品顶戴。同治三年,首事易濂等禀请附入万川书院经理。"④民国时期,时任万县教育局长的学者李寰曾亲赴求溪,在其赴台后撰写的《西蜀大儒来知德先生》一文中,对这里曾有过较为详细的介绍:

> 自万县城约四十余华里而至龙泉沟,俗名龙家沟,《明史》所称之求溪,《万县志》所称之虮溪,皆是此地。其地位于七曜山之麓,万山环峙,林壑幽美,中有小平原,为龙家沟市场。距此约一华里,即为来子著易之演易台,一名虮溪书院,寰于民国

---

① (明)戴诰、古之贤等:《太史来瞿唐先生年谱》,《北京图书馆藏珍本年谱丛刊》第50册,北京:北京图书馆出版社,1999年,第89页。
② (明)王德完:《来瞿唐先生行状》,(清)符永培:《(嘉庆丁卯岁)梁山县志》卷十六《艺文志四》,哈佛大学汉和图书馆珍藏影印,共十八卷。
③ (清)张琴、范泰衡:《万县志》,《中国方志丛书》华中地方第379号,台北:成文出版社,1976年,第544页。
④ (清)张琴、范泰衡:《万县志》,《中国方志丛书》华中地方第379号,台北:成文出版社,1976年,第325页。

十四年任万县教育局长，视察虬溪书院中所设之国民学校，得获至此。演易台大门，榜书径尺石刻"虬溪书院"四大字。另悬木牌于门首，上书"万县县立赶场乡国民学校"字样。正中大堂供奉金漆木主，上书"先儒来子知德"神位。石碑三方，记述瞿唐在此演易始末及创建虬溪书院缘起。堂之左室为庋藏先生遗著版片处。另有特大太师椅，相传为来子演易时之座椅，另有杂物数件，亦为先生之遗物。其时系偕视学张子扬君展谒，仰止高山，低徊甚久。当嘱校中师生珍视先哲遗迹，务妥保存，以传久远。又据万县志，虬溪书院所刊版片，有来氏年谱，日录，大学古本，入圣功夫，字义等书。①

今天的讲易台与虬溪书院皆在万州区泉水小学内。

（四）来子墓

来知德于万历三十二年（1604）溘然长逝，时年八十岁，后"卜藏于县西十五里福德铺"②。《梁山县志》载："名墓：兆域之辨，掌自冢人、墓大夫。而柳下之垄禁其樵采焉。董相之陵，过则下马焉。若《皇览》，若《水经注》，每于先贤冢墓登之简编，寓意良深也。陟高梁以远望，贤达栖神、名流托体之区，龟趺旧碣，马鬣陈封，犁而为田者，不知凡几，第就夯台斧室，足坊表千秋者著之。明来征君墓：县西十五里福德铺，有石坊，林烃章联云：半亩佳城生宿草，侯芭负土竟谁属；一丸太极悟先天，扬子草元（玄）总不如。"③后附诗文如下：

成都顾造诗

得到蟠龙洞，空嗟去鹤遥。无嘲那用解，有卜不须招。千古微言著，当年硕望凋。瞿唐帷逝子，感慨忆孤标。

杨师旦诗

韬光岩穴掩荆扉，周孔羹墙不暂违。羽翼既能承四圣，编摩

---

① 李寰：《西蜀大儒来知德先生》，《四川文献》第56辑，1967年，第15页。
② （明）戴诰、古之贤等：《太史来瞿唐先生年谱》，《北京图书馆藏珍本年谱丛刊》第50册，北京：北京图书馆出版社，1999年，第175页。
③ （清）朱言诗：《光绪梁山县志》，《中国地方志集成·四川府县志辑54》，成都：巴蜀书社，1992年，第58页。

何惮绝三书。主恩翰苑亲裁诏，吾道山林可拂衣。大易中兴昭宇宙，何须华表鹤来归。

蜀川有犯少微星，遂使斯文失典型。梁木忽从歌里坏，巫峰空想梦中形。白云常护蟠龙洞，青琐应书瘗鹤铭。石室不须藏著述，木天声价有余馨。

求溪当日驻双凫，遗我瑶函并封图。帝许辞荣同绮里，人从安乐识尧夫。青山好伴蒲轮卧，柴扉徒烦驿使趋。雄辨只今推绝笔，吾家重起子云无。

易象幽深妙更奇，注成千古破群疑。便乘箕尾之何所，偏遣龙蛇岁与期。须信画前原有易，谁云删后更无诗。怀人最是山阳笛，坐对孤灯不忍吹。

抠衣早岁许登堂，重向招提纳晚凉。山畔人呼通德里，道旁碑表郑公乡。满园松菊翩翩秀，绕径芝兰习习香。不为穷愁今李白，何因得见古汾阳。

瞿唐峡口泛扁舟，览胜重登白帝楼。我忆旧怀经廿载，君辞新命有三秋。开缄彩笔蛟龙走，欲赋招魂风雨愁。一掬鲛珠何处洒，斜阳宿草正夷犹。

袁凤孙诗

夫子栖神处，墓门立远村。学惟宗孔孟，胸自具乾坤。大吏交章荐，高名旷代存。我来歌仰止，再拜设芳荪。

符永培诗

孤鸿飞冥冥，可望不可即。本具高骞心，宁藉人物色。高梁来夫子，学养俱超特。四不遇春官，杜门终家食。菽水承亲欢，庐墓痛胸臆。身教树仪型，士林所矜式。待诏金马门，征授高华职。里巷为之荣，而公疏辞力。隐居卜求溪，潜心到太极。六十四卦中，微言渊消息。二十七年中，精思寄翰墨。卓论正亦奇，颖悟渊而默。祗觉迹象超，何必勋名勒。富贵不能淫，静观原自得。长留天地间，岂徒傅巴僰。拜墓肃办香，松揪森峭直。①

---

① （清）朱言诗：《光绪梁山县志》，《中国地方志集成·四川府县志辑54》，成都：巴蜀书社，1992年，第58页。

此外，《梁山县志》卷十《艺文志·诗》中也收录有相关诗文：

挽瞿唐先生
古德懋

十二巫峰冷翠屏，忽惊骑鹤上青冥。人间不醒先天画，斋畔空留买月亭。太史更寻真隐传，翰林倏堕少微星。翻思郭泰推扬后，顿使前贤愧拟经。

浊醪茫屩觅天真，烟月风流老鹤身。高隐自教心似铁，浮生不遣发如银。经残关朗青云薄，泪洒黔娄白屋贫。欲赋大招还复已，知君久已压风尘。

王弼清言秪自清，宋儒说理更疑城。纬编一夜求溪印，负笈千秋太华横。花柳不随周茂叔，山川空忆范长生。德星一坠珠琲尽，寥落天风吹海鲸。

从批象罔剖鸿濛，不拥皋比作酒龙。一鹿几年随李渤，双鸡当日识茅容。元心独映青城老，彩笔横干紫阁峰。痛苦寝门君不见，濛濛烟雾锁长松。

求溪烟景昔平分，乔木骞摧不忍闻。白发甘随南岳老，青春不愧北山闻。悲来大壑飞残雨，思入高山湿暮云。自后公平吾道在，莫令猿鹤见邛坟。

题来徵君墓

松峦一径绕烟扉，渺渺平田即落晖。三峡瞿唐疑曲抱，五峰明月永相依。牛眠自照陶元亮，鹤语先归丁令威。欲学候芭无字问，暮鸟却向草亭飞。

来徵君墓
瞿鏊

世上不求名，山中只玩易。思之神鬼通，与道正大适。心传接孔周，错综昭简册。学邃养复优，理境乃洞辟。日录内外篇，留为来者益。金马待诏荣，辞之何足惜。①

---

① （清）朱言诗：《光绪梁山县志》，《中国地方志集成·四川府县志辑54》，成都：巴蜀书社，1992年，第370页。

乱后旋居釜山览物有感
来象坤

嗟予行年，古稀余六。旋居釜山，文林故屋。结草为庐，依然素朴。因念先人，所树植物。蓄渊明柳，种东坡竹。栽大夫松，培栋梁木。读伏羲书，歌梁父曲。著《易》明经，孝友姻睦。加官不荣，辞官不辱。享年八秩，快活可掬。闻道谢世，逍遥瞑目。凡属后人，勔勔相续。续之云何，勤耕苦读。

《历乱纪》纪第苦备矣，予亦同之，率题数语，俾观者知我辈有如是之遭而生其感叹焉。①

来徵君墓

川岳间气，笃生真儒。古贤古圣，亦步亦趋。铣全色养，不耽组绶。理析毫芒，学开蒙蔀。读《易》探原，星宿昆仑。六十四卦，精义长存。公膺内召，官辞待诏。眠云葆真，空林长啸。松楸荫墓，冈替清风。先民不作，仰瞻冥鸿。②

谒来瞿唐先生墓
刁观岱

洙泗寻源远，羲文衍象真。情先钟孝弟，义自笃君臣。壮岁科名重，耆年著作新。至今瞻拜切，桑梓典型亲。③

嘉庆年间，时任梁山县令的符永培对来子墓进行了重修，并撰《重修瞿唐来徵君墓碑记》如下：

重修瞿唐来徵君墓碑记
清邑令符永培子田

梁山瞿唐来公，理参造化，学究天人，其孝于亲，粹于学，澹于利禄，《明史》本传载之甚祥且悉，宜其崇祠独建，春秋祀

---

① （清）朱言诗：《光绪梁山县志》，《中国地方志集成·四川府县志辑54》，成都：巴蜀书社，1992年，第370-371页。
② （清）朱言诗：《光绪梁山县志》，《中国地方志集成·四川府县志辑54》，成都：巴蜀书社，1992年，第378页。
③ （清）朱言诗：《光绪梁山县志》，《中国地方志集成·四川府县志辑54》，成都：巴蜀书社，1992年，第386页。

享，不独为高梁之观瞻，而为四海万古所敬仰也。予视梁篆，较潘年犹少。下车后亟访其子孙，知前此有奉祀承袭者，圣朝之优待先贤，至隆厚矣。嗣晤邵君冶塘，家有藏书，于瞿唐之《易注》《日录》，原本什袭珍之，出以示余，余维贤者一生精力所萃，不可以世远年湮，刊本零落，至微言奥旨，久而不彰。遂于纂邑乘之余，即欲以二书授梓，会公务羁身，兼有绥定之役，乃先刊易注以广其传。又尝道经福德铺，先生之墓在焉，历今二百余年，颓垣残碣，樵夫牧竖啸聚其下。余拜谒之际，怅然久之，夫以山川间气，笃生伟人。而人杰者地灵，山川亦复因人而增重。爰令其后裔，清厘界址，重为整葺，穹台斧屋，坊表千秋，世世祭扫，以无负朝廷春秋祀享之意。并使四海万古之人，知高梁有矣鲜夫子，而临贤达栖神之地，不啻观乎，九京油然兴慕，岂徒作鹤归夜月，麟卧秋烟之慨哉，是为记。

邑令宁陵符永培拜撰。①

民国时，学者李寰曾访来子墓，相关记载见于如下：

来子墓，在梁山县城西之福德铺，昔为梁山至垫江之驿道，今梁山至达县之公路经之。墓前石坊，榜书来夫子墓四大字。并树立石碑，题曰来瞿唐先生墓。后枕小山，曰火石梁，山环水抱，松楸成林，风景绝佳。父老传说，来子所葬之棺为吊棺，即古称为悬窆者是也。墓道竖满名人诗碣，详梁山县志，不备录。②

相传来子墓的风水极佳，南侧不远处就坐落着品字山与"梁山八景"之一的"赤牛卧月"——牛头寨，北临318国道，夫子坟也因其风水而被称作"牛眠吉地"。可惜的是，来子墓毁于1965年"破四旧，立四新"的"四清"运动中，现仅存遗址，令人不胜唏嘘。这里曾出土了嘉庆年间县令符永培重修来子墓时所刻的石碑，现存于梁平区文管所。

---

① （民国）：佚名：《民国梁山县志》，《重庆图书馆藏稀见方志丛刊》，北京：国家图书馆出版社，2014年，第147-148页。
② （民国）李寰：《西蜀大儒来知德先生》，《四川文献》第56辑，1967年，第15页。

二、《日录》中的地点

来知德《日录》外篇中,收录了来知德一生创作的五百余首诗赋作品,相当于其诗赋的别集,其中自然不乏关于各类名胜古迹的游历与赞美。来知德所到之处,如三峡、峨眉山、青城山等蜀中地区之名山大川,留下了大量的诗文与辞赋,这也为我们今日考察来知德川东游历情况提供了可能。

(一)蟠龙洞

蟠龙洞位于今重庆梁平区盘龙镇境内,三峡陆路入川古驿道小川北路即从此穿过,陆游、范成大等文人墨客皆曾游于此,并留有诗文,蟠龙洞也是著名的"梁山八景"之"古洞蟠龙"的所在地。《梁山县志》中,对包括蟠龙洞在内的"梁山八景"均有较为详细的描述:"古洞蟠龙:县东三十里许,自入内洞口褊长而曲,神异非常,内洞有石蟠龙卧于水中,鳞甲如生,岁旱祈雨灵应。"①蟠龙洞既是梁山名胜,也是当地祈雨的重要地点,来知德诗作《同邢浅庵推府,王葵轩、庄歧冈二明府,古民部游蟠龙洞得雨字三十韵》中就提到了曾与友人同游蟠龙洞祈雨的经历。蟠龙洞所在之山也因此得名蟠龙山。"蟠龙山:县东三十里许,洞口内石云自顶垂下,距地二寸许,俨若流云从空坠下,蔡邕碣载自洞口,石云至龙床四百步。"②而蟠龙山之水由蟠龙洞流出,又在不远处的下游形成了"梁山八景"之中的又一景致——"崖泉瀑布":"县东三十里,泉源自蟠龙水,洞出渐成河,宽二三十丈不等,从喷雾岩前泻下三道,望之若银河,江右庐山等瀑布皆无出其右者。"③崖泉瀑布旁有人工修筑的石梯,长约百步,当地人称"百步梯"。沿梯而下,有"白兔亭",相传"嘉靖壬辰岁(1532),抚蜀宪臣宋沧获白兔一双"④,因之建亭,此处观瀑尤

---

① (清)朱言诗:《光绪梁山县志》,《中国地方志集成·四川府县志辑54》,成都:巴蜀书社,1992年,第35页。
② (清)朱言诗:《光绪梁山县志》,《中国地方志集成·四川府县志辑54》,成都:巴蜀书社,1992年,第37页。
③ (清)朱言诗:《光绪梁山县志》,《中国地方志集成·四川府县志辑54》,成都:巴蜀书社,1992年,第35页。
④ (清)朱言诗:《光绪梁山县志》,《中国地方志集成·四川府县志辑54》,成都:巴蜀书社,1992年,第53页。

佳。关于白兔亭观瀑,《梁山县志》中还记载着一段关于来知德的轶事:"刘仕伟曰:先生年七十九岁,嘉平既望,有着黄衣道人过访。二人共饮馔,对面默坐七昼夜。临别,道人曰:'来春三月约同游五岳。'至期,先生无疾逝。三日后,有族孙自万邑市盐还,过白兔亭,见先生与黄衣道人各坐棕蒲团观瀑布。见无仆,孙请侍,先生曰:'有道人伴游五岳,汝将钥匙寄回,开某书橱,内有《未济注》一篇脱稿,令誊正粘附,勿遗。'孙还,殁已三日矣。付钥启橱,如所言。"①蟠龙作为由梁山东出万县,走三峡水道的必经之地,来知德亦多次在此送别东去的友人。他的诗赋中,也保留了许多与友人蟠龙惜别的诗句:"蟠龙山下牵裾别,滟滪堆前使者还。"(《寄庄岐冈郡丞》)"一别蟠龙阅岁华,春莺遥忆紫垣花。"(《赠曹荔溪中丞西还》)"蟠龙岌岌冠江表,绝壁重岩飞缥缈。九曲黄河天上来,千溪万壑多环绕。白兔亭前五马嘶,官桥杨柳风凄凄。"(《蟠龙山送汪崑麓明府以内艰还楚》)"蟠龙丛桂郁岩峣,一线澄江下碧寥。"(《蟠龙赠别》)"马首蟠龙分袂处,残烟疏雨不胜情。"(《赠郭明府乃侄》)"蟠龙一别隔丹霄,几度王门欲访焦。"(《寄焦学博原梁山学后转蜀府》)

(二)白崖道

白崖道即白岩道,就是曾经由新宁县(今开江县)南下梁山(今梁平)、万县(今万州)等地的重要古驿道,据《新宁县志》载:"白岩山,治南二十里,山脉自长寿县蜒蜿而来,亘数百里至此,巉崖如削,高可二十余丈,复萦纡旋绕,直抵城南,为县治八关来脉,其山石多坚白,有道可通重庆,前邑令郑王臣诗云:'危崖复嶂铲难平,出郭人耸鸟道行。'盖状其崎岖也。"②来知德在此留下的诗作有《白崖道中》《白崖道中遥寄杨双泉》二首,《新宁县志》中亦对此有相关记载:"白岩留题,明来知德过白岩道中,题七律二首于石壁,年久漫灭,今镌之灵岩寺碑石上,先正楷模,虽吉光片羽,良可宝也。诗附:'十年杯酒龙宫日,三月茔封

---

① (清)朱言诗:《光绪梁山志》,《中国地方志集成·四川府县志辑54》,成都:巴蜀书社,1992年,第392页。
② (清)复成修、胡元翔:《同治新宁县志》,《中国地方志集成·四川府县志辑60》,成都:巴蜀书社,1992年,第634页。

马鬣时。郢曲渐忘投去调,梅花尚忆寄来诗。王猷未兄山阴面,蒋翊宁忘竹径思。已许瞿唐今夜月,百壶同醉刺桐枝。'此《寄杨双泉》。又'水落江寒晓日迟,蒹葭杨柳各离披。谁从野店来沽酒,我欲长安去卖诗。远水抱村连若断,危桥欹石险还夷。翠微何处一声笛,惊起乌鸦过别枝。'"[1]而上文提到的"灵岩寺",就在白崖道旁:"灵岩寺在城南白岩山畔,峭壁崚嶒,有石凸出,浑如盖倚,其下镌观音石像于壁。乾隆五十六年,前升任县令臧荣青创建,大书'灵岩'二字,刻诸石壁,有自撰碑记,载入艺文,嘉庆十八年,署县李玉麟重修。"[2]《新宁县志》的编者将来知德的白岩题诗作为当地的重要古迹,据《古迹志》载:"古今名胜之迹类,皆借人以传,子云洗墨之池,坡老披风之榭,昭然耳目,历千百年矣,惟其人为不朽,故其迹未就湮。邑虽僻壤,无名流巨公,以增光史册,而显宦伟儒,里居遗迹,固代有典型,如赵评事之万柳书斋,来瞿塘之白岩题壁,以及轶事传闻,亦时见于他说,有不与万物共尽者,非采辑之所宜留心耶?士君子读书怀古,往往希心先哲,不禁感慨系之生桑梓之地,综览前徽,其景仰更何如也。志古迹。"[3]来知德诗《白崖道中遥寄杨双泉》中有"我欲长安去卖诗"一句,反映了来知德由白崖道北上长安的意向,白崖道也成为来知德北上游历的必经之地。

另据《新宁县志》载:"天生桥在治南十里超影山上,两山联络处中道断绝,一石自生,横亘数丈,直跨两山间,天造地设,视同鬼斧神工。窦容邃诗云:'溪恶龙蛇踞,山丛虎豹藏。天公垂爱惜,造就一慈航。'"[4]白岩山在治南二十里,而天生桥在治南十里,天生桥在白崖道之北,来知德也曾行经天生桥,并题诗《重过天生桥》,此诗与《白崖道中》《白崖道中遥寄杨双泉》均收录入《新宁县志》的艺文志中。

---

[1] (清)复成修、胡元翔:《同治新宁县志》,《中国地方志集成·四川府县志辑60》,成都:巴蜀书社,1992年,第672页。
[2] (清)复成修、胡元翔:《同治新宁县志》,《中国地方志集成·四川府县志辑60》,成都:巴蜀书社,1992年,第668页。
[3] (清)复成修、胡元翔:《同治新宁县志》,《中国地方志集成·四川府县志辑60》,成都:巴蜀书社,1992年,第671页。
[4] (清)复成修、胡元翔:《同治新宁县志》,《中国地方志集成·四川府县志辑60》,成都:巴蜀书社,1992年,第653页。

（三）太白崖

太白崖即太白岩，又名西山、西岩，在今天万州区城北，全长3千米，最高海拔405米，占地约60公顷，是"万州八景"之"白岩仙迹"的所在地，相传李白曾在此读书，因此得名太白崖。

来知德在写给友人傅时望的诗《太白崖歌赠傅达吾民部桥梓》开篇言道："傅有精舍在崖下，镜湖流杯池，黄鲁直石刻，皆古迹也。鲁直谓蜀中之胜，莫有长于此者。歌以发之。"①文中的"黄鲁直"即宋代著名诗人黄庭坚，庭坚字鲁直，曾于太白岩留下墨迹。据《夔州府志》载："万县：西山，在县西三里，又名太白崖，以李太白曾读书于此。《名胜志》：'西山去县城三里，有"绝尘盦"三字及唐人诗刻。相传太白读书于此，崖下有池，宋郡守马元颖、鲁有闻所凿，广一亩，植以芙蓉、荔枝果凡三百本。'宋黄庭坚记：'庭坚业恩东归，道出南浦，太守高伸本置酒西山，实与其从事谭处道俱来。西山者，盖郡西渡大壑，稍陟山半，乃竹柏荟蔚之间，水泉潴为大湖，亭榭环之，有僧舍五区，其都名题曰勒封院，楼观重叠，出没烟霏之间，而光影在水。此邦之人，岁修禊事于此。凡夔州一道，东望巫峡，西尽存鄢，林泉之胜，莫与南浦争长者也。寺僧文照喜事，作东西二堂于茂林修竹之间，仲木以为不奢不陋，冬燠而夏凉，宜于游观也。建中靖国元年二月辛酉，江西黄鲁直题并书。'"②来知德友人傅时望（？—1584），万县人，隆庆戊辰年（1568）进士，曾于太白岩凿石室苦读，其相关事迹载于《万县志》："傅时望（一作旺），字仲瞻，号达吾，谦谦君子也。家贫，室不容书案，凿石室于太白岩之左，坚苦读书数年，隆庆间联捷，历任广西桂林府，御倭寇，娴方略，有遗爱，卒于任。"③来知德谓"傅有经舍在崖下"，应当指的就是县志当中所提及的傅时望曾经为读书开凿的石室。

---

① （明）来知德：《重刻来瞿唐先生日录》，《续修四库全书》第一一二八册《子部·杂家类》，上海：上海古籍出版社，2003年，第275页。
② （清）恩成修，刘德铨：《道光夔州府志》，《中国地方志集成·四川府县志辑60》，成都：巴蜀书社，1992年，第78页。
③ （清）张琴、范泰衡：《万县志》，《中国方志丛书》华中地方第379号，台北：成文出版社，1976年，第756页。

（四）岑公洞

岑公洞位于今万州区南，是天然形成的溶洞景观，相传隋人岑公曾修道于此，居二十年，后成仙而去。宋陆游曾作《游万州岑公洞》，清人王士祯也曾游于此，并作《游万县岑公洞记》。至于岑公洞的具体景物大略，《万县志·古迹》中也有较为详细的描述："岑公洞，大江之南盘结，状如革盖，洞中悬一石芝，四面空所傍依，古色斑烂，实非人力所能为者。有泉涌出，名灌芝泉。左为方池岩，有水喷，薄如珠帘，松篁藤萝，翁蔚苍翠，记称为神仙窟。唐岑公修道于此，凡二十年，后仙去。刺史马冉诗云：'南溪有仙洞，咫尺非人间。'洞额上书'紫芝洞'三字，后人题咏甚多，洞上有庙。雍正甲辰，郡太尊乔署川东道印，务命县令尤公修岑公洞，洞上之亭现存。"①除岑公洞外，此地亦有"岑公崖"，据《万县志》载："岑公崖，治南隔江一里，可容百人，中有石芝，有昔唐岑公修道于此。"②来知德曾与友人同游岑公洞，有感于岑公羽化成仙的事迹，写下了名篇《问岑公（寄李明府）》，其文如下：

问岑公（寄李明府）

峨嵋玉垒东复东，翠屏巀嶭横青葱。上有江珍碎月刺苍穹，烟华雾蕚辉曈胧。下有合窬滉瀁绕鲛宫，直与天潢渤澥一气通。洞中仙人名岑公，揖金拜木坐昏蒙。三十六鳞何者红，有日骑飞访渥洼。左骖滕六右骖虹，后驱列缺前丰隆，潢姑渚畔洗肠空。曾遣婉陵华，约我同归山之中。今夕何夕鹤生齿，乘风载笔来问尔。初平一去白羊死，娲皇五色化于水。王母蟠桃冻不开，六鳌折足空飞髓。岑公岑公，尔不归兮将奈何，红尘赤日隔烟萝。黄牛波漩恶赤甲，枫楠多弹我青萍。侑尔歌，尔不归兮将尔何。青莲道士风流客，派出桃源自高格。回咳唾于铿金，速珠玑于裂帛。求勾漏之丹沙，翻冠裳之逼迫。不须再访已往之羽化，叫空山之萧索。寰中我亦谪仙人，何时来子载诗一车，李子携酒一石，鞭

---

① （清）刘高培修，赵志本纂：《乾隆万县志》，《故宫珍本丛刊》第217册，《四川府州县志》第13册，海口：海南出版社，2001年，第224页。
② （清）刘高培修，赵志本纂：《乾隆万县志》，《故宫珍本丛刊》第217册，《四川府州县志》第13册，海口：海南出版社，2001年，第222页。

鸾挞凤共登岑仙之旧宅。醉后却把惊人绮句问青天，长啸一声江月白。①

《万县志》地舆图中所载岑公洞

（五）铁凤山

铁凤山在今万州区与开州区交界处，是万县与开县的界山。因此山产铁且山形似凤而得名，今名铁峰山，以谐音衍此名。来知德《日录》外篇卷四当中的《铁凤稿》就因此山而得名。

关于铁凤山的信息，据《夔州府志》载："万县：……铁凤山在县西北四十里，崇冈绝壁，其形如凤，山上旧有道观。"②《万县志》则有更为详细的记载："治北四十里至铁凤山，交开县界，过县界六十里抵开县城。"③"铁凤山，治北，离城四十余里，县治之少祖山也。此山高耸险峻，上有寺院数层，照应三邑，左开县，右万县，前应云阳县，历来朝游此山名人遗迹颇多。有一古碑，上云'三月三日，士女会者数万'之句。又碑迹残断者固多，全者亦有。"④可见，文人骚客常游于此，故来

---

① （明）来知德：《重刻来瞿唐先生日录》，《续修四库全书》第一一二八册《子部·杂家类》，上海：上海古籍出版社，2003年，第223页。
② （清）恩成修，刘德铨纂：《道光夔州府志》，《中国地方志集成·四川府县志辑60》，成都：巴蜀书社，1992年，第79页。
③ （清）刘高培修，赵志本纂：《乾隆万县志》，《故宫珍本丛刊》第217册，《四川府州县志》第13册，海口：海南出版社，2001年，第221页。
④ （清）刘高培修，赵志本纂：《乾隆万县志》，《故宫珍本丛刊》第217册，《四川府州县志》第13册，海口：海南出版社，2001年，第223页。

知德以"铁凤"作为《日录》当中的篇名也就不足为奇了。《铁凤稿》中也留下了许多有关铁凤山的诗句:"铁鸾衔诏下重旻,执信秉桓环岳牧"(《登铁凤山寄傅达吾计部》)"铁凤厮羼自揆衣,是我来歌荡荡时"(《荡荡歌》)"怜我栖迟铁凤久,拉我江边芳杜亩"(《崔二台进士载酒江边,席上口占奉赠》)"挟醉欲骑铁凤飞,下视八荒成落寞"(《铁凤江边与高太湖方伯话别》)"幽居忘岁年,永托山川奥。铁凤枕瞿唐,咫尺不可到"(《送魏淇竹计部(时集宴达吾宅)》)"我生山水是生涯,铁凤来看千尺花"(《青莲行赠李少泉明府》)。

第三章 《来瞿唐先生日录》思想研究

《来瞿唐先生日录》中涵盖了来知德诸多方面的学术思想，在理学思潮兴盛的大背景下，来知德对于过往历史人物的评价乃至生命价值的思考都具有独到的见解，而对于人生的感悟与理解也在一定程度上成就了他的文学造诣。通过《来瞿唐先生日录》中所反映出的来知德的历史观、生死观以及文学观，有利于我们从多重视角之下解析来知德的思想特征。

第一节 历史观：历史人物评价

人类社会的历史是由全体人类成员所共同创造的，然而某些重要人物在历史进程中所发挥的主导性及关键性作用也是不言而喻。因此，通过对某些具有代表性的历史人物生平进行探讨与反思，有助于人们知往鉴今。历代学者通过总结、评价众多历史人物的成功经验与失败教训，以期达到教化人心、启迪后世的目的。而受到时代乃至地域差异的影响，学者们对于历史人物的评价亦折射出自身所处时代的认识水平和价值取向。本章对来知德对于历史人物的评价展开研究，在总结与分析来知德相关观点的同时，进一步揭示出来氏所处时代在理学思潮影响下所形成的价值体系，故具有一定的意义。

一、树立典范人物，弘扬儒家传统价值观

在传统儒家思想的影响下，道德认同成为来知德历史人物评价中的核心认识。来知德在浩若繁星的众多历史人物中，选择符合儒家伦理道德的代表性人物。来氏将他们作为承载道德的典范，通过展现他们立身行道的光辉形象，从而达到弘扬儒家价值观的目的，借此对后世学者的人格塑造产生积极性的影响。来知德在评论历史人物时，成功抑或失败的界定标准主要来自历史人物对于道德践履的情况，而非其实际结果的成败。来知德分别以蔡元定、黄巩、张巡、岳飞为例，在叙述四人事迹的同时，也表达了自己的观点。其中黄巩为文官，张巡、岳飞则为武将，"文死谏，武死战"的传统在他们身上得到了集中的体现，而蔡元定则终身未仕，一生学为君子，四者代表了传统士人不同的社会身份，且此四人均为后世典范。通过来知德对他们的评价亦不难看出来氏对于人生价值的理解与认识。

来知德对蔡元定在"庆元党禁"中的不幸际遇作出评价，赞扬了蔡元定在逆境之中依旧不负所学，甘为君子，令后世景仰。蔡元定（1135—1198），世称西山先生，是朱熹的弟子。他才华横溢，深受朱熹的赏识，与朱熹可谓亦师亦友。据《宋史》载："熹扣其学，大惊曰：'此吾老友也，不当在弟子列。'遂与对榻讲论诸经奥义每至夜分。"① 蔡元定曾一度受到朝廷征召，然而他无心仕宦，托病辞官。是时韩侂胄擅政，发起"庆元党禁"，将道学斥为"伪学"，并将蔡元定视作朱熹"伪党"加以迫害。蔡元定虽未入朝为官，亦难逃党人之祸，贬于湖南道州，最终客死贬所。赵蕃②曾作《哭蔡西山》以悼元定："鹃叫春林复递诗，雁回霜月忽传悲。兰枯蕙死迷三楚，雨暗云昏碍九疑。早岁力辞公府檄，莫年名与党人碑。呜呼季子延陵墓，不待镌辞行可知。"③ 来知德对此诗评价甚高，认为"千古之下，哭西山者，独此诗为冠，然以名与党人之碑为荣，则当时之祸反不为西山之重哉。"④ 赵蕃诗中将蔡元定比作古之贤人季札⑤，身后千载仍然有人凭吊祭奠。桃李不言，下自成蹊，蔡元定虽因党禁遭受横祸，却亦凭此而贤名远播，成为后世纪念以及效法的对象。故来知德言："学者能学为君子，如偶然不幸，纵遭天来大祸，其君子之名愈光。"⑥

---

① （元）脱脱：《宋史》卷四百三十四《儒林传四》，北京：中华书局，1977年，第12875页。
② 赵蕃（1143—1229），字昌父，号章泉，南宋时期著名诗人。
③ （宋）赵蕃：《章泉稿》卷三《七言律诗》，《影印文渊阁四库全书》集部第一一五五册，台湾：台湾商务印书馆，1986年，第383页。
④ （明）来知德：《重刻来瞿唐先生日录》，《续修四库全书》第一一二八册《子部·杂家类》，上海：上海古籍出版社，2003年，第134页。
⑤ 季札，春秋时期贤人，吴王寿梦第四子，季札封于延陵，故号曰："延陵季子"。
⑥ （明）来知德：《重刻来瞿唐先生日录》，《续修四库全书》第一一二八册《子部·杂家类》，上海：上海古籍出版社，2003年，第134页。

来知德认为正是由于黄巩志向远大，才不畏权奸，敢于冒死上疏。黄巩（1480—1522）字伯固，号后峰，弘治进士，一生勇于谏言，刚正不阿。黄巩于母丧制中，见武宗北狩，人心危疑，乃于书室题联曰："茅屋石田为生，太拙；鸱夷马革自许，何愚。"①盖有志于殉国也。正德十四年（1519）春，武宗欲再度南巡，时值朝廷内部江彬恃宠擅权，南方宁王朱宸濠久蓄逆谋，而武宗却对此全然不知。于是黄巩上疏六事，谏武宗南巡，请诛奸佞江彬以谢天下。来知德有感于黄巩不畏权奸，勇于上疏的魄力，遂评曰："此一疏与胡澹庵之疏皆日月争光"②。其中的"胡澹庵"即南宋名臣胡铨。胡铨曾于绍兴八年（1138）上疏反对秦桧主和，乞斩王伦、秦桧、孙近，并指责高宗用人失策。黄巩因此疏得罪于武宗与江彬，遂被"下诏狱廷，跪五日，杖百余，幸得生"③。来知德对此评价道："学者干出大事业，惟在志向何如耳。"④正是由于黄巩立志高远，故而能够毫无顾忌于个人之私而慷慨直言。

来知德充分肯定了张巡取义成仁的无畏精神，并将张巡的牺牲看作是他生命不朽价值的实现。安史之乱时，叛将令狐潮曾围雍丘城达四十余日，张巡作为守城主将，指挥城中军民从容应战。令狐潮久攻不破，便以天道诱之，张巡对曰："君未识人伦，焉知天道？"⑤来知德对于张巡此语评价甚高，认为"此虽孔门名儒之言亦不过此"⑥。张巡最终于睢阳力竭城陷，但其扶大厦之将倾的英雄气概却得到了来知德的充分肯定。他甚至言："杀身成仁，舍生取义，此之谓虽祸亦福也。"⑦张巡身逢乱世，

---

① （明）来知德：《重刻来瞿唐先生日录》，《续修四库全书》第一一二八册《子部·杂家类》，上海：上海古籍出版社，2003年，第143页。
② （明）来知德：《重刻来瞿唐先生日录》，《续修四库全书》第一一二八册《子部·杂家类》，上海：上海古籍出版社，2003年，第143页。
③ （明）来知德：《重刻来瞿唐先生日录》，《续修四库全书》第一一二八册《子部·杂家类》，上海：上海古籍出版社，2003年，第143页。
④ （明）来知德：《重刻来瞿唐先生日录》，《续修四库全书》第一一二八册《子部·杂家类》，上海：上海古籍出版社，2003年，第143页。
⑤ （宋）司马光：《资治通鉴》卷二一八《唐纪三十四》，北京：中华书局，1976年，第6998页。
⑥ （明）来知德：《重刻来瞿唐先生日录》，《续修四库全书》第一一二八册《子部·杂家类》，上海：上海古籍出版社，2003年，第89页。
⑦ （明）来知德：《重刻来瞿唐先生日录》，《续修四库全书》第一一二八册《子部·杂家类》，上海：上海古籍出版社，2003年，第89页。

殒于兵祸，此乃人生之大不幸，然而来知德却将此劫难看作是实现人生价值的重要机遇，即践行儒家价值观的核心——取义成仁。为国捐躯，必然无愧于心，倘若偷生一时，则免不了遗臭万年，而以有限的生命实现个人不朽的价值，此即"虽祸亦福也"。

来知德在对岳飞的评价中，运用对比分析的方法，列举正反两例，在批评韩侂胄肆意妄为的同时，更加突显了岳飞忠心为国的形象。在宋金对峙的过程中，岳飞力主北伐，反对偏安，这一主张与后来的南宋宰相韩侂胄相同。韩侂胄任宰相期间，意欲收复中原，直至开禧北伐失败，韩侂胄落得身首异处。然而来知德对于此二者却存在着截然不同的认识："君子、小人，公私之间而已。宋世岳飞、韩侂胄皆主恢复中原者，然岳飞为国，侂胄为己。岳飞，秦桧杀之，侂胄，史弥远杀之，事虽同，杀虽同，而心则异矣。是以至今三五百年之后，尚为岳飞不平，立庙祀之，而以侂胄死有余辜。"①岳飞与韩侂胄虽皆力主北伐，但二者的目的却存在着巨大差异，故来知德言："有事同而心异者，如韩侂胄与岳飞同不主和议，然岳飞心，公义也，胄为己利也。"②岳飞北伐的目的在于实现"收复旧山河"的豪言壮志，其心廓然为公。《宋史》载："帝初为飞营第，飞辞曰：'敌未灭，何以家为？'或问：'天下何时太平？'飞曰：'文臣不爱钱，武臣不惜死，天下太平矣。'"③反之，韩侂胄北伐的目的则在于为自己攫取更多的政治资本，以满足他控制朝政的个人野心，其心仅存私利。《宋史》亦载："侂胄用事十四年，威行宫省，权震宇内。"④由此可见韩侂胄的专横跋扈。来知德将韩侂胄的跋扈专权归结为个人对于人欲的肆意放纵："某常教人遏人欲者，以人至于无欲则百事可做。且如杀戮，天下之大事也，我惟无欲无意必固我之私，则杀戮亦是天理。如尧、舜之诛四凶，周公之诛管、蔡，岂不是杀戮，亦是天理。如有欲有意必

---

① （明）来知德：《重刻来瞿唐先生日录》，《续修四库全书》第一一二八册《子部·杂家类》，上海：上海古籍出版社，2003年，第147页。

② （明）来知德：《重刻来瞿唐先生日录》，《续修四库全书》第一一二八册《子部·杂家类》，上海：上海古籍出版社，2003年，第97页。

③ （元）脱脱等：《宋史》卷三六五《列传一百二十四·岳飞》，北京：中华书局，1977年，第11394页。

④ （元）脱脱等：《宋史》卷四七四《列传二百二十三·奸臣四》，北京：中华书局，1977年，第13777页。

固我之私，虽为善，亦是人欲。如公孙弘之布被，王莽之谦恭，韩侂胄之欲恢复中原，岂不是为善亦是人欲。"①很显然，来知德认为评判历史人物优劣的关键主要是个人是否能够做到存天理之公而遏人欲之私，而个人主观目的的不同最终导致了来知德对于人物评价的巨大差异。

来知德所评价的四位历史典范人物，尽管他们之间的身份不同，所处的时代亦各有差异，然而其相同之处在于他们的个人经历中均体现了对于儒家传统价值观的追求，堪称道德的楷模。"不以成败论英雄"的认识贯穿来知德历史人物评价的始终。在来知德看来，一个成功的人应当成为道德的载体，这一认识具有普遍适用性，无论个人所处时代或是社会身份有何不同，都不会随之而改变。来氏树立各类典范人物并加以评价，也为后世学者提供了不同的人生道路的参照与借鉴。

二、褒贬历代帝王，注重人物品评客观性

在来知德作出评价的众多历史人物中，帝王是极具代表性的一类。《来瞿唐先生日录》中主要涉及的历代帝王有：秦始皇、汉文帝、王莽、隋炀帝、唐太宗、唐玄宗、宋太祖等。来知德在对诸位帝王的相关事迹作出评价的过程中提出了自己的独到见解：来氏在充分把握了历史评价客观性的同时，深入分析了造成某一既定历史认识的原因。通过褒贬帝王的功过得失，总结朝代的治乱兴衰，达到以史为鉴的目的。来知德反对帝王好大喜功，纵情声色，主张君主节用尚俭，不滥施民力，这也体现了来知德的"民本"思想。

（一）注重历史评价的客观性

来知德深入分析了造成后世对于某些帝王评价有失偏颇的原因，并将其归纳为二：一方面，来知德认为后世对于某一历史人物的评价往往受到了"势"的影响；另一方面，历史评价者本人的主观好恶也是造成历史人物评价有失公允的重要因素。

---

① （明）来知德：《重刻来瞿唐先生日录》，《续修四库全书》第一一二八册《子部·杂家类》，上海：上海古籍出版社，2003年，第142页。

天下势而已，更始为帝之时，则封光武为萧王，及光武为帝之时，则封更始为淮阳王。王莽与赵匡胤俱为臣子，俱当国运孤儿寡母之时，匡胤成其事则为宋之太祖，王莽不能成其事则为逆贼。尧、舜之道，孝弟而已，疾行先长者且谓之不弟。唐太宗杀其兄，淫其嫂而封子。明儒者称其为希世之贤君。故势之所在，则天下以荣以辱，道非其所论也；道之所在，则天下以是以非，势非其所论也。①

可见，左右后世评价历史的关键往往在于"势之所在"。前文所述的"势"其实就是"成王败寇"观念的反映。而来知德更加看中的是帝王的行为是否符合儒家传统的价值体系，即"道之所在"。所以他说："所以世间无公道，有公论。公道可以假借，公论则一毫不能假借也。使无此公论，亦不成世界矣。故培植礼义，扶持纲常者，此公论也。"②"公论"即维系儒家伦理纲常的传统价值观，在他看来，这种儒家伦理纲常属于客观存在的天理之于人心所形成的道德理性的外在价值论的表达。由于天理不受到世人的左右而永恒存在，以"公论"作为衡量历史人物的标准，也在最大程度上保证了历史人物评价的客观性。所以在遵循"公论"原则的基础上，来知德认为唐太宗与隋炀帝并无差别："杨广杀父，世民杀兄，吴起杀妻，忍心至此，只是为利名。所以利名一关，人多打不破。"③这既不是来自于对隋炀帝身死国灭的怜悯，也绝非对唐太宗开创"贞观之治"的否定，来知德的目的在于以儒家的价值观对历史人物的所作所为作出客观的评判。所以来知德如此评价唐太宗：

人心思虑妄想种种，只是摆脱不得人欲。盖有一件事，必定有四般心。起意是个心，期必是一个心，留滞于此事是一个心，成于我是一个心，岂不千思万想？且如唐太宗取天下，初起意之时，恐父不肯，就与裴寂商议，将晋阳宫人侍父，及期必此事之

---

① （明）来知德：《重刻来瞿唐先生日录》，《续修四库全书》第一一二八册《子部·杂家类》，上海：上海古籍出版社，2003 年，第 145 页。

② （明）来知德：《重刻来瞿唐先生日录》，《续修四库全书》第一一二八册《子部·杂家类》，上海：上海古籍出版社，2003 年，第 145 页。

③ （明）来知德：《重刻来瞿唐先生日录》，《续修四库全书》第一一二八册《子部·杂家类》，上海：上海古籍出版社，2003 年，第 148 页。

成，就卑礼于虏，与他借兵。及期必之心胶固，就与尉迟敬德谋杀其兄。及后方成其事，在中间何等劳攘，何等思想。若是圣人之事则不然，听其天命人心之自然，行一不义，杀一不辜而得天下不为。故曰："无然畔援，无然歆羡。"故曰："上帝临汝，无二尔心。"故曰："予弗顺天，厥罪惟钧。"惟其无欲，所以无思无虑。①

正如前文所提到的，来知德对于历史人物评价的标准主要来自道德的认同，而以道德的标准来衡量唐太宗的诸多行为，则不仅与圣人相去甚远，就连贤者亦恐难以企及。然而正是在此评判标准之下，来氏的历史观得到了升华。他在对唐太宗的评价中充分考虑唐初政治斗争的残酷与血腥，在最大程度上还原了历史的真相，从而保证了历史评价的客观性。

另外，来知德认为评价者的好恶也会导致历史人物的形象出现歪曲。早在春秋时期，学者就已经对此有了一定的认识。《论语》中就曾如此评价商纣王："子贡曰：'纣之不善不如是之甚也，是以君子恶居下流，天下之恶皆归焉。'"②来知德对于历史人物的评价也有着相似的看法："筑长城非始于秦始皇也，周至昭王时已筑长城矣，六国燕、赵之近边者，皆有长城。噫！'王命南仲，城彼朔方。'诗人以为美谈，至于始皇，皆以为劳民伤财而归罪之者。焚书坑儒，不施仁义，'君子恶居下流'故也。故'为仁不富，为富不仁'，出于阳虎之口则为剿说，出于孟子之口则为格言。"③长城在中国历史上很长一段时间里，确实起到了防止北方游牧民族南下侵扰中原的作用，直至来知德所生活的明代，长城依然是抵御北方强大草原民族的重要防御屏障，所以修建长城的意义自然不必赘言。而来知德也在文中指出，修建长城的历史最早可以追溯到周昭王，这要远远早于秦始皇所生活的时代。事实上，自始皇以后，历代统一的中原王朝都十分重视长城的修筑，修建长城的历史直至明朝灭亡才宣告结束。

---

① （明）来知德：《重刻来瞿唐先生日录》，《续修四库全书》第一一二八册《子部·杂家类》，上海：上海古籍出版社，2003 年，第 144、145 页。
② （宋）朱熹：《四书章句集注·论语集注》卷十《子张第十九》，北京：中华书局，2011 年，第 178 页。
③ （明）来知德：《重刻来瞿唐先生日录》，《续修四库全书》第一一二八册《子部·杂家类》，上海：上海古籍出版社，2003 年，第 155、156 页。

但由于秦始皇的"焚书坑儒，不施仁义"，其暴君的形象已然深入人心，他修筑长城的行为也成为后世指责他耗竭民力、劳民伤财的罪责，却忽略了长城在防御游牧民族入侵方面发挥的积极作用，显然来知德认为这是有失公允的。

（二）反对帝王骄奢，主张节用

来知德总结了历代治乱兴衰的经验教训，认为皇帝个人的骄奢是导致国家衰败乃至灭亡的关键因素，他主张皇帝以节用尚俭的做法为国家积累财富，不可因一己之私而滥施民力。在漫长的皇权时代，皇帝身处于国家政治权利的中心，其行为直接影响到了一个王朝的兴衰。普天之下莫非王土，率土之滨莫非王臣，皇帝集大权于一身，而当其自身权利无法得到有效限制时，个人欲望就会不断膨胀，皇帝的骄奢淫逸、好大喜功发展到了极致，则必然导致一个王朝由盛转衰，甚至走向灭亡。

来知德以隋炀帝、唐玄宗为例，揭示了隋的灭亡以及唐的衰败皆是由于帝王安于享乐，不恤民情所导致的：

> 凡人君恃己之聪明者必昏，恃天下之安者必危。隋炀帝之时，天下有郡一百九十，县一千一百五十五，东西九千三百里，南北一万四千八百一十五里。唐玄宗之时，西京、东都米斛直钱不满二百，绢匹亦如之，海内富安，行者虽万里不持寸兵。二君恃己之聪明，恃天下之富庶，乃任意声色宫室，是以一则亡国，一则出奔也，而况庶人之家恃其富贵乎？宜乎？"早绾银黄，夙昭民誉"之子冬月而着葛也。噫！岂独一乐安哉？①

> 唐明皇开元初年，罢大明宫于农务之时，焚珠玉锦绣于殿前，几至太平矣。及宠太真，是皆有所好乐也，有所亲爱也，身安得修乎？所以纠失天下，玄宗窜身西蜀，正所谓"辟则为天下僇"也。②

---

① （明）来知德：《重刻来瞿唐先生日录》，《续修四库全书》第一一二八册《子部·杂家类》，上海：上海古籍出版社，2003年，第146页。
② （明）来知德：《重刻来瞿唐先生日录》，《续修四库全书》第一一二八册《子部·杂家类》，上海：上海古籍出版社，2003年，第69页。

隋炀帝与唐玄宗在统治之初，一度国家兴盛，百姓富足。尤其是唐玄宗在即位初期勤于政事，励精图治，别有一番作为。然而随着承平既久，玄宗逐渐失去了锐意进取的精神，终日流连于声色宫室，最终导致国家动乱，王朝极盛而衰。来知德将隋炀帝、唐玄宗的历史教训总结为个人的安于享乐。集权力与财富于一身的帝王尚且如此，更何况世间的芸芸众生呢？来氏通过帝王纵情享乐之于国家的命运的影响，进一步揭示出个人骄奢无度的严重后果，所以他说："骄奢无度，则必亡国败家而失其所居之位矣。"① 来知德有感于帝王的命运多舛，并慨叹像任昉这样的贤人世间少有。上文中的"乐安"即指南朝名臣任昉，任昉一生为官清廉，不蓄资财，始终将富贵与享乐置之度外，深受百姓的拥护与爱戴。任昉临终前留有遗言："不许以新安一物还都。"②在他去世后，家无余财，仅存桃花米二十石，其子西华"冬月着葛帔綀裙"③。任昉与隋炀帝、唐玄宗的所作所为也形成了鲜明的对比。

既然明确了帝王的骄奢无度是导致国家分崩离析的重要原因，因此作为统治者，要时刻怀有忧患意识，切不可志得意满而无所顾忌：

> 安危以身言，存亡以家言，之乱以国言，所以下文曰"身安而国家可保也"。危者自以为位可恒安者也，亡者自以为存可恒保者也，乱者自以为治可恒有者也。惟安其位，保其存，有其治，则志得意满，所以危亡而乱矣。唐之玄宗，隋之炀帝是也。《易》教人易者使倾，正此意。④

来知德认为帝王的忧患意识体现在节用尚俭，不滥施民力，反对帝王死后厚葬。通过对汉文帝与秦始皇正反两方面的评价，在批判秦始皇大兴民力营造坟茔的同时，盛赞了汉文帝以民为本，开薄葬之先河。

> 吴王厚藏阖闾，越人发之；秦王大作丘垄，多其瘗藏，后尽发掘暴露。正所谓"但恐珠玉留君容，千载不朽遭樊宗"也。始

---

① （明）来知德：《周易集注》，北京：中华书局，2019年，第717页。
② （唐）李延寿：《南史》卷五九《列传第四十九·任昉》，北京：中华书局，1975年，第1454页。
③ （唐）李延寿：《南史》卷五九《列传第四十九·任昉》，北京：中华书局，1975年，第1455页。
④ （明）来知德：《周易集注》，北京：中华书局，2019年，第671页。

> 皇坟陵在骊山下，以水银为百川江海，以人鱼为烛，从死者无数，工匠尽闭焉。坟高五十余丈，周五里余，泉本北流，障使东西流，而孰知为牧羊者焚也。①

> 独汉文帝霸陵简素，皆用瓦器，以张武为复土将军。复者，反还也。出土容棺，棺既下，又还旧土为坟。今之"三朝复土"还是汉时之意。信乎，文帝为真圣人！近来说者谓其当在成王之上，于兹益见矣。②

即使生前如秦始皇般拥有至高无上的权力而不可一世，死后也终将归于寂落，征用大量民力为自己修筑宏伟陵墓，并附之以诸多宝藏作为陪葬的结果仅仅是徒然增加了后世盗掘的可能性，人死之后又能如之奈何？故来知德叹言："秦始皇葬骊山六年之间，岂知为项籍所发耶，岂知为牧童所焚耶，谁逆料至此？为人身后事不可知。"③来知德感叹秦始皇死后的境遇，继而引发了他关于人生的思考："于此可见，人生不满百，常怀千岁忧者，愚亦甚矣！然则何以酬世哉？孟子曰'修身以俟之'是也。"④与秦始皇的厚葬形成鲜明对比的则是汉文帝推行的薄葬。汉文帝去世前曾下诏："朕闻盖天下万物之萌生，靡不有死。死者天地之理，物之自然者，奚可甚哀。当今之时，世咸嘉生而恶死，厚葬以破业，重服以伤生，吾甚不取……"⑤文帝的做法减轻了人民的负担，亦开创了后世薄葬的先河，可谓影响深远。在来知德对众多帝王作出的评价中，惟有汉文帝被他称为"圣人"，可见来氏对于文帝薄葬的评价之高，"民本"的思想在汉文帝的生平经历中也多有反映。

---

① （明）来知德：《重刻来瞿唐先生日录》，《续修四库全书》第一一二八册《子部·杂家类》，上海：上海古籍出版社，2003年，第151页。
② （明）来知德：《重刻来瞿唐先生日录》，《续修四库全书》第一一二八册《子部·杂家类》，上海：上海古籍出版社，2003年，第151页。
③ （明）来知德：《重刻来瞿唐先生日录》，《续修四库全书》第一一二八册《子部·杂家类》，上海：上海古籍出版社，2003年，第149页。
④ （明）来知德：《重刻来瞿唐先生日录》，《续修四库全书》第一一二八册《子部·杂家类》，上海：上海古籍出版社，2003年，第150页。
⑤ （汉）司马迁：《史记》卷十《孝文本纪第十》，北京：中华书局，1963年，第433、434页。

三、分析人物才能，强调以德御才的重要性

来知德对于历史人物才能的评价，也有着其独到的见解。来知德将个人的才能归纳为不同的方面，认为每个人都有自己所擅长的事情，同时也肯定存在着某些方面的不足，个人的才能往往决定了最终的人生境遇。在才能运用的问题上，来知德通过对历史上具有争议人物的分析举例，揭示了以德御才的重要性。

（一）分析个人才能的多样性

来知德认为人的才能存在着诸多方面的差异，而这些差异也直接影响到个人最终的得失与成败。他还举例分析了诸多历史人物的才能与性格特征，在肯定他们各有所长的同时，也指出了每个人存在的不足之处。

来知德对比分析了不同历史人物才能的异同。谢安、唐太宗、寇准三人均有料事之才："且如晋当危难，桓冲以精兵三千入援京师，谢安固之，曰：'朝廷处分已定。'又如唐太宗欲取长安，众人以无粮草为辞，太宗曰：'兵贵神速，吾抚归附之。众鼓行而西，长安之人望风震骇，智不及谋，勇不及断，取之若振槁叶耳。若淹留坐费日月，众心离沮，大事去矣。'果克长安。又如寇准议亲征曰：'陛下欲了此不过五日。'此料事之才，如筮如龟，皆古今人所不可及者。"[①]正是凭借着对于时势的准确预见以及果断的决策力，此三人均在关键时刻挺身而出，最终皆取得了巨大的成就。当然，这样的才能并不是每个人都能拥有的。较之此三者，一代名将韩信却显然不懂得谋身之道："韩信寄食漂母，受辱胯下，本鄙人也。及得富贵，不识保身之几，通不足取。"[②]然而正如萧何将韩信誉为"国士无双"[③]，刘邦亦曰："战必胜，攻必取，吾不如韩信。"[④]韩信在军事上所取得的巨大成就则表明其确

---

① （明）来知德：《重刻来瞿唐先生日录》，《续修四库全书》第一一二八册《子部·杂家类》，上海：上海古籍出版社，2003年，第107页。
② （明）来知德：《重刻来瞿唐先生日录》，《续修四库全书》第一一二八册《子部·杂家类》，上海：上海古籍出版社，2003年，第107页。
③ （汉）司马迁：《史记》卷九十二《淮阴侯列传第三十二》，北京：中华书局，1963年，第2611页。
④ （汉）司马迁：《史记》卷八《高祖本纪第八》，北京：中华书局，1963年，第381页。

有过人之处。来知德对于韩信用兵之才亦有着极高的评价："但用兵一段，才华多多益善，真如僚之丸，庖丁之牛，由基之射，所以陆士衡称其策出无方，思入神契，奋臂云兴，腾迹虎噬者，此也。"①所以，个人才能成为决定历史人物命运的关键，而历史人物的成败得失则是其自身诸多素质共同作用的结果。

人在某一方面才能的缺失则又往往在其他方面得到补偿，而很少有人能够做到将各种才能与品质集于一身。来知德从阴阳互补的角度分析造成这种情况的原因："但造化有此乘除之理，阳极则阴生，阴极则阳生，寒极则热，热极则寒，夏日长则夜短，冬日短则夜长。故与以翼者两其足，与以角者去其齿。"②所以在对人物品评的过程中，来氏认识到个人在不同方面的才能或品质往往难以兼顾：如西汉诤臣汲黯，为人耿直，好直谏，汉武帝亦赞其曰："然古有社稷之臣，至如黯，近之矣。"③但来知德评价汲黯"尽有刚大气节，但恐止成就得刚直一边"④，无法做到襟怀洒落。又如唐时宰相张九龄，作为开创了"开元盛世"的一代名相，临事公直，不徇私枉法，而来知德则指出其"又恐近刻薄"⑤。较之张九龄的公直有余而忠厚不足，东汉名臣刘宽则以"温仁多恕"⑥著称，然而刘宽的行为处事却又不够细密。可见，个人在实际的行为处事当中通常难以做到面面俱到。其实就连学者研究学问的过程中也存在着诸如此类的问题："探讨蕴蓄要深厚而志又要高明，如张华、杨雄辈岂不博古通今，但高明意思终少。"⑦

---

① （明）来知德：《重刻来瞿唐先生日录》，《续修四库全书》第一一二八册《子部·杂家类》，上海：上海古籍出版社，2003年，第107页。
② （明）来知德：《重刻来瞿唐先生日录》，《续修四库全书》第一一二八册《子部·杂家类》，上海：上海古籍出版社，2003年，第146页。
③ （汉）司马迁：《史记》卷一百二十《汲郑列传第六十》，北京：中华书局，1963年，第3107页。
④ （明）来知德：《重刻来瞿唐先生日录》，《续修四库全书》第一一二八册《子部·杂家类》，上海：上海古籍出版社，2003年，第131页。
⑤ （明）来知德：《重刻来瞿唐先生日录》，《续修四库全书》第一一二八册《子部·杂家类》，上海：上海古籍出版社，2003年，第131页。
⑥ （南朝）范晔：《后汉书》卷二十五《卓鲁魏刘列传第十五·刘宽传》，北京：中华书局1965年，第887页。
⑦ （明）来知德：《重刻来瞿唐先生日录》，《续修四库全书》第一一二八册《子部·杂家类》，上海：上海古籍出版社，2003年，第131页。

（二）强调以德御才的重要性

来知德认为保障个人的道德品质是才能发挥的先决条件。通过对历史上具有争议的人物的列举分析，来知德强调了以德御才的重要性。

来知德强调人当善用其才："才最害事，人当善用之。孔明、张良、郭子仪，善用其才者也，曹瞒则成鬼蜮矣。所谓善用者，正横渠所谓：'善反之，则天地之性存焉者也。'"①诸葛亮曾受刘备三顾之邀，于是"受任于败军之际，奉命于危难之间"，辅佐刘备终成天下三分之势。后白帝城托孤，作为蜀汉丞相，每日殚精竭虑，志在北伐中原以图先主未竟之业，无奈出师未捷身先死，五丈原前饮恨而逝。纵观诸葛亮的一生，正可谓鞠躬尽瘁，死而后已。张良身为战国时期韩国丞相的后裔，曾派力士于博浪沙刺秦以报韩王，后追随刘邦，被刘邦誉为"运筹策帷帐之中，决胜于千里之外"②，最终助刘邦定鼎天下。郭子仪更是助唐平定"安史之乱"的首功之臣，其"身为安危者，殆二十年"③，新旧《唐书》皆称郭子仪"权倾天下而朝不忌，功盖一代而上不疑"④，其声誉与威望可见一斑。诸葛亮、张良以及郭子仪均为当世之大才，更重要的是三人皆以忠君著称。对于"君为臣纲"的封建社会来说，忠君是衡量一个人道德品质的最基本的准绳之一，故来知德称此三人为"善用其才者"。单就个人的才能而言，曹操之才与此三者可堪伯仲，然而若是以忠君论，曹操则显然与中国传统社会的价值观格格不入了。来知德以曹操与周公为例，通过将二者进行对比，说明了道德作为才能发挥的先决条件：

> 周公与曹操皆为宰辅以辅幼君，周公则思兼三王，以施四事，夜以继日，坐以待旦，皆道德之事，是道德未尝碍宰辅也。至于曹操之为宰辅，为鬼为蜮。至今称周公为圣人而骂曹操为

---

① （明）来知德：《重刻来瞿唐先生日录》，《续修四库全书》第一一二八册《子部·杂家类》，上海：上海古籍出版社，2003年，第107页。
② （汉）司马迁：《史记》卷八《高祖本纪第八》，北京：中华书局，1963年，第381页。
③ （五代）刘昫等：《旧唐书》卷一百二十《列传第七十·郭子仪》，北京：中华书局，1975年，第3467页。
④ （宋）欧阳修等：《新唐书》卷一百三十七《列传第六十二·郭子仪》，北京：中华书局，1975年，第4614页。

奸鬼，岂曹操亦未尝行一不义，杀一不辜，而天下后世亦谓之奸鬼哉？看来栽培倾覆皆存乎其人尔。盖道德存乎我，富贵存乎天，使我有此富贵也，虽千方百计辞之而不能去。使我无此富贵也，虽千谋万巧招之而不能来，而乃既得富贵，背去道德，愚亦诚甚矣。①

武王去世之时，其子成王年幼，周公代以辅佐政事，其间东征平定三监之乱，诛杀武庚，天下始定。周公求贤若渴，礼贤下士，"一沐三握发，一饭三吐哺，起以待士，犹恐失天下之贤人"②。后营建成周洛邑，大行分封，并制礼作乐，以明教化，及成王年长，传位于成王，由此被后世尊为圣贤。曹操虽与周公有着相似的经历，也曾身为丞相辅佐年幼的汉献帝，然而曹操始终独揽朝政，国家权力逐渐被曹氏一门所掌控，最终其子曹丕代汉自立。曹操虽然在改善民生，恢复生产等方面也发挥了积极的作用，然而在宋明理学的道德观念当中，其不忠行为是遭到理学家唾弃和不齿的。随着时代的发展，时至今日，对于曹操的评价已经发生了许多的变化，但置身于来知德所处的环境中，我们亦不难理解来氏作此评价的原因，这也体现了来知德所处时代的价值体系。

综上所述，来知德始终以儒家的道德标准作为评判历史人物功过是非的关键性因素，这一准则贯穿于来知德历史人物评价的整个过程。这些评价在树立典范人物，弘扬儒家传统价值观的同时，也为后世学者提供了不同人生道路上的参照与借鉴。其对于历代帝王的评价，注重对于事实真相的客观还原，并通过对历史上诸位帝王功过得失的论证，以期达到警醒和启迪当世执政者的目的。对历史人物的才能进行评价时，来知德分析了历史人物才能的多样性，认为个人最终的成败得失则是自身的诸多才能和品质共同作用的结果。除此之外，来知德强调道德作为个人才能发挥的先决条件，举例论证了以德御才的重要性，这也从侧面反映了来知德历史人物评价的时代特征。

---

① （明）来知德：《重刻来瞿唐先生日录》，《续修四库全书》第一一二八册《子部·杂家类》，上海：上海古籍出版社，2003年，第82-83页。
② （汉）司马迁：《史记》卷三十三《鲁周公世家第三》，北京：中华书局，1963年，第1518页。

第二节　生死观：生命价值的思考

　　生与死，历来受到儒家学者的关注。宋明时期理学盛极一时，诸儒对于生死问题有了更加独到且理性的认识。来知德在先儒认识基础之上，结合个人生平经历与人生体悟，形成了自己较为完善的生死观。通过深入的分析与探讨，来氏最终把生死问题上升到人生的高度，从而揭示出生命的价值与意义。简言之，来知德生死观是来氏人生观、价值观形成的基础，对于来知德生死观研究的重要性故可见一斑。当前学界关于儒家生死问题的研究著述众多，但是具体针对来知德生死观的研究仍较少。鉴于此，本章对来知德的生死观做了初步的研究，通过来知德对于生死现象的解释、对民间鬼神观念的批判、对丧葬祭祀的重视，展现了来氏对生命价值的诠释。

一、用理学思想解释生死

　　来知德以"气之聚散"解释生死现象，这也反映出他的理性认识。他认为人之生死皆有定数，所以面对死亡，来知德表现出更多的淡然与平和。他认为富贵生死皆为天命，不可强求，人之于天命，既渺小而又无可奈何，无力改变，只有被动地接受天命赋予的一切，因而其生死观带有一定宿命论的色彩。

（一）生死取决于气之聚散

　　来知德认为生死取决于"气之聚散"，并通过阴阳、理气、命数等概念将自己的生死观念一一呈现。生命是阴阳二气不断地相互转化、运动从而经历创生、发展、死亡的自然过程，其过程具有必然性。
　　在来知德看来，人的生命是气与理的结合，其中的魂魄属于气的范畴，性情属于理的范畴，而决定人之生死现象的因素在于气而不在于理。来知德说："天之生我，有气有理。魂魄者，气之神；情性者，理之神。"[①] 理

[①]（明）来知德：《重刻来瞿唐先生日录》，《续修四库全书》第一一二八册《子部·杂家类》，上海：上海古籍出版社，2003年，第122页。

气二者皆存于身，而气之聚散决定了个体的存亡，所以来知德言："人物之始，此阴阳之气；人物之终，此阴阳之气。其始也，气聚而理随以完，故生；其终也，气散而理随以尽，故死。"①作为构成天地万物的物质基础，气有聚散，却无生灭。所以从宏观上来看，气在总体上是永恒的，故总体上的理也是永恒不灭的。但这种永恒的理、气存在并不排斥个体的生灭，所以个体的理则随着个体的生灭（气之聚散）而生灭。

在《入圣功夫字义》中，来知德认为心是身体的主宰，并对其进行了详细的解释，他认为："心者，身之主宰，以气论心属火。"②而心则是由形、气、神三者构成的："心有形，有气，有神。形者，心之体也；气者，息之呼吸也；神者，性也，附于心之仁、义、礼、智、信之理也。"③来知德提到的"神"即指心中所存的五性之理，理是随着气聚而成的形与"息之呼吸"的气而得以存之于心的。来知德认为气的范畴又可包括魂与魄："殊不知性字即是理字，魂魄通是气。依于体魄而不离，及死则散者，魂也；有形体死而不散者，魄也。天属魂，地属魄，日与火属魂，金与水属魄，气体之外又言魂魄者，盖以气体之神而灵者言之。"④在来知德看来，魂属于人的知觉以及思维意识，魄属于具体可见的人的形体，而前文所述的心之"形"指"心之体"，即是说心的形体，所以也可以纳入魄的范畴。魂魄不相离，因此生命得以延续，而魂魄的分离则意味着生命的终结："况将死之期，气欲升上，体欲归下，魂魄俱不相附矣。"⑤来知德用这种理性的方式解释了人类生死的现象，这也成为其批判民间鬼神观念的重要理论依据。

来知德通过引入阴阳运动的观念解释生死交相替的自然发展规律。他说："盖天地既有此阴阳，就有往来，有生死，有盛衰，有寒暑，有长

---

① （明）来知德：《周易集注》，北京：中华书局，2019 年，第 619 页。
② （明）来知德：《重刻来瞿唐先生日录》，《续修四库全书》第一一二八册《子部·杂家类》，上海：上海古籍出版社，2003 年，第 80 页。
③ （明）来知德：《重刻来瞿唐先生日录》，《续修四库全书》第一一二八册《子部·杂家类》，上海：上海古籍出版社，2003 年，第 80 页。
④ （明）来知德：《重刻来瞿唐先生日录》，《续修四库全书》第一一二八册《子部·杂家类》，上海：上海古籍出版社，2003 年，第 121 页。
⑤ （明）来知德：《重刻来瞿唐先生日录》，《续修四库全书》第一一二八册《子部·杂家类》，上海：上海古籍出版社，2003 年，第 151 页。

短，有常变，此必然之理数也。"①正是由于阴阳二气不断地相互转化，才构成了动态的、变化的、生生不息的物质世界。倘若世间存在阴阳永恒不变的状态，则意味着世界的发展将趋向于停滞："若阴阳无变合，是死物也，天地亦几乎息矣。"②所以由生到死的现象是人类发展的必然规律。来氏说："为母者，以气为本而生其子，为子者，因生而又竭母之气。一死一生，一代一谢，遂成四时，此太极自然之气也。"③生命是不断运动变化的，个体的诞生、成长、衰败而至死亡，而陈旧者又被新兴者所取代，正是这个过程，推动了整个世界不断发展与更新。

（二）富贵生死皆为命数

在理性认识生死的基础上，来知德始终坚持生死皆命数所致，因此个人的主观行为之于生死是无可奈何的。在这种认识的影响下，来知德将人的生死富贵全部归于命数，带有明显的宿命论的特点。

来知德认为人之生死富贵皆有命数，命数是人生当中不可抗拒的因素，人既无力与之抗争，只能选择顺从其意。他说："命者，死生有命之命也。"④来知德认为"生死有命之命"决定了贫贱、富贵、夭寿、穷通等人生的诸多方面。这意味着人之贵贱、年岁之长短以及命运之穷通等皆是生来已定，命数所致，而这些形气上的因素是无法通过个人后天的主观努力去改变的。故而过分奉承于形气，到头来也是徒劳："若常人不知天命之理，惟奉承天命之形气，命穷者只欲其通命，贫贱者只欲其富贵，奔忙至死。及到终身之时，命穷者依旧穷而贫贱，命通者依旧通。"⑤由此不难看出来知德对于生死富贵的态度。总的来说，来氏继承和发展了儒家"死生有命，富贵在天"的认识，他说："富贵贫贱倘来之物，与

---

① （明）来知德：《重刻来瞿唐先生日录》，《续修四库全书》第一一二八册《子部·杂家类》，上海：上海古籍出版社，2003年，第171页。
② （明）来知德：《重刻来瞿唐先生日录》，《续修四库全书》第一一二八册《子部·杂家类》，上海：上海古籍出版社，2003年，第124页。
③ （明）来知德：《重刻来瞿唐先生日录》，《续修四库全书》第一一二八册《子部·杂家类》，上海：上海古籍出版社，2003年，第85页。
④ （明）来知德：《重刻来瞿唐先生日录》，《续修四库全书》第一一二八册《子部·杂家类》，上海：上海古籍出版社，2003年，第74页。
⑤ （明）来知德：《重刻来瞿唐先生日录》，《续修四库全书》第一一二八册《子部·杂家类》，上海：上海古籍出版社，2003年，第90页。

吾身原不相干。孔子曰：'死生有命，富贵在天。'有命在天，非不相干，而何人不知与我不相干？"①生死富贵皆是先天的定数，人既无力改变，则只有坦然面对，所以不必纠结于此。万历三十二年（1604）二月二十二日，来知德八十岁时偶染风疾，至当年三月初一，即卧床不起，子孙以药进，处在弥留之际的来知德却言："数已尽矣，服药何为？"②在生命的最后时刻，他并没有表现出丝毫对于死亡的恐惧，更多的则是以一种坦然的态度面对生死。

为了进一步说明人之死生富贵皆有命数，来知德引史为证，以西汉邓通为例加以说明：

> 故有此形气，即有此象数，有此象数，虽天地且不能逃，而况于人乎。人初生时，既有此形气，即有定数，一死一生，一富一贵，一贫一贱，一行一止，一饮一啄，皆其定数。姑引一人言之，如邓通，为黄头郎，既为黄头郎，决不能富贵矣。不料文帝一夕梦，登天未得上，有一黄头郎从后推之，遂上，顾见其衣后穿。及觉而之渐台，见邓通形貌与梦中相合，衣亦后穿，即宠幸之，擢为太中大夫使之贵，赐铜山使之富。自古富贵宠幸之人，有因技艺而得者，有因便佞善承奉而得者，有因才能而得者，有因外戚而得者，今皆无所因，乃梦而得，岂非一定之数耶？既得富贵，宜乎不贫贱而饿死矣，后景帝时下吏依然饿死，可见一定之数不能逃也。此一条言人有一定之数不能逃。③

据《史记》载："上（汉文帝）使善相者相通，曰：'当贫饿死。'"④对此，文帝很是不屑，遂言："能富通者，在我也，何谓贫乎？"⑤邓通

---

① （明）来知德：《重刻来瞿唐先生日录》，《续修四库全书》第一一二八册《子部·杂家类》，上海：上海古籍出版社，2003年，第149页。
② （明）戴诰、古之贤等：《太史来瞿唐先生年谱》，《北京图书馆藏珍本年谱丛刊》第50册，北京：北京图书馆出版社，1999年，第175页。
③ （明）来知德：《重刻来瞿唐先生日录》，《续修四库全书》第一一二八册《子部·杂家类》，上海：上海古籍出版社，2003年，第86页。
④ （汉）司马迁：《史记》卷一百二十五《佞幸列传第六十五》，北京：中华书局1963年，第3192页。
⑤ （汉）司马迁：《史记》卷一百二十五《佞幸列传第六十五》，北京：中华书局1963年，第3192页。

命中本当"贫饿死",虽因文帝偶然一梦而得以平步青云而换来一时富贵,最终却还是难逃景帝时贫困饿死的下场。可见,来知德对于生死富贵的认识表现出明显的宿命论的特点。但同时其观点还具有一定的辩证性,即一时的富贵无法保障终生的富贵。生死转瞬,福祸相依,来氏既认为生死富贵皆由天注定,所以于形气上的获取并不能体现人生价值的意义,对此他曾言:"至于吾身,所值生死、贫贱、富贵,一切通归之于数,故到了理处就莫要言数。"①正是在这种认知的基础上,他对生命价值进行了进一步探索与追寻,最终得以将生命价值落实到成就道德生命的路径上,即来氏所言"到了理处"。

二、对鬼神及丧葬的认识

基于对生死现象的合理解释,来知德否定了鬼神的存在,并通过理性的认识揭示了民间鬼神观念的妄诞与虚无。同时,来知德继承了儒家"事死如生"的观念,重视丧葬与祖先祭祀过程的仪式性、严肃性,反映了儒家注重礼制的传统,也借此维护了儒家伦理纲常的作用。

(一)揭露鬼神观念的妄诞

来知德批判了当时民间盛行的鬼神观念,并对人们之所以会产生鬼神的观念作出了较为合理的解释。他通过对鬼神观念的批判,引导人们摒弃对鬼神的幻想以及对来世的憧憬,转而注重当前的现世生活,这也反映了来知德以人为本的人文主义情怀。

在中国的历史上,鬼神观念由来已久。《礼记·表记》载:"夏道遵命,事鬼神而远之,近人而忠焉。"②与夏人远鬼神的态度相反,商人重视宗教活动,这成为鬼神崇拜的滥觞:"殷人尊神,率民以事鬼,先鬼而后礼"③。孔子注重人的现世生活,对于鬼神,孔子则认为应该保持"敬

---

① (明)来知德:《重刻来瞿唐先生日录》,《续修四库全书》第一一二八册《子部·杂家类》,上海:上海古籍出版社,2003年,第158页。
② (汉)郑玄注,(唐)孔颖达正义:《礼记正义》卷六十二《表记第三十二》,上海:上海古籍出版社,2008年,第2079页。
③ (汉)郑玄注,(唐)孔颖达正义:《礼记正义》卷六十二《表记第三十二》,上海:上海古籍出版社,2008年,第2079页。

鬼神而远之"①的态度。《论语》载："季路问事鬼神，子曰：'未能事人，焉能事鬼？'敢问死，曰：'未知生，焉知死？'"②可见孔子更重视现世人生，对于鬼神存在的真实与否，并未给予太多的关注，故《论语》又载："子不语怪、力、乱、神。"③但是孔子重视鬼神祭祀的仪式，以此达到教化民众的目的，所以孔子主张"祭如在，祭神如神在。"④而随着宋明理学的兴起，鬼神观在理学家的认识中有了进一步的发展，来知德正是在此基础之上形成了较为理性的认识。

来知德试图证明鬼神观念是人们通过臆想杜撰而出的。也就是说，来知德否定了民间认为的具有人格意义的鬼神能够脱离形气世界的物质基础而得以存在。既然如此，那么鬼神观念又是如何在民间根深蒂固的呢？来知德以阎王为例，作出了较为合理的解释："心之所思，气之所感，有是心即有是梦矣，人死一梦而已。乡村人将死时，言见阎罗者正此意也。盖平日讲死之事乃阎罗所掌，心之所思在此，将死而偶生，岂不见乎？"⑤在中国民间社会中，阎王掌管生死的观念已经被大多数人所接受，故来知德言："阎罗之说沦民之肌，洽民之髓，于世上非一朝一夕矣，盖熟景也。"⑥正是基于这种先前已经形成的主观意识，当人处于生死弥留之际时，随着对于死亡幻想的持续，所谓掌管人之生死的阎王便在人的主观想象下应运而生了。这就如同人在他乡，终日思乡心切，以至日有所思，夜有所梦，遂于每夜梦中皆归故里。

虽明确了鬼神并非人格化的实际存在，但正如前文所叙，鬼神观念的形成由来已久，那么如何对鬼神概念进行改造，并加以理性的阐释就成了理学家们的任务。总的来看，来知德继承了张载对于鬼神的解释。

---

① （宋）朱熹：《四书章句集注·论语集注》卷三《雍也第六》，北京：中华书局，2011年，第87页。
② （宋）朱熹：《四书章句集注·论语集注》卷六《先进第十一》，北京：中华书局，2011年，第119页。
③ （宋）朱熹：《四书章句集注·论语集注》卷四《述而第七》，北京：中华书局，2011年，第95页。
④ （宋）朱熹：《四书章句集注·论语集注》卷二《八佾第三》，北京：中华书局，2011年，第64页。
⑤ （明）来知德：《重刻来瞿唐先生日录》，《续修四库全书》第一一二八册《子部·杂家类》，上海：上海古籍出版社，2003年，第126页。
⑥ （明）来知德：《重刻来瞿唐先生日录》，《续修四库全书》第一一二八册《子部·杂家类》，上海：上海古籍出版社，2003年，第151页。

张载曾言："物虽是实，本自虚来，故谓之神；变是用虚，本缘实得，故谓之鬼。"①可见，张载将改造后的鬼神概念运用于揭示物质世界阴阳二气相互转化的规律，即通过鬼神表示气的往来屈伸之义。来知德对鬼神的理解大致继承了张载之说，认为鬼神反映了气之聚散，阴阳往来的变化过程："天地之所公共者谓之鬼神，阴精阳气，聚而成物，则自无而向于有，乃阴之变阳，神之伸也；魂游魄降，散而为变，则自有而向于无，乃阳之变阴，鬼之归也。情状犹言模样。"②事物由无到有的过程即"神之伸"，由有而至于无的过程即"鬼之归"，而导致事物发生变化的内在原因则是阴阳二气的相互往来。于是来知德通过引用张载关于鬼神的概念，并附以太极图，从而解释月之盈亏的现象："张子曰：'物之初生，气日至而滋息，物生既盈，气日反而游散，至之谓神，以其伸也，反之谓鬼，以其归也。'此图即是此道理，所以某以月本有盈亏，非受日光。"③在中国传统的哲学范畴中，气作为构成物质世界的基础，而月亮作为物质世界当中的一物，其运动变化的本质皆因气之聚散而成，故月之盈为"神"，月之亏为"鬼"。据此，来知德进一步将普遍存在的自然现象皆以鬼神之说加以解释说明："鬼神是天地之变化运动者，如风、云、雷、雨，凡阳嘘阴吸之类皆是。"④可见，被理学家改造后的鬼神概念对于揭示物质世界事物发展变化的规律有着普遍适用性。

（二）重视丧葬祭祀的作用

丧葬与祭祀作为儒家传统礼制的重要组成部分，其形成与发展的过程有着悠久的历史，并受到历代儒者的重视，来知德亦对此非常重视。来知德对传统礼制十分尊崇与维护，以期达到教化人心的目的，而事死如生的观念在《日录》当中亦反映得尤为明显。

1. 革丧葬夷俗，继圣教

来知德对丧葬仪式的尊崇反映了其重礼制的思想。他曾作《革丧葬

---

① （宋）张载：《横渠易说·系词上》，《张载集》，北京：中华书局1978年，第183-184页。
② （明）来知德：《周易集注》，北京：中华书局，2019年，第619页。
③ （明）来知德：《重刻来瞿唐先生日录》，《续修四库全书》第一一二八册《子部·杂家类》，上海：上海古籍出版社，2003年，第5页。
④ （明）来知德：《周易集注》，北京：中华书局，2019年，第542页。

夷俗约》，批判了当时丧葬风俗中存在的诸多不符合传统礼制的现象。来氏认为，圣人之礼分吉凶，吉凶异道，且诸礼皆有一定之制，故落实在容体、声音、言语、饮食、居处、衣服等诸多方面亦多有不同，由此建立起严格的礼制体系，用以敦厚风俗，教化世人。汉至于宋，守礼甚严，然而元以后丧葬诸礼皆用夷俗，即使明初曾专门颁布法令以正风俗，但流俗之弊影响深远，到了来知德所处的万历朝，民间沿用元代丧葬风俗的现象依旧盛行如初，而丧葬夷俗之弊尤其以裂布、作乐、设宴三事为盛，这不禁引起了来知德的忧虑。

中国古代丧葬文化中，根据血缘亲疏之别，将丧服分为斩衰、齐衰、大功、小功、缌麻五类，即五服。在丧葬的过程中践行五服制，既维护了长幼有别、尊卑有序的传统儒家伦理道德，也体现了丧葬过程的严肃性。来知德所生活的梁山地区，五服制度于此时已是日渐夷陵，丧服不但不加区分，且用夷人之俗，以布裹头，并通过布之长短作为判断孝亲的标准，殊为可笑。据《仪礼·丧服》载："丧服。斩衰裳，苴绖、杖、绞带，冠绳缨，菅屦者。"①可见，丧服之冠在典籍当中是有着严格规定的，故来知德言："殊不知羔裘玄冠，礼不可吊，白马素车，吊客当然。而主人反以素布加吊客之首，何哉？盖尺布裹头，夷人之俗，今犹沿元人之尺布，此孝帕所当革者一也。"②所以重新恢复五服制度，就成了革除丧葬夷俗的基础。

礼乐文明作为中国儒家文化的传统与源头，历来受到儒者的重视，其中的"乐"作为礼乐制度的重要组成部分，曾经发挥了不可替代的作用，即"礼"定尊卑，"乐"重调和。来知德认为："乐者，乐也，先王所以饰喜也，乐必发于声音，以其喜也。"③乐的作用在于"饰喜"，而丧葬乃是至悲之事，故遇父母之丧，则当禁止金鼓之乐，圣人之训及皇祖之法对此皆有定制。所以来知德认为丧葬之时革除金鼓之乐势在必行："今不遵圣人之教，违祖宗之法而甘为十恶大罪之人，非真夷狄乎？此鼓

---

① （汉）郑玄注，（唐）贾公彦疏：《仪礼注疏》，上海：上海古籍出版社，2008年，第862页。
② （明）来知德：《重刻来瞿唐先生日录》，《续修四库全书》第一一二八册《子部·杂家类》，上海：上海古籍出版社，2003年，第163页。
③ （明）来知德：《重刻来瞿唐先生日录》，《续修四库全书》第一一二八册《子部·杂家类》，上海：上海古籍出版社，2003年，第164页。

乐所当革者一也。"①来知德的言论明显反映了其思想当中对"夷夏之防"的重视。

丧葬属于凶礼的一种，此类仪式进行过程中关于饮食的规格亦有着严格的限制。丧葬参与者根据"五服"亲疏关系的不同，皆存在着与之对应的饮食禁忌，而在整个过程当中酒和肉是被严格禁止的。然而当时民间对此却不以为然："亲方死，即鸣金鼓，吊客来，即设酒喧哗，如贺客然。甚至强孝子饮酒者，乃扬言云：'父母是老死，饮酒无害。'"②来知德则将上述行为看作是"风俗之至恶至恶者也"③，力图革此风俗之弊，对此他言道："若公然饮酒，正宋儒所谓：'既不能以礼日处，又不能以礼处人也。'此饮酒食肉所当革者一也。"④来氏认为，丧葬期间对于饮酒食肉的禁忌本应成为一种人们表达孝亲的主动行为，而并非受到风物习俗的限制而不得不为之。来知德的父亲来朝与母亲丁氏分别于隆庆三年（1569）与隆庆五年（1571）相继离世，守孝六年间，来知德不饮酒，不茹荤。期间虽有亲友进酒肴，并劝言："席中无别客，无害。"⑤但来知德答言："余之斋戒，非以要誉，为此心不忍也。"⑥最终亦不食。

2. 重祖先祭祀，斥神佛

祖先祭祀作为先秦时代宗法制度的延续，具有强化血亲关系，彰显宗族凝聚力的作用，同时亦表达了晚辈对于已逝长辈的尊崇与思念，因此受到来知德的重视。与重视祖先祭祀形成鲜明对比的是来知德驳斥了民间有关神佛的祭祀。两种截然不同的态度反映了来氏重孝亲，尤其注重现世行孝的观点。

---

① （明）来知德：《重刻来瞿唐先生日录》，《续修四库全书》第一一二八册《子部·杂家类》，上海：上海古籍出版社，2003年，第164页。
② （明）来知德：《重刻来瞿唐先生日录》，《续修四库全书》第一一二八册《子部·杂家类》，上海：上海古籍出版社，2003年，第163页。
③ （明）来知德：《重刻来瞿唐先生日录》，《续修四库全书》第一一二八册《子部·杂家类》，上海：上海古籍出版社，2003年，第163页。
④ （明）来知德：《重刻来瞿唐先生日录》，《续修四库全书》第一一二八册《子部·杂家类》，上海：上海古籍出版社，2003年，第164页。
⑤ （明）戴诰、古之贤等：《太史来瞿唐先生年谱》，《北京图书馆藏珍本年谱丛刊》第50册，北京：北京图书馆出版社，1999年，第175页。
⑥ （明）戴诰、古之贤等：《太史来瞿唐先生年谱》，《北京图书馆藏珍本年谱丛刊》第50册，北京：北京图书馆出版社，1999年，第175页。

来知德极其重视祖先祭祀，每逢先祖生日、忌日，必于当天斋居，斋居之日即闭门谢客，以示恭敬。来氏祭祀的先祖人数众多，最早甚至可以追溯至明初："祖先生死于元时已前者，恐时日不真，不敢斋居，生死于大明洪武以后者斋居，今将应斋戒期日列于后……"①每逢先祖生、忌日斋居，来氏皆严肃对待，始终不敢有丝毫懈怠。与祖先祭祀不同，来知德驳斥了民间盛行的神佛祭祀，并通过自己的亲身经历试图说明神佛祭祀对于孝亲毫无裨益：

> 人家为子者于父母死后多用浮屠作斋事以求免罪苦，余每每于生前验之。余壬午年病疟将近半载，亲戚为余禳解，余以亲戚之情不能禁之，禳解之后，余之疟犹夫初也。夫生前烧纸燃烛既不能消人之病疾，则死后烧纸燃烛又安能解人之罪苦乎？其不可信也明矣。②

来氏否定了佛教所宣扬的为逝者建造浮屠以求死后豁免罪苦，而将孝亲的表现由烧纸燃烛的身后事转向注重对双亲的现世行孝，据此他言道："敬亲也是敬，敬佛也是敬。敬亲不敬佛，佛也不嗔恨。敬亲又敬佛，佛也叫不应。他是西方人，与我不相认，若说求生死，生死已前定，不如只敬亲，心尽理亦顺。"③显然，来知德对于神佛祭祀的斥逐反映了自韩愈以降宋、明理学家对于道统论的重视，但究其本质则是由于儒家与佛教关于生死认识的巨大分歧。儒家看重现世的人生，所奉行的人伦孝悌具有指导世人行为规范的现实功用，是形象而可见的。而佛教所宣扬生死轮回的思想则将世人带入了对来生的无限憧憬中，但来生究竟如何，无人知晓，来知德形象地将其形容作"画鬼"，鬼者，人既所未见，又当如何画之？

三、探求生命永恒的价值

生死富贵皆有天命，人的肉体作为物质世界的一部分，肉体的消亡

---

① （明）来知德：《重刻来瞿唐先生日录》，《续修四库全书》第一一二八册《子部·杂家类》，上海：上海古籍出版社，2003年，第239页。
② （明）来知德：《重刻来瞿唐先生日录》，《续修四库全书》第一一二八册《子部·杂家类》，上海：上海古籍出版社，2003年，第151页。
③ （明）来知德：《重刻来瞿唐先生日录》，《续修四库全书》第一一二八册《子部·杂家类》，上海：上海古籍出版社，2003年，第162页。

即意味着生死的转换。对于任何生命体而言，死亡都具有必然性与不可逆性，并不随其主观意志而改变。基于这样的认识，来知德最终将对生死问题的探究升华到对生命价值的判定上，死而不朽就成为来氏实现生命价值的最高追求。

（一）生命有限，贵在一朝闻道

来知德将生死富贵皆归结为天命，有生则必有死，故生命有限，贵在一朝闻道。

来氏认为不存在肉体的永恒不灭，此乃常理，下至普通百姓，上至帝王贵胄皆不可免死。人们在每天的十二个时辰当中又有三个时辰需在梦中度过，处于梦寐之中，虽生犹死，这也更加突显了生命的短暂，来知德遂叹言："人生在世乃浮生也。"生命有限，所以来氏肯定了人对于生的渴望以及死的恐惧。从古至今历代帝王贵胄寻求仙方以期长生不老的事迹史不绝书，然而皆未能遂愿，千年之后只留下坟茔累累供后人凭吊。他置身洛水之滨，环顾邙山诸汉帝陵，遂发思古之幽情，赋诗云："君不见，洛水修邙坟累累，珠襦玉匣排金紫。乌鸦不怕旧英雄，寒食都来衔鬼纸。太陵光发几榛芜，狐鼠娇痴白日呼。一半又收田畯册，不属当年墓大夫。祖龙拔山山即倒，椒房兰箘谁知鲍。雷塘寒月更愁人，曾照吴公台上草。当置酒，当置酒，劝尔劝尔须知死，买丝绣得信陵起，长髯广额竟谁似。"①沧海桑田，世事变迁，即使生前最不可一世的帝王贵胄也难逃死后仅剩孤坟野冢的荒凉与寂落。

人在有限的生命中对于物欲不加节制的追求直接导致了自身的堕落与沉沦。来知德将造成这种结果的因素归纳为八类："愚以人之寄世苦不多时，而乃沦落尘海不得高出云冥者，不过缠绵富、贵、贫、贱、生、死、进、退八关而已。"②显然来知德所说的"八关"与佛教宣扬的"八苦"③之说有类似之处，二者均反映了人们对于物质世界的依赖与眷恋，

---

① （明）来知德：《重刻来瞿唐先生日录》，《续修四库全书》第一一二八册《子部·杂家类》，上海：上海古籍出版社，2003年，第250页。
② （明）来知德：《重刻来瞿唐先生日录》，《续修四库全书》第一一二八册《子部·杂家类》，上海：上海古籍出版社，2003年，第249页。
③ 佛教"八苦"：生苦、老苦、病苦、死苦、怨憎会苦、爱别离苦、求不得苦及五取蕴苦。

而生与死在来氏"八关"与佛教"八苦"之中皆有，不同之处则在于来氏与佛教大相径庭的解决路径。佛教通过宣扬轮回报应的教义从而解决人们对于生死问题的困惑，而佛教这种生死轮回的理论与儒家的世界观相去甚远。来知德认为死字犹如沧海，人生则好似潺潺流水，百川终有入海之时，这也揭示了死亡是生命的最终归宿。生字如同织布之经，富贵乃是织布之梭，一生奔波操劳，及布将成时，布之经则已所剩无多。生死如昼夜兴替，昼夜有晦明，唯有圣人之道如日中天，堪为永恒。终日为善者，才可上同尧舜，闻乎圣人之道；终日为利者，则将下同盗跖①，一生浑噩不知何所为。生命确实存在寿夭之别，然而人们不应患于生命之长短，而应患于终生是否能够闻道，此正如籛铿与颜回之别：籛铿即彭祖，相传彭祖善于养生，故其寿长达八百余载；颜回作为孔子高徒，却先于孔子不幸早逝，年仅二十九岁。然而若是因此便重彭祖之寿而轻颜子之殇，则可谓以五十步笑百步而已，诚然颜子一生短暂，然其贵在闻道，与永恒的圣人之道相比，彭祖之寿亦可谓早死，故来氏言："一朝能闻道，生顺死亦美。终身不闻道，枉过生亦鄙。"②可见生命有限，唯有能尽其道者方能实现"千古犹光圆"，来氏以此理论消除了关于生死的诸多顾虑。来知德曾作《浩歌》，此诗亦反映了他不重浮生，渴望一朝闻道的圣人情怀：

> 世人往往慕神仙，休妻绝粒住山巅。金石无辜长煮炼，刚于九转竟茫然。某也拔宅某骑鹤，某也黄金点瓦砾。好生恶死人之情，顿令妇姑纷六凿。更言方外有蓬壶，铁鞋踏破须双枯。本欲长生得逍散，翻令奔驰不得苏。天地有生必有死，不生不死乖常理。不死之人谁见之，不信眼中空信耳。浪说籛铿八百多，还同世上梦南柯。八百之前更可美，八百之后复如何。尘世清闲人最少，尽因富贵生缭绕。不求富贵即求仙，依然白发成秋草。我不求名不慕仙，一声浩浩百花妍。清风吹我后，明月照我前。想应天上仙人乐，不过逍遥听自然。浩歌复浩歌，歌罢抱琴眠。一枕

---

① 盗跖，春秋时期人，展氏，名跖，一作蹠，鲁国大夫柳下惠之弟。传说中的大盗，率领盗匪数千人，人称"盗跖"。

② （明）来知德：《重刻来瞿唐先生日录》，《续修四库全书》第一一二八册《子部·杂家类》，上海：上海古籍出版社，2003年，第163页。

华胥梦，还到孔颜边。朝闻夕死有何嫌，君不见，祖龙持璧终不悟，海舶浮天竟欲渡，蓬莱仙子安在哉，黄沙白水迷归路。①

前文所述皆是来知德在"生必有死"这一客观前提下进行论说的，但倘若生命真的存在长生不死，那么又当何去何从？在来知德看来，"闻道"的意义要远远大于人的永生，他言道："能尽其性，则生亦可也，死亦可也，何也？盖能尽其性则我即天矣，又何死生之足云，仲尼以万世为土，亦此意。"②"能尽其性"则意味着闻道，人既闻道，便已然超脱于生死之限而与天同，像孔子一样成就永世的不朽。来知德甚至对此作出假设，在闻道与长生之间，择闻道而弃长生：

> 孔子曰："朝闻道，夕死可矣。"甚言其道，不可不闻也，如反孔子之言说，如不闻道长生也不可，何也？人不闻道，昏昏昧昧，枉过一生，与禽兽一般，长生何为？故曰："朝闻道，夕死可矣。"生死是至大之事，朝夕是至近之时，以四字抑扬言之见道，不可不闻，此与孟子"行一不义杀一不辜而得天下不为"语意相同，行一不义是至微事，得天下是至大事，不以至微而易至大，此可见此心纯是义矣。此一条言人当闻道。③

虽然此处提出的"长生"之说目的在于与"闻道"形成对比，"长生"本身并不存在任何实际的意义，然而来氏借助"长生"的假设则更加突显了其对于"闻道"的重视，朝闻夕死的人生态度在来知德的观念中表现得尤为明显。

（二）道德属性成就生命不朽

来知德探究生死问题的最终目的在于揭示生命的意义，脱离物质世界的羁绊，从而以更高的精神层面去看待生命的价值。人既贵在"闻道"，

---

① （明）来知德：《重刻来瞿唐先生日录》，《续修四库全书》第一一二八册《子部·杂家类》，上海：上海古籍出版社，2003年，第227页。
② （明）来知德：《重刻来瞿唐先生日录》，《续修四库全书》第一一二八册《子部·杂家类》，上海：上海古籍出版社，2003年，第122页。
③ （明）来知德：《重刻来瞿唐先生日录》，《续修四库全书》第一一二八册《子部·杂家类》，上海：上海古籍出版社，2003年，第98页。

而"闻道"的表现形式就在于用肉体的生命去捍卫道义的尊严,这亦体现了生命的最高价值。正是人的道德属性成就了生命的不朽。

生命对于每个人来说都是短暂而易逝的,故儒家肯定生命的可贵,倡导人们珍惜和尊重生命。但在儒家思想中,人所具有的道德属性始终被看作是人之所以为人的根本,同时也是生命价值判定的重要依据,因而以身殉道的精神历来受到儒家先贤的推崇。孔子曰:"志士仁人,无求生以害仁,有杀身以成仁。"①孟子亦曰:"生,亦我所欲也;义,亦我所欲也;二者不可得兼,舍生而取义者也。"②"杀身成仁"与"舍生取义"的道德理想对后世儒者产生了深远的影响。

来知德继承了孔、孟"杀身成仁,舍生取义"的道德理想,并结合具体的历史事件及相关人物加以论述,体现了来氏对于生命价值的理解。来知德说:"又如国家大难,当捐其躯,乃过涉灭顶,可谓命之极不好矣,然杀身成仁,舍生取义,此之谓虽祸亦福也。如安禄山反,令狐潮围张巡城四十余日,以天道诱之,张巡曰:'君未识人伦,焉知天道?'此虽孔门名儒之言亦不过此。后虽力竭城陷,然成仁取义,有何愧哉?此亦命不好亦好之一端也,若偷生一时,不免遗臭千万,天下古今岂有长不死之人?"③天降横祸确实是命运中的不幸,但是为了"成仁取义"而慷慨赴死,亦可谓"虽祸亦福"。在来知德看来,此时"闻道"的表现就是在生命与道义之间进行抉择,因此牺牲有限的肉体生命从而成就不朽的道德生命也可以视作是人生的一大幸事。

肉体的生命终有消亡的时刻,关键在于死得其所,所以来知德叹言:"世间入水必定溺死,入火必定烧死,上树太高其坠落必定粉骨碎,首此三件事不消问,十噫可寒也。可寒也,蹈仁而死,由正路而颠蹶者,世岂多见也哉。"④导致死亡的原因有多种,然而只有蹈仁赴死是为正路,所以个人主观的追求决定了生命存在的意义。对此来知德言道:"君子小

---

① (宋)朱熹:《四书章句集注·论语集注》卷八《卫灵公第十五》,北京:中华书局,2011年,第153页。
② (宋)朱熹:《四书章句集注·孟子集注》卷十一《告子章句上》,北京:中华书局,2011年,第311页。
③ (明)来知德:《重刻来瞿唐先生日录》,《续修四库全书》第一一二八册《子部·杂家类》,上海:上海古籍出版社,2003年,第89-90页。
④ (明)来知德:《重刻来瞿唐先生日录》,《续修四库全书》第一一二八册《子部·杂家类》,上海:上海古籍出版社,2003年,第157页。

人，公私之间而已，宋世岳飞、韩侂胄皆主恢复中原者，然岳飞为国，胄为己，岳飞秦桧杀之，胄史弥远杀之，事虽同，杀虽同，而心则异矣，是以至今三五百年之后，尚为岳飞不平立庙祀之，而以胄死有余辜。"①岳飞、韩侂胄皆力主北伐，最终均因北伐而招来杀身之祸，然此二者的人生境界却存在着巨大的差别：岳飞为国，力主收复中原而不惜杀身成仁；韩侂胄为己，试图通过北伐战争攫取自己政治上的资本。不同的人生追求决定了不同的生命价值，将生命付诸道义的实现，其结果便是在死后受到万世敬仰而永垂不朽，而生前的富贵利达较之死后的永垂青史，二者孰轻孰重自然不必赘言。来知德曾作诗《残灯》，从中也反映了其关于生命价值的认知，堪称意味深远："残灯将欲灭，欲灭更扬辉。远思有沉吟，披书寄翠微。"②人生如灯，固然有油尽灯枯之时，但是它的光辉却被自己曾经照亮的世界所铭记，即使残灯已灭，也会被这个世界所怀念，这正是来知德一生的真实写照。

第三节　文学观：以饮酒类诗赋为对象

来知德一生好饮酒，且善于诗赋，在他传世的五百余篇诗赋作品当中，有着大量关于饮酒的生动描写。酒元素也成为来知德诗赋当中不可或缺的部分，可以作为研究来知德文学成就的重要切入点。来知德与朋友之间宴饮赋诗，相互唱酬的过程也是明代士人交往的真实写照，深入了解来氏饮酒赋诗的过程，可以进一步深化对来知德交友乃至明代士人交往的认识。同时，对来知德酒文化尤其是饮酒类诗赋进行研究，也能揭示来氏诗文创作背后的思想意蕴。当前的诸多诗赋与人物研究中，涉及酒文化的研究屡见不鲜，然而以来知德及来氏诗赋作为研究对象继而对其酒文化进行深入挖掘的研究还鲜有。本节对于丰富中国酒文化研究以及来知德诗赋的研究皆有一定的意义。

---

① （明）来知德：《重刻来瞿唐先生日录》，《续修四库全书》第一一二八册《子部·杂家类》，上海：上海古籍出版社，2003年，第147页。
② （明）来知德：《重刻来瞿唐先生日录》，《续修四库全书》第一一二八册《子部·杂家类》，上海：上海古籍出版社，2003年，第199页。

一、来氏饮酒类诗赋的创作背景——以酒助兴，因酒成诗

来知德一生极好饮酒。如《太史来瞿唐先生年谱》中曾有记载，嘉靖三十七年（1558），来知德第三次入京参加会试，其父来朝在临行之前曾叮嘱道："如不第，不必回，住京师而。有琴癖、酒癖，戒之。"[①]父亲将来知德对于美酒的喜好称之为"酒癖"，并勉励其"戒之"，来知德之好饮酒可见一斑。通过对来氏饮酒类诗赋内容的探究，不难看出来氏在诗赋创作过程中，往往是以酒助兴，进而因酒成诗，通过进一步分析，可将其创作背景归纳为以下两类：一是与朋友宴饮、书信交往，即兴赋诗；二是寄情于山水之间，佳酿与美景共伴，遂而成诗。

（一）偕饮有君子，瞿唐醉敲诗

由于自身品行高尚，且天性豁达，来知德的朋友众多，其中亦不乏与之志同道合的高洁俊逸之士。来氏言："乐多贤友，即有朋自远方来，得天下英才而教育之乐也，皆非涉于形气之私之乐也。"[②]既然是高朋满座，加之个人善饮，宴饮的过程也进一步激发了来知德诗赋的创作，故与友人间的宴饮也就成为来知德饮酒类诗赋重要的创作源泉。

在来知德饮酒类诗赋当中，就有不少对宴饮场面的生动描述。一方面，包括对众人宴饮热闹景象的描写，如："高门白玉来传酒，满席青丝似斗鞋"（《戊子求溪元日纵笔十首》）"亲朋把酒白玉醅，宽杯大爵面常酡"（《赋得归去好送李学博致仕》）。从以上二诗中亦不难体会出满席宾朋把酒言欢的盛大场面。另一方面，也涉及与友人之间单独对饮的描述，如："岁月渐随芝草长，道情常共酒杯醺。东京有客来相访，家住夔州十二峰。"（《有客二首》）"万事无心一老翁，兄为明月弟清风。竹根醉倒双双起，风起西方月起东。"（《偕饮》）在《偕饮》中，来知德描述了平日里与兄长来知行之间偕饮共醉的生活场景，以明月喻兄，清风喻己，也反映了来知德与兄长恬退自甘，乐在其中的人生境界。

[①]（明）戴诰、古之贤等：《太史来瞿唐先生年谱》，《北京图书馆藏珍本年谱丛刊》第50册，北京：北京图书馆出版社，1999年，第73页。
[②]（明）来知德：《重刻来瞿唐先生日录》，《续修四库全书》第一一二八册《子部·杂家类》，上海：上海古籍出版社，2003年，第77页。

来知德的朋友众多，遍布海内，然而由于其长期客居求溪山中而友人多为仕宦，所以平日里登门拜访，设宴对饮的机会较为有限。然而这并没有影响来知德与朋友之间的诗文唱酬，反而催生出来氏饮酒类诗赋的另一种常见表达：即通过与友人之间的书信往来，借用诗文表达渴望与朋友他日把酒言欢的迫切愿望。如：

> 笑我闲中多酒债，知君忙里少诗租。(《寄胡丽吾》)
> 跨马何时共尊酒，题诗扫石摘水蔬。(《答胡忠庵宪副》)
> 对酒知无地，相思隔几山。(《答赠董麟山征君四首》)
> 相逢未许知何日，对酒还歌白雪篇。(《吕南湖令长，自下车来，仆以多病尚缺展拜。雪中偶惠嘉仪，且欲见枉诗以酬之》)
> 何时共约冯飞练，烂醉仙人踏踏歌。(《赠温崇峰》)
> 寰中我亦谪仙人，何时来子载诗一车，李子携酒一石，鞭鸾挞凤共登岑仙之旧宅，醉后却把惊人绮句问青天，长啸一声江月白。(《问岑公寄李明府》)

在《问岑公寄李明府》一诗中，来知德自比谪仙，并期待与友人李明府他日载诗携酒共游岑公旧宅，虽然诗中描绘的仅是作者的一份美好愿景，但品读斯文，亦不难感受出来子酒酣微醉时的那份襟怀洒落。

（二）美景须应酒，诗酒总相宜

来知德终生隐居不仕，曾于万县（今万州）求溪山中注《易》便长达二十九年之久。他长期隐居山林，不为世间繁芜所累，而外出游历，寄情于山水之间也成为来知德往日生活的重要组成部分。与普通士大夫相比，来知德的人生则显得闲适与安逸，这也为他遍览名山大川，亲近自然提供了必要的条件。来知德热爱自然，无论是隐居山林还是外出游历，自然的秀美与壮丽总是能带给他无限的憧憬与遐想，他因此而创作出大量歌咏山水的美好诗篇。而在诗人欣赏美景的过程中，美酒又进一步使他沉醉于当时的环境中。美景煦人，美酒陶人，诗人与佳酿、美景相伴，遂而成诗。

美酒往往也为来知德山水诗赋创作提供了更多的灵感，他有诗曰："花容勾酒胆，山色泻诗脾。"(《溪上春兴十四首》)而在这一类诗赋中，

往往是山色与美酒共伴,相得益彰,如:

不辞酩酊留空谷,秉烛何妨夜未央。(《董愿庵推府见柱釜山书堂四首》)

寻壑非诗引,登山借酒扶。(《溪上春兴十四首》)
溪边饮酒天将午,竹下怀人日欲斜。(《寄传志宇》)
松应寻竹友,酒或是诗兄。(《太白山堂成四首》)
春酒迎花柳,征轺向涧溠。(《送刘思泉》)
万尺苍松鞞美髯,一壶小酌到山尖。(《小酌》)
木落江寒晓日迟,蒹葭杨柳各离披。谁从野店来沽酒,我欲长安去卖诗。(《白崖道中》)
青山一卧门长闭,红日三竿酒未苏。采药惯看黄独久,谁人偶到白云孤。篱边客饮花频笑,醉后歌繁鸟亦呼。猿鹤不须猜从盖,林峦自此即方壶。(《董愿庵推府见柱釜山书堂四首》)

在《董愿庵推府见柱釜山书堂四首》中,诗人将自己于釜山家中醉酒后所欲抒发的情感挥洒得淋漓尽致:自然界的青山、红日与白云、采药人也融入景物之中,成为诗人眼中的一道风景。他还将花鸟进行了拟人化描写,甚至与诗人对笑交流。醉后的来知德将家乡的林峦比作传说当中的海外仙山"方壶",宛然成为人间仙境。也许,真实的自然与传说中仙境的转变在来知德看来仅仅需要一壶美酒而已,这首诗勾勒出人与自然一片祥和的美好画卷。

二、来氏饮酒类诗赋的特点——多用典故,借酒抒情

来知德饮酒类诗赋有着较为鲜明的特点。一方面,由于他遍览群书,博古通今,故其饮酒类诗赋中多用历史典故,而起到借故喻今之意;另一方面,酒经常成为来知德抒发情感,表达观点的重要工具,所以托物言志,借酒抒情的表达方式在来知德饮酒类诗赋中也屡见不鲜。

(一)饮者多高士,举杯邀故人

来知德饮酒类诗赋善用典故,典故多有关历史人物。这些人物中不

乏历史上有名的善饮者，而除了极善饮酒外，他们大多品行高尚，抑或是与来知德有着相似的人生经历，故而来知德在诗赋之中往往自比于古人，通过诗赋创作而达到神交古人的目的。

在来知德的诗赋中，对陶渊明引用得颇为频繁。陶渊明，字元亮，又名潜，私谥"靖节"，又号"五柳先生"，东晋著名的田园诗人。一生为人正直，洁身守志，在认识到官场和社会的黑暗后，最终"不为五斗米折腰"，辞去彭泽县令，归隐田园。栖身田园的陶渊明亦钟爱美酒，正如其《五柳先生传》所言："性嗜酒，家贫不能常得。亲旧知其如此，或置酒而招之；造饮辄尽，期在必醉。既醉而退，曾不吝情去留。"陶渊明同时也有大量描写饮酒的诗赋传世，如《饮酒》《止酒》《述酒》等。隐居不仕的个人经历，热爱自然、天性豁达的生活态度，加之"性嗜酒"的相同爱好，这些因素无疑使得来知德与陶渊明形成了情感上的强烈共鸣，所以，在来知德饮酒类诗赋中出现诗人自比于陶渊明的情况也就不足为奇了，如：

> 陶潜性懒多耽酒，白杜从今莫素餐。（《题赠东明禅僧二首》）
> 有田只种陶潜秫，无事常关泄柳门。（《村居二首》）
> 杜甫宫衣梦，陶潜止酒诗。（《病后禁酒午日默坐二首》）
> 漉酒陶元亮，披蓑张志和。古心惟止此，今日欲如何。（《对酒四首》）
> 暂学陶潜方止酒，翻成张翰偶思莼。（《下太和山》）
> 地僻忽惊千里客，云深长断九霄鸿。疏狂自识成敖叟，寻访谁疑是醉翁。带雨枯松横浅水，背人啼鸟开深丛。风流却笑柴桑子，一径黄花满瓮红。（《有客》）

以上诸诗中，对于历史典故的运用多为成对引用。故除了陶渊明外，其他的诗句中也常有与之类似的典故：《村居二首》中的"无事常关泄柳门"一句，泄柳乃是战国时期鲁国贤人，《孟子》中曾记载鲁穆公请见泄柳，然而泄柳有志于归隐，无心为官入仕，遂闭门而不见。《对酒四首》中的"披蓑张志和"一句，张志和，字子同，唐代诗人。他曾经经历宦海沉浮，感于人生无常，最终弃官归隐，唐肃宗曾赐给他奴婢各一，张志和遂偕婢隐居于太湖流域的东西苕溪与霅溪一带，扁舟垂纶，浮三江，

107

泛五湖,渔樵为乐。《下太和山》中的"翻成张翰偶思莼"一句,张翰,字季鹰,西晋文学家,曾在齐王司马冏门下任职。彼时司马冏骄奢专横,张翰又见秋风起,恐司马冏终难成事,遂以思念起故乡的莼菜与鲈鱼为由,辞官还乡,司马冏随即很快败亡,"莼鲈之思"也成为遁世归隐的代名词。但张翰"思莼"归乡的真实目的其实还是因为当时政治的腐败,故来知德又有诗云:"季鹰岂为思莼去,苏晋何曾假酒逃。"(《梦醒》)诗中的苏晋为唐代诗人,素有高节且善饮酒;《有客》中的"醉翁"即欧阳修,"柴桑子"即指陶渊明。

来诗当中类似的引用还有很多,如:

> 步兵求仕多应酒,桑苎逃名岂为茶。(《寻袁双溪隐处》)

> 工部因诗方寓蜀,步兵为酒去求官。(《龟虽寿赠张北村西游》)

诗中"步兵"即指三国时期魏国的著名诗人,"竹林七贤"之一的阮籍,因闻步兵厨营人善酿,乃求为步兵校尉,故世称其"阮步兵"。彼时司马氏专权,阮籍在政治上同情曹魏政权,对司马氏心怀不满然而亦无可奈何,内心深处的苦楚加上对时局的惶恐,使得他渴望在精神上寻求一份安逸与闲适,遂终日酩酊大醉以求自保。诗中"桑苎"即陆羽之号,皇帝曾诏拜陆羽为太子文学,徙太常寺太祝,然陆羽并不就职。唐代诗人刘长卿《送陆羽之茅山寄李延陵》一诗中曾评价陆羽:"处处逃名姓,无名亦是闲",故来诗中亦曰:"桑苎逃名"。诗中"工部"即指杜甫,杜甫曾任从六品工部检校员外郎,世称"杜工部"。

再如:

> 山北山南幽更幽,人间饭熟未梳头。一生旧事提长剑,八句新诗起短钩。供奉当年曾作圣,伯伦此际又封侯。即时拜舞骑鸿去,凤表鸾笺谢日休。(《醉》)

诗中的"伯伦"即"竹林七贤"中的刘伶。刘伶,字伯伦,平生嗜酒,放荡不羁,曾做《酒德颂》,来知德于诗后注曰:"皮日休诗云:'他年谒帝言何事,请赠刘伶作醉侯。'"皮日休,字逸少,后改袭美。唐末诗人,隐居襄阳鹿门山,自号鹿门子,又号间气布衣、醉吟先生、醉士。

综上所述,"归园田居"的陶渊明,"闭门不内"的泄柳,"披蓑垂纶"

的张志和,"莼鲈之思"的张翰,"醉翁之意不在酒"的欧阳修,"为酒求仕"的阮籍以及"醉可封侯"的刘伶,他们的共性皆在于渴望归隐,纵情山水之间而不为世俗名利所累。来知德正是通过引用这些典故,在诗中与古人神交,也借古人之喻表达了自己天性淡泊的高尚情操。

(二)托物须明志,借酒方抒情

诗赋的魅力在于对作者内在心境的表达与展现,来知德饮酒类诗赋亦是如此,这也形成了来知德饮酒类诗赋的另一个特点,即通过对饮酒的描写,将自己所欲表达的情感与愿望寄托于酒中,这时的酒就已经超越了物质生活的层面,而成为一种思想精神的载体。来知德对此亦有过专门论述:

> 豪杰之士不偶于时者,每每于诗歌言其志,寄其兴,某所以说诗最难解。今之解杜诗者,每每因其字句而解之,而言外之意则未之发,间有发者,易至于凿。如陶靖节述酒一篇,独汤公汉以为恭帝哀辞,盖刘裕既受禅,使张伟以毒酒鸩帝。伟自饮而卒,又令兵人逾垣进药,帝不肯饮,兵人以被掩杀之。故哀恭帝之诗,托名《述酒》。使无汤汉,此诗亦不知何说也,盖汤汉鄱阳人,靖节乃陶侃之曾孙,亦鄱阳人,后乃徙家浔阳也。(《内篇卷六》)

可见,理解来诗中的精神内涵是认识来知德饮酒类诗赋的关键。来氏诗赋中的情感表达大致可分为以下两类:一是表达自己的情怀坦荡与豪迈;二是慨叹岁月蹉跎,时不我待。

1. 酒酣微醉处,意纵话慷慨

来知德在饮酒之后,往往把人间的一切愁苦抛却到九霄云外,大气磅礴,尽情挥洒,大海高山,云端天际,任意来往,与仙人对饮,与往圣同游。

表现他杯酒之间看破生死,向往此生逍遥的诗句如:

> 酬尔一杯酒,将尔愁肠倾万斛。我有逍遥不死之神术,清风为我车,明月为我毂,青天白日骑黄鹄。千年万年瞿唐子,此生

已知逍遥不死矣，纵死亦必化诗仙，不似愁人登鬼箓。(《与丁任夫剧饮》)

我有一杯长生酒，欲往赠君恐君有。仙人自古心情淡，不似人间报琼玖。(《前峰歌，寿高前峰》)

赤须白足学长生，依旧轮回登鬼谱。不如美酒日悠悠，醉从丞相车中吐……酒酣之后，却写惊天丽句问真宰，惊破十洲元海之苍波。(《赋得长相思一首答杨鉴谷书》)

表现他酒酣耳热之际脱俗而入仙，乘龙驾鹤，遨游宇内的诗句如：

酒酣白日叫阳侯，手折扶桑鞭海虬。(《罗浮高赠郭梦菊》)

我诗一见随龙走，大呼小叫同龙吼。百篇落纸若有神，不必挥毫须斗酒。(《雪》)

平生不作皱眉脸，逢人每恨杯中浅。斗酒骑鸿便上天，上帝亦知来矣鲜。(《醉时歌，酬覃葵南》)

来知德曾作《将进酒》，此可谓来氏饮酒类诗赋当中最具代表性的一首，其中亦可品味出来子的圣人情怀：

将 进 酒

银潢卷雾飞青霓，惜花携酒排金斋。
冰轮斜伴玉绳低，欢呼起舞枕中鸡。
丈夫各抱通天犀，安得个个金印如斗苍头提。
千年夸父双眼迷，谁挽羲和辔不西。
金谷秋草乌夜栖，来向平原冢上啼。
仰观群鸟飞，俯歌将进酒。
鹤尊鸾爵，呼来浇我谈天口。
我是人间修月手，应有光芒贯星斗。
焉得屑屑去问王康琚，大者朝市小者薮。
贤人浊，圣人清，矣鲜与尔有旧盟。
北斗七星化为人，学我快活学不成。
我既婴婗世上应长庚，又何必再论清清浊浊酒之名，且来快活我平生。

快活快活来氏子,已知千年万年不死矣。
昆仑昆仑在何处,我将骑鸾直上九万里。
火轮飞焰六龙紫,通明殿阁流银水,照我诗仙胡至此。
锡我琼蕊可度之屑,授我以汪氏不死之醴。
万一千年万年之后,白玉楼中随物化,
定配享吾党李白,同祠共宇峨山里。
清风明月来相悼,定请宋玉作传、谢庄作诔。

  友人吴蒙泉曾评价其文,认为来氏《将进酒》与李太白之《将进酒》有异曲同工之妙。然而来知德并不认同友人的观点,遂言:"某之《将进酒》与李白意向全不同,天渊悬绝。"将二者进行对比不难看出,李太白之《将进酒》中,依旧不免对人生不如意的情感流露;反观来氏《将进酒》,完全是作者在体悟到作圣之法后,身心所获得的无限快意,几近成仙而乐在其中。故二者之异既明矣。吴蒙泉又言来知德诗似杨升庵,学如陈白沙,来氏亦不敢苟同,他说:"缘某少年妄意发愤圣贤,无传授、无门路,只得日夜读书、忘食忘寝,不意偶一日门路通矣。若某与升庵全不同,盖升庵宰相之子,又大魁天下,偶过涉灭顶,如自天而坠于渊,日日是忧,文章以忧,而得之者也。某则蓬蒿之子,平生不以富贵为事,甘贫惯熟,偶得闻道,如自渊而升于天。日日是乐,文章以乐而得之者也。虽彼此通多读书,然作用不同。"①来知德认为自己与杨升庵诗的差别来自于人生经历的不同:杨升庵名门之后,年少成名,却最终因为政治上的失意而郁郁不得志;而来知德出身寒门,一生归隐山林,立志做圣贤,偶尔有所体悟便可获得无限快乐,故"日日是乐"。二者生平经历上的巨大差异反映在其诗作当中,自然亦是天渊之隔。所以来知德说:"故为白沙之学者,必非升庵之诗;做升庵之诗者,必非白沙之学。言者心之声,岂有诗自诗而学自学乎?一笑。"②白沙(陈献章)一生隐居不仕,学为君子。据此可见,来知德对于友人将其学如白沙的评价还是比较认可的。

---

① (明)来知德:《重刻来瞿唐先生日录》,《续修四库全书》第一一二八册《子部·杂家类》,上海:上海古籍出版社,2003年,第285—286页。
② (明)来知德:《重刻来瞿唐先生日录》,《续修四库全书》第一一二八册《子部·杂家类》,上海:上海古籍出版社,2003年,第286页。

2. 蹉跎当置酒,置酒遂吟诗

人生蹉跎,时不我待,来知德有感于光阴飞逝,便将心中对岁月的慨叹寄兴于美酒,进而吟诵成诗:

> 四海风尘各西东,十年意气还杯酒。(《忆昔行哭苟麟洲佥宪》)
>
> 对酒眠芳草,将诗惜白驹。(《对酒四首》)
>
> 哥哥吃酒醉,嫂嫂扶回去。小叔小叔苦奔波,东封西祀冀双蟠。日往月来疾如梭,料想前头寿不多,不饮不饮奈尔何。(《禽言四首》)
>
> 誓誓誓,我亦不知自家乐,十年注易求溪阁,西昆东泛犹如昨。哈哈哈,草堂今日故人来,沙尊特为故人开,眼花倾倒不须猜。皎皎皎,几人白日登蓬岛,百岁光阴过目鸟,刘伶已后知音少。(《秦吉斋醉后索墨迹》)

以上诗赋中,来知德慨叹时光的飞逝,其中既透露出诗人些许无奈,又倾诉着作者对于往昔岁月的无限怀念与追忆,这一切也使他更加珍惜眼下的时间,而此时此刻,只有与美酒相伴才能使来知德聊以慰藉。在形容时间时,来知德运用了"白驹""日月如梭""百岁光阴""过目鸟"等比喻,形象地将光阴飞逝的过程加以展现。但是与大多描写岁月蹉跎的诗文所不同,从来知德的诗中看不到那种作者因时光逝去而流露出的悲伤或者是忧愁。陶渊明有"问征夫以前路,恨晨光之熹微"的迷茫,李白亦有"高堂明镜悲白发,朝如青丝暮成雪"的惆怅。面对岁月的流逝,来知德有过感慨,但感慨过后则是更加坦然地面对人生,活在当下,活得快乐。友人傅时望对来知德诗的评价可谓十分贴切:"……乐道甘贫,拥膝长吟,常自比李白,所著诗中更无一愁字。"至于其"诗中更无一愁字"的原因,来知德在其《当置酒》序文中亦已道出:

> "古乐府",宋孔欣《置酒高堂上》,梁简文帝《当置酒》,唐李益《置酒行》。其辞略云:"朝日不夕盛,川流常宵征。生犹悬水溜,死若波澜停。"又云:"日往不再来,兹辰坐成昔。安得凌风羽,崦嵫驻灵魄"。大抵以浮生倏忽,当置酒行乐,三辞皆

一意也。愚以人之寄世，苦不多时，而乃沦落尘海，不得高出云霄者，不过缠绵"富、贵、贫、贱，生、死、进、退"八关而已。而其病源则在好勇、好货、好色，有以使之心为形役。凡民无足论矣。每见英俊之士，逢关即堕，惜哉！殊不知有镕铸乎，我者得此霸秉以破八关，虽不能径入无欲之室，亦可以扫尘根而窥明堂矣！乃作此八者广之。(《八关稿·当置酒》序)

在来知德看来，正是由于自己戒除了"好勇、好货、好色"的三欲，不至坠落"八关"，才获得了精神上的自由与逍遥，这也是来氏饮酒诗赋中多次提到自己得以"长生不死，得道成仙"的真正原因。

来知德还将自己豁达的天性以诗赋的形式感染着身边的友人。他的好友谭启因触犯当朝权贵，一度贬官云南，在谭启人生不如意之时，来知德有感于朋友的愁苦，遂作《行路难》：

> 古《行路难》太涉愁苦，作此反之，便寄与谭敬所侍御左迁。君不见，花发凌烟阁，前日上花枝，今日辞花箨。又不见，柳拂铜雀台，既许秋风落，还许春风开。一开一落人何有，千愁万愁一杯酒……（《行路难》）

来知德在《行路难》中，向朋友表明人生无常，悲喜不定，故不必戚戚于仕途上的挫折与不顺利，鼓励谭启杯酒之间忘却暂时的烦恼。

三、来知德对于饮酒的独到见解——醉当有度，饮须合礼

来知德极喜饮酒，然而他也清楚地认识到，饮酒是一把双刃剑：饮酒可以使人身心欢愉，有利于真实情感的流露，然而饮酒一旦过量，抑或是在不合时宜的场合下饮酒，往往会造成许多负面的影响。来知德深知其中的利害关系，所以他强调饮酒须有度，且必须接受传统礼仪的约束。

（一）甘醴虽陶情，饮酒防酩酊

来知德十分推崇邵雍关于饮酒的认识，并通过对邵雍饮酒诗的分析与阐释而揭示出其中蕴含的人生真谛。

邵雍诗《安乐窝吟》云："安乐窝中三月期，老年才会惜芳菲。酒防酩酊须生病，花恐离披遂便飞。饮酒莫教成酩酊，赏花慎勿至离披。离披酩酊恶滋味，不作欢欣只作悲。"①通过邵雍诗中饮酒与赏花的对偶描述可以认识到，饮酒与赏花本皆为美事，然而饮酒防酩酊，赏花恐离披，人酩酊则病，花离披则谢。正所谓"过犹不及"，行乐过甚的后果必然导致乐极生悲，这是诗人极不愿意看到的，对此邵雍又有诗云："美酒饮教微醉后，好花看到半开时。这般意思难名状，只恐人间都不知。"②饮酒与赏花本是小事，然而亦可因小而见大，其中蕴含的哲理置于他处依然成立。来知德遂将同时代的种放与邵雍进行了对比，二者人生境界高下立现：

> 世传种放闻陈希夷风，往见之。希夷曰："君当有显宦，但名者，古今美器，造物者所忌，子名当有物败之。"后真宗召见，待以殊礼。卒为王嗣宗所排……所以康节屡诏不起，如种放者，盖离披酩酊者也，不及康节远矣。呜呼！古今岂特种放哉？种放犹离披酩酊之小者也，甚者履满不止离披酩酊以至于杀身亡家者焉。③

为了进一步说明"恐离披酩酊"的道理，来氏引诗证曰：

> 爽口物多终作疾，快心事过即为殃。与其病后能求药，不若病前能自防。
>
> 受恩深处宜先退，得意浓时便好休。莫待是非来入耳，从前恩爱反为仇。④

来知德对此诗评论道：

---

① （宋）邵雍：《伊川击壤集》，《邵雍全集（肆）》，上海：上海古籍出版社，2016年，第197页。
② （宋）邵雍：《伊川击壤集》，《邵雍全集（肆）》，上海：上海古籍出版社，2016年，第206-207页。
③ （明）来知德：《重刻来瞿唐先生日录》，《续修四库全书》第一一二八册《子部·杂家类》，上海：上海古籍出版社，2003年，第156-157页。
④ （明）来知德：《重刻来瞿唐先生日录》，《续修四库全书》第一一二八册《子部·杂家类》，上海：上海古籍出版社，2003年，第157页。

> 此皆恐离披酪酊者也。愚尝观古今宰执与夫左右信任之得宠者，其受恩之深而不知先退，得意之浓而不知早休，以至昔日之恩爱反为仇恨，而离披酪酊者无限。然前车之覆，后车竟不知戒者，何哉？岂真如康节所谓："只恐人间都不知"哉？又洞庭老人诗云："八十沧浪一老翁，应分江上水连空。世间多少乘除事，良夜月明收钓筒"也。世人知乘除者少，知乘除则不至于离披酪酊矣。《易》曰："知进而知退，知存而知亡。"其惟圣人乎？信乎？知乘除者绝少而良夜月明决不肯收钓筒也。①

对于来知德而言，任何的事物都需要有一定限度，欲望的无限放纵必然导致物极而必反，乐极而生悲。来氏通过对饮酒有度的认识折射出人生进退选择的问题，从而进一步说明克己去欲的重要性。

（二）克己做醉箴，躬行化乡人

来知德长期以来立志做圣贤，渴望体悟作圣之法，他尤其敬佩颜回"不迁怒，不贰过"的修养功夫，并试图学于颜子，然而却时常因为饮酒无度而始终不得其法：

> 在山中二十余年，颜子不迁怒功夫，十年而已觉可能，至于不贰过则不能学。盖大过可以不二，至于小过则难，小过多在言笑毫忽之间，失于觉照，偶然而出。又因饮酒，几乱圣人。惟酒无量不及乱，然则乱也者，非小过乎。（《内篇卷五》）

为了避免因饮酒过量而失态，来知德遂作《醉箴》，以此对自己加以诫勉："人之齐圣，饮酒温克。温克何如，惟庄惟默。圣人不乱，君子不语。不乱不语，醉之箴矣。"②他希望在饮酒的过程中能够做到量力而行，始终保持圣贤的秉性，庄重缄默，防止酒后失言。

在中国的传统礼制中，酒的饮用具有严格的限制。传统的孝亲观念

---

① （明）来知德：《重刻来瞿唐先生日录》，《续修四库全书》第一一二八册《子部·杂家类》，上海：上海古籍出版社，2003年，第157页。
② （明）来知德：《重刻来瞿唐先生日录》，《续修四库全书》第一一二八册《子部·杂家类》，上海：上海古籍出版社，2003年，第161页。

禁止人们在长辈亲人治丧期间进行任何物质与精神上的享受，饮酒当然亦赫然在列。然而在明代，违反传统礼制的现象时有发生。这一切无疑引起了来知德的极大顾虑，针对当时梁山一代的社会风俗中存在的一些不合礼制的现象，来知德作《革丧葬遗俗约》，以图匡正社会风气，教化乡人。而其中就包括治丧期间禁止饮酒作乐的具体要求，如：

> 亲方死，即鸣金鼓，吊客来即设酒喧哗如贺客然，甚至强孝子饮酒者，乃扬言云："父母是老死，饮酒无害。"此风俗之至恶至恶者也……酒所以合欢礼，父母死，三日不举火，人子三日不食，齐衰二日不食，大功一日不食，小功、缌麻再不食，斩衰之丧，既殡食粥，齐衰之丧，蔬食水饮，不食菜果，大功之丧，不食醯酱，小功、缌麻，不食醴酒，来吊之客，非大功则小功，非小功则缌麻，菜果、醯酱、醴酒皆不敢食，又敢饮主人之酒乎？至于凡民，无服之丧，有匍匐之义，亦不忍饮酒。在主人，三日不举火，不能设酒。在吊客，不敢饮酒，若公然饮酒，正宋儒所谓"既不能以礼日处，又不能以礼处人"也。此饮酒、食肉所当革者一也……某愿同乡以折枝而行之，昔蘧伯玉耻独为君子，因书此约，与吾乡之人共为君子，以成美俗。（《革丧葬夷俗约裂布作乐设宴三事》）

来知德的父亲来朝与母亲丁氏分别于隆庆三年（1569）与隆庆五年（1571）相继离世，守孝六年间，来知德不饮酒，不茹荤。期间虽有亲友进酒肴，并劝言："席中无别客，无害。"[1]来知德答言："余之斋戒，非以要誉，为此心不忍也。"[2]最终亦不食。可见来知德对于传统礼制的重视以及个人高尚的道德情操。

---

[1] （明）戴诰、古之贤等：《太史来瞿唐先生年谱》，《北京图书馆藏珍本年谱丛刊》第50册，北京：北京图书馆出版社，1999年，第175页。

[2] （明）戴诰、古之贤等：《太史来瞿唐先生年谱》，《北京图书馆藏珍本年谱丛刊》第50册，北京：北京图书馆出版社，1999年，第175页。

第四章　蜀学的传承：理学视域下张栻《论语解》与来知德《日录》对比研究

巴蜀历来有"天府之国"的美誉，巴蜀文化在千年传承中，人才辈出、成就斐然，甚至取得了"比于齐鲁"的美名。

张栻（1133—1180）字敬夫，又字钦夫，号南轩，南宋汉州绵竹（今四川绵竹市）人，世称"南轩先生"。作为宋代著名理学家、教育家，在中国儒学史上，张栻具有卓绝的地位。张栻师从胡宏，继承了二程之学的传统，与朱熹、吕祖谦交好，时常进行学术切磋论辩，其时并称"东南三贤"。除了道学、教学，张栻在政事上也有建树，历任静江（今广西桂林）知府、江陵（今湖北荆州）知府等职，皆政绩卓著。张栻一生论学论道论政，对湖湘学派和蜀学的贡献甚大。

宋孝宗乾道元年（1165）始，张栻主管岳麓书院教事，在此期间，他通过一系列的教育教学措施，为书院培养了大批人才，并通过多次聚众讲学及学术会讲，使岳麓书院成为当时学者们进行学术活动的中心之一，可谓声名极一时之盛。

张栻一生虽活跃于湖湘，但作为四川人，在姻戚、交游、师承等方面，与巴蜀有着千丝万缕的联系，以张栻为代表的湖湘学的蓬勃发展，对当时的巴蜀学子来说也是一种鼓励，当时，多有蜀人负笈前往，从之问学。根据胡昭曦先生的研究，当时有大批张栻的门人和私淑将其学说返传回蜀，其中就包括潼川人杨云山、普城人陈概、成都人范仲黼等，这些门人、私淑以沧江书院、二江九先生为中心，将张栻之学说向其他地方辐射，此后魏了翁之鹤山学派诞生并发展，由此"蜀人尽知义理之学"。①

---

① 参见胡昭曦：《宋代书院与宋代蜀学》，《四川大学学报（哲学社会科学版）》，2001年第1期。

"梁山真儒 天下来学"——基于来瞿唐先生日录的研究

张栻一生著述颇丰，现存著作主要有《南轩易说》《论语说》(《论语解》)、《孟子解》(《孟子说》)、《汉丞相诸葛忠武侯传》《南轩先生集》等。① 其中，《南轩易说》集中反映了其易学思想，《论语解》作为其晚年力作，集中反映了其理学思想、治学思想和理政主张。其易学思想、理学思想，不仅在继承其师胡宏的基础上有所发扬，且在与朱熹交友论辩的过程中互相影响、相互促进。

来知德一生精通易学，但也对理学颇有研究，《日录》作为来知德理学思想的主要表达，不仅表现出了胡宏、朱熹等前辈学人对其思想的影响，也从多方面呈现了其对前人学说的继承和发扬。

张栻与来知德同为蜀人，分别是宋代、明代蜀学的代表人物。从张栻出生到来知德辞世的四五百年间，是中国由宋至明，在政治、经济、思想等领域发生重要转折的时期。张栻、来知德先后在理学、易学等领域取得了极高的造诣并产生深远的影响，且各自成为不同时期的蜀学代表人物：在蜀学发展高峰的宋代，张栻是蜀学当之无愧的代表之一，在蜀乱未已、学术低迷的元明，来知德给蜀学带来振兴气象。② 可以说，他们都对推动巴蜀文化乃至中国学术发展做出了卓越贡献。

目前学界对来知德的研究，多集中于对其易学的研究，对其理学思想和其他思想的研究较为有限，且缺少对比研究，研究角度比较单一。在前面几章中，笔者分别从来知德的生死观、历史观、文学观等角度对《来瞿唐先生日录》进行了研究，在本章中，笔者将张栻的《论语解》与来知德的《日录》进行对比研究，尝试从蜀学传承发展的角度，更好地来理解来知德理学思想、治学思想的形成。由于水平有限，本章诸多观点尚不成熟，所述甚乏完善，或有谬误，有待方家指正以完善。

---

① 关于张栻现存著作的版本和校勘问题，参见杨世文：《张栻著作整理的几个问题》(《宋代文化研究》第二十一辑，成都：四川大学出版社，2014年，第228-252页)及(宋)张栻著，杨世文点校《张栻集》，北京：中华书局，2015年，第11-36页)，由于本书不涉及张栻著作版本问题研究，暂以1999年长春出版社杨世文、王蓉贵校点《张栻全集》中《论语解》《孟子说》《南轩集》等为参考文献。

② 参见舒大刚：《蜀学的流变及其基本特征》，《江苏科技大学学报(社会科学版)》，2017年9月第17卷第3期。

第一节　张栻思想与《论语解》成书略述

一、张栻思想形成的历史背景与学术背景

任何文化思潮的产生，都有其深厚的历史和学术背景。在社会历史条件中，政治、经济、思想文化等因素都会对文化思潮的产生、发展和转变起到重要的影响。本节略述张栻生活时代之历史和学术背景，以便后文更全面地对张栻与来知德的思想进行对比。

（一）历史背景

宋代是中国历史上重要的转折时期，同时也是中国学术史上的黄金时代，陈寅恪先生认为"华夏民族之文化，历数千载之演进，造极于赵宋之世。"①在这一点上，缪钺先生认为："如果要追寻宋代文化兴盛的原因，首先应考虑到宋代宽弘的文化政策以及对士人尊重与宽容态度"②。

事实上，宋代之所以能够成为中国历史上又一个在学术上百花齐放的繁盛时代，与有宋一代推行的政治、经济、军事、文化等政策密不可分。宋的统一，结束了唐末以来社会上分裂割据、战乱频仍的局面。宋代统治者为防止节镇太重、君弱臣强局面的再度产生，重新在政治上采取了各项措施，确保中央政权的稳固：在官吏选拔上"重文轻武"，在中央，大力选拔饱学之士，在地方，重视学者们的政治意见，将地方的军权、政权、财权都牢牢掌握在中央政府手中。同时，在思想文化上，宋代统治者推崇儒学，力图为中央集权政治建立更为牢固的思想和社会基础。一方面，由于推行稳固的政治军事经济政策带来的经济上、特别是商品经济的发达，促成了科技的长足进步，雕版印刷的广泛使用、活字印刷术的发明和造纸术的提高和普及，使图籍得以大量印行和流通，为文化的传播及学术的研究带来了极大方便；另一方面，自唐代以来科

---

① 陈寅恪：《邓广铭〈宋史职官志〉考证序》，见《金明馆丛稿二编》，上海：上海古籍出版社，1980年，第245页。
② 缪钺：《宋代文化浅议》，《缪钺全集》第一卷，石家庄：河北教育出版社，2004年，第427页。

「梁山真儒 天下來學」——基于來墅唐先生日录的研究

举制度的发展和门阀望族的式微，不仅引起了广大读书人钻研经书诗文，走科举入仕之路以光耀门楣的强烈欲望和决心，也激发了社会各阶层看重知识文化、重视教育的风气。这些都对宋代学术的发展起到了良好的助推作用。

何谓"宋学"？漆侠先生对陈寅恪先生提出的新宋学和宋学的概念进一步补充道："新宋学包括了哲学（主要是经学）、史学、文学艺术多个方面，涵盖面是较为宽广的；而宋学则指的是，在对古代儒家经典的探索中，与汉学迥然不同的一种新思路、新方法和新学风。"①

在我国古代学术史上，宋学和汉学代表着两种不同的经学研究流派。从西汉到中唐以前的学术，在我国学术史上被称为"汉学"，其经学研究的诠释方法，以"章句"为主。何谓"章句"？孔颖达认为："句必联字而言。句者局也，联字分疆，所以局言者也。章者明也，总义包体，所以明情者也。篇者遍也，言出情铺，事明而遍者也。"②"章者，积句所为，不限句数也。以其作者陈事，须有多少章总一义，必须意尽而成故也。"③孔颖达的这番解释，是站在实际的对经文的解读的角度上。学者在解读经文之前，首先要根据作者实际讨论的内容，将文本首先进行分割。沈钦韩也指出："章句者，经师指括其文，敷畅其义，以相教授。"④可见，"章句"是指剖章析句，即先对经典文本进行分析，分割出各章和各句，再对这些章句进行解说和阐发。

然而，"章句"的这种分割文本的解经方式，不可避免地会造成割裂经文、断章取义等问题，并且，解经者在实际的文本解读中，往往会因为要为分割文本寻找佐证，而造成引用大量资料的情况，甚至由于引用资料过多而至于繁杂。事实上，从西汉到东汉，随着统治者们对经学重视度的提升，经学的发展渐渐走上了日渐繁琐的道路。

"自秦焚六经，圣文埃灭。汉兴，诸儒颇修艺文。及东京，学者亦各名家，而守文之徒，滞固所禀，异端纷纭，互相诡激。遂令经有数家，家有数说，章句多者或乃百余万言，学徒劳而少功，后生疑而莫正。"⑤东

---

① 漆侠：《宋学的发展和演变》，石家庄：河北人民出版社，2002年，第3页。
② 李学勤：《毛诗正义》，《十三经注疏》，北京：北京大学出版社，1999年，第28页。
③ 李学勤：《毛诗正义》，《十三经注疏》，北京：北京大学出版社，1999年，第29页。
④ 转引自周大璞：《训诂学初稿》，武汉：武汉大学出版社，2007年，第43-44页。
⑤ （汉）范晔：《后汉书》，北京：中华书局，1965年，第1212-1213页。

汉以后，经学有了很大的发展，官学规模的扩大和私学的蓬勃发展，带来了经学研究上学派的大量增多和著述的大量增加，以至"经有数家，家有数说"。一方面，不同师法、不同家法的儒者们，为了不同的政治理念和学术传统各立门户，造成大量学术流派不断涌现；另一方面，各学派为了发扬本门学派的学说，纷纷著书立说，以至章句之学愈加泛滥，甚至出现"一经说至百余万言"。这些，都使得经学日益冗繁。这种局面一直到唐代中叶，方有明显改观。

邓广铭先生有言："儒家学者之所以要抛弃汉唐学者的章句训诂之学而趋重于阐发经典中的义理内涵，其内在原因固在于对汉儒繁琐哲学的厌弃而要转移方向。"①不得不承认的是，彼时的儒家学说，也许的确有"罕言性命"的弊病，它已经在章句训诂上走得过远，流于繁琐破碎而缺乏系统性和义理深度，缺乏对事物本源的探讨。

率先做出改变的儒家代表人物之一，便是"古文运动"的发起者韩愈（768—824）。钱穆先生认为治宋学"必始于唐，而以昌黎韩氏为之率"②。韩愈为儒学构建了一个"道统"，他在《原道》中说："斯道也，何道也？曰：斯吾所谓道也，非向所谓老与佛之道也。尧以是传之舜，舜以是传之禹，禹以是传之汤，汤以是传之文武周公，文武周公传之孔子，孔子传之孟轲，轲之死，不得其传焉。"③韩愈所谓的"道"便是自尧舜禹一直传下来的圣人之道，在孟子之后这种"道"便失传了，这样，韩愈就将两汉以来经学之"皓首穷经"的治学传统在传承"道统"的意义上进行了否定，同时，他还与柳宗元一起发起了"古文运动"。他们反对魏晋以来华而不实的文风，强调文章要除去旧有的陈言，要发挥自己的见解，要做到文章要对现实生活起到实际作用。这些，都为宋代新儒学的兴起和发展奠定了基础。

大体而言，宋学的发展历程，与宋代政治史、文化史基本平行，漆侠先生认为，宋学的发展演变基本可以划分为三个阶段：形成阶段，即宋仁宗统治时期（庆历前后）；大发展阶段，即宋仁宗晚年到宋神宗初时期；演变阶段，即南宋时期。宋代初期的经学研究，继承了汉唐经学的

---

① 邓广铭：《谈谈有关宋史研究的几个问题》，《社会科学战线》1986年第2期。
② 参见钱穆：《中国近三百年学术史》，北京：中华书局，1987年，第1页。
③ （唐）韩愈：《韩昌黎文集校注》，上海：上海古籍出版社，1986年，第18页。

传统，以文字训诂为主，不敢发挥新意，崇尚浮华的文辞，这种情况在庆历之后，得到了转变。①

在中国传统学术发展史上，政治上的变革，往往关系着学者的前途与命运，因此往往也会对当世之学风产生深远的影响。庆历新政作为一次重大的革新，对社会各个层面、各个阶层都具有很大的影响，即便是专注学术的儒家学者们，也不免在庆历以后，将注意力渐渐从传统的典籍转移到现实中来，这种注意力的转变，表现在学术风气上，便是力图摆脱汉唐以来拘囿师法家法、沉溺考证训诂的治学方式，大胆发疑和创新，试图吸收利用佛道之学的理论成果，并注重从整体上探索儒家经典的内涵和意义，以学以致用。

宋代教育的特色之一，是书院之风兴盛。私人讲学，聚徒颇多，如戚同文之睢阳书院、孙复之泰山书院、胡瑗之苏州湖州书院等，其中，又尤以胡瑗之苏州湖州书院为盛。宋初，社会教育并不发达，学坛讲究诗词歌赋，不重视实际学问，在这种情况下，胡瑗主张必须建立"敦尚行实"的学校，以培养通经而致用的人才。

在《宋元学案》里面，有这样一段关于宋神宗与胡瑗学生刘彝问答的记载，可大致概括胡瑗的教育理念：

> 神宗问曰："胡瑗与王安石孰优？"
>
> （刘彝）对曰："臣师胡瑗以道德仁义教东南诸生时，王安石方在场屋中修进士业。臣闻圣人之道，有体、有用、有文。君臣父子，仁义礼乐，历世不可变者，其体也。诗书史传子集，垂法后世者，其文也。举而措之天下，能润泽斯民，归于皇极者，其用也。国家累朝取士，不以体用为本，而尚声律浮华之词，是以风俗偷薄。臣师当宝元、明道之间，尤病其失，遂以明体达用之学授诸生。夙夜勤瘁，二十余年，专切学校。始于苏湖，终于太学，出其门者无虑数千余人。故今学者明夫圣人体用，以为政教之本，皆臣师之功，非安石比也。"②

在胡瑗"明体达用"的教育理念中，"体"便是纲常礼教，"用"便

---

① 参见漆侠：《宋学的发展和演变》，《文史哲》1995年第1期。
② （清）黄宗羲：《宋元学案》卷一《安定学案》，北京：中华书局，1986年，第25页。

是以儒家思想来治理国家,以达到治国安民的目的——而教育的目的,即是培养这些通晓儒家经典,以经世致用的"明体达用"之人才。基于此种目的,胡瑗创立了分斋教学的制度,设立两个学术部门,经义斋主教六经,另一个部门治事斋则主要传授包括算术、历法、水利、武术等在内的实际学问,以使学生既通晓义理,又能胜任社会中的实际工作。胡瑗的这种教育方法,被称为"苏湖教法",它培养了一批学有所长的人才,并在庆历中兴太学时,被朝廷嘉奖推广"诏下苏、湖取其法,着为令于太学"①。对此,后世的黄宗羲评价道"宋世学术之盛,安定、泰山为之先河,程、朱二先生皆以为然"②,宋代学术的繁盛,胡瑗等人为之开了先河。

此后,便是所谓"学统四起"局面的出现,全国各地,名儒辈出,从山东、四川、浙江,到福建、关中等地,大批饱学之士不断涌现,他们不仅重视对儒家思想的阐发,也重视道德践履和学以致用。"庆历新政"及其后的"王安石变法",便是宋代的儒家学者们将经世济用之学运用到实践中,置身政治改革的尝试。正如漆侠先生所指出的一样:"宋学,不但在经学探索上树立了与汉学相对立的义理之学,而且它立足于所建立的经济基础上,以经世济用之学置身于社会现实改革的巨流中,从而为社会做出积极的贡献。"③

北宋中叶以后,"经世致用"已然成为学术风尚,以范仲淹所倡导的"以天下为己任"精神,已成为当时儒家学者们渴望以实学改变社会的写照。庆历之际的运动中,涌现出像欧阳修、王安石等许多博学通识、富有创建的学者,他们的研究,打破了汉唐以来注疏之学的统治地位,他们注重阐发义理和实际学问,让经学研究焕发新的光彩。

然而,嘉祐之后,情况又发生了转变,这一时期,以王安石为代表的(荆公)新学、以司马光为代表的(温公)朔学、以三苏父子(苏洵、苏轼、苏辙)为代表的蜀学、以二程兄弟(程颢、程颐)为代表的洛学及以张载为代表的关学等理学流派逐渐发展起来,原本与现实结合紧密的义理之学,逐渐过渡到空谈道德性命,走上日渐空疏的道路。

---

① (清)黄宗羲:《宋元学案》卷一《安定学案》,北京:中华书局,1986年,第24页。
② (清)黄宗羲:《宋元学案》卷一《安定学案》,北京:中华书局,1986年,第23页。
③ 漆侠:《宋学的发展和演变》,石家庄:河北人民出版社,2002年,第15页。

早在宋神宗熙宁二年（1069），司马光在上《论风俗札子》中，就对这一现象进行了批评：

> 窃见近岁公卿大夫好为高奇之论，喜诵老庄之言，流及科场，亦相习尚。新进后生，未知臧否，口传耳剽，翕然成风。至有读《易》未识卦爻，已谓《十翼》非孔子之言；读《礼》未知篇数，已谓《周官》为战国之书；读《诗》未尽周南召南，已谓毛郑为章句之学；读《春秋》未知十二公，已谓《三传》可束之高阁。循守注疏者谓之腐儒，穿凿臆说者谓之精义。且性者，子贡之所不及；命者，孔子之所罕言。今之举人，发口秉笔，先论性命，乃至流荡忘返，遂入老庄。纵虚无之谈，骋荒唐之辞，经此欺惑考官，猎取名第。禄利所在，众心所趋，如水赴壑，不可禁遏。①

怀疑经传、不守注疏成为学术风潮，为利禄计，学者们好言性命，沉迷于"内圣"而忽略了"外王"：

> 伊洛老师为人心，切标题，"天理人欲"一句，使人知所以保身、保家、保国、保天下之道。而后之学者多寻空言，不究实用，平居高谈性命之际，亹亹可听，临事茫然，不知性命之所在者，多矣。②

从时间上看，张栻（1133—1180）进行学术活动的时期，大致与孝宗朝（1162—1189）平行。宋孝宗是南宋较有作为的一位皇帝。他在位凡二十七年，其间锐意进取、治国有方，在政治上积极改革内政，在经济上重视农业生产，在军事上起用主战派，一改高宗朝腐朽的局面，使百姓安乐富足，社会经济在休养生息中得到缓和。这一时期，是南宋少有的中兴之时，被后世称为"乾淳之治"。

不可否认的是，在我国古代，国家的治乱、政策的变化、经济的盛衰、统治者的喜恶等因素都会对学术发展产生巨大的影响。而宋孝宗作

---

① （明）黄淮、杨士奇编：《历代名臣奏议》，卷一百六十六，清文渊阁四库全书本。
② （宋）胡宏：《与樊茂实书》，《胡宏集》，北京：中华书局，1987年，第124页。

为一名励精图治、锐意改革、重视经济发展的皇帝，在文化上较为开明，注重实效。这些因素，都对当时的学术风气起到了较大的影响。

宋孝宗的文化政策，大体而言，是采取百家争鸣、共同发展的策略，他对荆公新学、程朱理学、苏氏蜀学等学派，都采取兼收并蓄的态度。其时，出现了一大批卓有成就的学者文人，如朱熹、张栻、陈亮、叶适、陆九渊、陆游、辛弃疾、杨万里等，这些对后世中国文化发展起到重要影响的大家们，都活跃在孝宗时期。

作为一名注重实务的皇帝，宋孝宗对某些儒家学者们喜欢高谈伦理道德而不务实的学风颇有微词，甚至批评他们就像西晋的士大夫一样，喜欢空谈。在《续资治通鉴》有这样一段，详细表述了统治者的态度：

> 甲子，盱眙军报淮北多蝗，淮南却仍岁丰稔。帝曰："近世士大夫多耻言农事。农事乃国之根本，士大夫好为高论而不务实，却耻言之。"王淮等曰："士大夫好高，岂能过孟子！孟子之论，必曰'五亩之宅，植之以桑；百亩之田，勿夺其时'。"帝曰："今士大夫微有西晋风，岂知《周礼》与《易》言理财，周公、孔子未尝不以理财为务。且不独此，士大夫讳言恢复。不知其家有田百亩，内五十亩为人所据，亦投牒理索否？士大夫于家事则知之，至于国事则讳言之，何哉！"①

统治者的态度，对学者们的影响无疑是巨大的，叶适、陈亮、朱熹等人，就都曾对那些空谈"道德性命之学"的学者们进行了批评。叶适批评当时的理学派："今世议论胜而用力寡，大则制策，小则科举，高出唐虞，下陋秦汉，傅会牵连，皆取则于华辞耳，非当世之要言也。虽有精微深薄之论，务使天下之义理不可逾越，然亦空言也。盖一代之好尚既如此矣，岂能尽天下之虑乎！"②

张栻其时所处的社会历史环境，大致如此。

（二）学术背景

在宋儒的理学特色中，一个突出的重点就是重视存养本心、发明本

---

① （清）毕沅：《续资治通鉴》，卷一百四十五，上海：上海古籍出版社，1987年，第801页。
② （宋）叶适：《别集卷十·始议二》，《叶适集》，北京：中华书局，1961年，第758页。

心，君子进行自我内在修养的最终目的，并非仅仅是为了自己的得道，而是为了振民育德、经邦济世。然而，宋儒们这种期望通过进行自身修养以为生民做贡献的，具有强烈社会责任感和个人发展愿景的经典诠释（解经）风格，随着历史的发展，却渐渐转向了专注义理以至于流于空疏。

为与后文更好地进行对接，对于这一问题的论述，本节主要从当时宋儒解经风格（即对儒家经典经文经义的诠释风格，《论语解》便是张栻对儒家经典《论语》经文经义的诠释），及其存在的弊端来进行讨论。

儒者们在治学上渐渐摆脱了汉唐经学繁琐考据的学风，从注重文字训诂、注疏考据转而注重对经文经义的领悟和阐发。但是，有些学者过分追求自我的主观体认和阐发，往往会造成忽视对经文本义的探求，而将经典原文视为阐发自身义理的附属物，甚至主次颠倒，将诠释经典的过程变成创造新说的过程。

朱熹在谈到这种现象的时候指出：

> 大抵近世说经者，多不虚心以求经之本意，而务极意以求之本文之外，幸而渺茫疑似之间略有缝罅，如可钩索，略有形影，如可执搏，则遂极笔模写，以附于经，而谓经之为说本如是也。①

在朱熹看来，要对"圣人之意"进行理解，首要的是要尊重经典原文，不能将已有的思想硬塞入经典的诠释中，以免先入为主：

> 问读诸经之法。曰："亦无法，只是虚心平读去。"②
>
> 今人观书，先自立了意后方观，尽率古人语言入做自家意思中来。如此，只是推广得自家意思，如何见得古人意思？③

朱熹认为，诠释经典的目的，是在尊重本文本意的基础上，完整、准确地将原文解释得清楚明白，诠释要做的事情，其实很简单，"只要解释出来。将圣贤之语解开了，庶易读"④就可以了，若是过分求高、求

---

① （宋）朱熹：《学古斋铭》，《晦庵先生朱文公文集》卷五十一，《朱子全书》第22册，上海：上海古籍出版社，合肥：安徽教育出版社，2002年，第2415页。
② （宋）黄士毅：《朱子语类汇校》，上海：上海古籍出版社，2014年，第201页。
③ （宋）黄士毅：《朱子语类汇校》，上海：上海古籍出版社，2014年，第201页。
④ （宋）黄士毅：《朱子语类汇校》，上海：上海古籍出版社，2014年，第217页。

深、求远，反而会误解经典的本意。因此他提倡人们在读书的时候，要首先抱有虚心的态度，不可以贸然下结论：

> 大凡人读书，且当虚心一意将正文熟读，不可便立见解。看正文了，却着深思熟读，便如己说，如此方是。①

他特别批评那种脱离经典本义但求阐发义理的解经做法，甚至认为这样是将解经变成了"作文"：

> 今来学者一般是专要作文字用，一般是要说得新奇，人说得不如我说得较好，此学者之大病。譬如听人说话一般，且从他说尽，不可剿断他说，便以己意见抄说。若如此，全不见得他说是非，只说得自家底，终不济事。②

他进一步批评，有些学者的解经之作所讲的道理极好，阐发的义理也颇为圆融通达，但这究竟不是解经的正法，不在充分尊重本义的基础上进行的义理阐发，便是喧宾夺主：

> 圣贤说出来底言语自有语脉，安顿得各有所在，岂似后人胡乱说了！③

以下按照时间轴排列，选择具有代表性的几位宋代学者对《论语》中"古之学者为己，今之学者为人"这一章的诠释过程，或可管窥众宋儒对本章诠释过程中思想之转变：

晁公遡（约1147年前后在世）《嵩山集》：

> 某官少而多能，辅以博习，为己之学而为人之学，盖兼达于古今；在家必闻而在邦必闻，实有声于郡国。④

程颢（1032—1085）、程颐（1033—1107）《二程集》：

---

① （宋）黎靖德：《朱子语类汇校》，上海：上海古籍出版社，2014年，第215页。
② （宋）黎靖德：《朱子语类汇校》，上海：上海古籍出版社，2014年，第215页。
③ （宋）黎靖德：《朱子语类汇校》，上海：上海古籍出版社，2014年，第217页。
④ （宋）晁公遡：《答利路杨提干启》，《嵩山集》卷二十四，文渊阁《四库全书》第1139册，上海：上海古籍出版社影印本，1987年，第127页。

问:"古之学者为己。不知初设心时,是要为己,是要为人?"曰:"须先为己,方能及人。初学只是为己。郑宏中云:学者先须要仁。仁所以爱人,正是颠倒说却。"①

蛊之象,"君子以振民育德"。君子之事,惟有此二者,余无他为。二者,为己、为人之道也。②

戴溪(1141—1215),《石鼓论语答问》:

来解以治国平天下为为人,非也。何幸得人要治国平天下,盖为人之学不如此,只是要人说好。③

朱熹(1130—1200),《四书章句集注》:

程子曰:"为己,欲得之于己也。为人,欲见知于人也。"程子曰:"古之学者为己,其终至于成物。今之学者为人,其终至于丧己。"愚按:圣贤论学者用心得失之际,其说多矣,然未有如此言之切而要者。于此明辨而日省之,则庶乎其不昧于所从矣。④

朱熹《学古斋铭》:

为己之学,先诚其身。君臣之义,父子之仁。聚辨居行,无怠无忽。至足之余,泽及万物。为人之学,烨然春华。诵数是力,纂组是夸。结驷怀金,煌煌炜炜。世俗之荣,君子之鄙。维是二者,其端则微。眇绵弗察,胡越其归。⑤

从这一时间轴的排列中,可以明显看出,自北宋到南宋,"为人"和

---

① (宋)程颐、程颢:《二程集》,北京:中华书局,1981年,第247页。
② (宋)程颐、程颢:《二程集》,北京:中华书局,1981年,第140页。
③ (宋)戴溪:《石鼓论语答问》卷下《宪问第十四》,文渊阁《四库全书》第199册,上海:上海古籍出版社影印本,1987年,第80页。
④ (宋)朱熹:《四书章句集注》,北京:中华书局,1983年,第155页。
⑤ (宋)朱熹:《学古斋铭》,《晦庵先生朱文公文集》卷八十五,朱人杰等主编:《朱子全书》,上海:上海古籍出版社,合肥:安徽教育出版社,2002年,第3991页。

"为己"的概念，出现了怎样的巨大转变。

在晁公遡看来，士人通过从"为己之学"到"为人之学"的个人修养过程，能够成为兼达古今的人才，从而拥有赫赫声名，在家必闻在邦必闻。

在二程看来，"为己"便是"为己以及人"，"为人"便是"育德以振民"，士人先对个人进行修养，进行"为己"，待个人修养达到一定境界后，再"为人"，即做到仁者爱人、经邦济世、惠泽民众。

戴溪则揭示，曾有部分学者将"为人"理解为"治国平天下"。

在朱熹看来，"为人"是小人才会做的事情，君子是"为己"而不"为人"的，君子"为己"，正心诚意修身养德，自然可以实现君臣之义、父子之仁，而若是求着"为人"之心，则表面看起来声名显赫，却只是实现世俗的荣耀而已，这种世俗之荣，是为君子所鄙弃的。

在这一过程中，"为人"和"为己"两个概念，渐从相互平等的地位，转变成不平等的局面，渐渐从认为君子先"为己"再"为人"，先追求个人修养再实现社会价值，变成君子应"为己"而不"为人"，只追求个人内在的精神价值，鄙弃外在的对声名利禄的追求。

对于这一学术倾向转变的产生缘由，漆侠在《宋学的发展和演变》一书中，做出了详尽的历史解释。他将"宋学"和"理学"的概念进行了区分，认为汉学向宋学的演变过程，是以注重实效、与社会实际结合的宋学，取代了繁琐考据的汉学，宋学向理学的演变过程，则是从与现实紧密结合的义理之学转向了空谈的道德性命之学，而这一过程的产生，与两宋历史演变，尤其是政治上的变革密不可分。①

前文提到，庆历新政给学坛的风气带来了深远的影响，学者们各出新意来解释经典，以注重阐发义理和实际学问，给学坛带来了一股清风。然而自嘉祐之后，与现实结合紧密的义理之学，逐渐发展成空谈道德性命的空疏之学。这中间的一个重大的转折点，便是王安石变法的失败。

宋代是一个"重文轻武"，"与士大夫共治天下"的时代。这种局面

---

① 参见漆侠：《宋学的发展和演变》，石家庄：河北人民出版社，2002年，第511—512页。

的形成，与其背后的政治经济背景有着直接的关系。经过唐中叶以来社会政治经济的巨变，门阀世族渐渐衰落，租佃制的发展和科举制度的兴盛，使中小地主的政治地位逐渐上升，他们在通过科举走上政治道路的同时，也是宋学渐渐取代汉学，进而在学坛上大行其道的过程。他们将自己的政治理想和抱负表现在学术追求上，并渴望通过变革来完成治国平天下的理想。其中的两个伟大的尝试，便是"庆历新政"和"王安石变法"。

从"庆历新政"到"王安石变法"，众多文人儒者，怀抱着治国平天下的理想，以极大的热情投入到变法革新的洪流中去，陈亮在论及当时士人积极变法的情形说："方庆历、嘉祐，世之名士常患法之不变也。"①

从周敦颐、二程、张载，到范仲淹、王安石，他们的政治主张可能有所不同甚至大相径庭，但毫无疑问的是，他们都在学术主张上都有一个共同点，便是经邦济世，以学术为政治革新提供理论基石，他们不仅关心内在的道德修养，更关心国家大事，渴望实现"外王"。二程在谈到为学时就认为，学者治学必须以经邦济世作为根本目的："穷经，将以致用也。"②然而，从北宋到南宋，经济上的重大转变，土地兼并的迅猛发展，使得中下层地主们的经济力量被迅速削弱，这也就使得他们的政治主张变成了无本之木、无源之水，这样而来，庆历新政的失败，也就变得毫无悬念了。

如果说庆历新政的失败稍稍打击了学者们的政治热情的话，那么王安石变法的失败，则是彻底使学者们对政治改革的态度，从积极转向了消极。王安石变法失败后，许多学者将北宋的灭亡归罪于王安石，甚至认为王安石的学问中汲汲于利欲的追求，败坏了人心。为此，他们以正本清源的心态，将理论思考的中心渐渐从"治国平天下"转向了"正心""修身"，内在的道德修养被抬高到为学为人之基础的高度上，在他们看

---

① （宋）陈亮：《陈亮集》，北京：中华书局，1987年，第134页。
② （宋）程颢、程颐：《河南程氏遗书卷第四》．《二程集》，北京：中华书局，1981年，第71页。

来，所有学问的基础，在于要先修身和正心诚意："明德为本，新民为末。知止为始，能得为终。本始所先，末终所后。"①

在这种情况下，诸儒对"为人""为己"的诠释，自然也就不免带上了时代的烙印，追求内圣，是人生顶重要的事情，所以"为己"自然是第一要紧的事，至于外王，那是在内圣的境界达到之后，才能追求的境界，追求内圣尚且需要下一番苦功夫还不一定能实现，这样一来，"为人"的外在事功，自然也就显得不那么重要了。

张栻思想形成的学术背景，大致如此。

二、《论语解》成书过程略述

张栻之《论语解》，又作《论语说》《南轩论语解》《论语说》《癸巳论语解》《南轩论语解》《南轩论语说》《论语南轩解》《语解》《语说》等，共十卷。此书于宋孝宗乾道九年（1173）完成初稿，后来又经过1174年、1177年的修改而定稿，成为张栻一生中最后完成的著作之一，真可谓是心血之作。

《论语解》这部作品，不仅蕴含了张栻对儒家经典《论语》的诠释，也集中反映了张栻本人理学思想的发展和演变过程。

值得提出的是，《论语解》整个的成书过程，与朱熹密不可分。张栻在与朱熹的学术交往中，促成了《论语解》一书的不断丰富和完善。

实际上，早在乾道三年（1167）前后，张栻已开始撰写《论语说》。朱熹于乾道三年去长沙与张栻会晤，他曾多次提到这次会晤：

> 熹此月八日抵长沙，今半月矣，荷敬夫爱予甚笃，相与讲明其所未闻，日有问学之益，至幸至幸。敬夫学问愈高，所见卓然，议论出人意表。近读其《语说》，不觉胸中洒然，诚可叹服。岳麓学者渐多，其间亦有气质醇粹，志趣确实者，只是未知向方，往往骋空言而远实理。告语之责，敬夫不可辞也。②
>
> 去冬走湖湘，讲论之益不少……敬夫所见，超诣卓然，非所

---

① （宋）朱熹：《四书章句集注》，北京：中华书局，1983年，第3页。
② （宋）朱熹：《与曹晋叔书》，《朱文公文集》卷二十四，朱人杰等主编：《朱子全书》，上海：上海古籍出版社；合肥：安徽教育出版社，2002年，第1089页。

可及。①

熹自去秋之中走长沙……钦夫见处，卓然不可及，从游之久，反复开益为多。②

这里所谓的《语说》，疑即是《论语说》之雏形。

等到乾道九年，岁在癸巳，张栻完成《论语解》之初稿，故又将此书称《癸巳论语解》此后，张栻多次对此书进行了修订，并在此过程中，多次向众多好友尤其是朱熹，征求意见。这些过程，都记录在《与吴晦叔》《答朱元晦》等书信中。

在《论语解》的成书过程中，张栻吸收了不少朱熹的意见。朱熹谈到张栻"改过不吝，从善如流"③，"钦夫最不可得，听人说话便肯改。如论语旧说，某与议论修来，多是此类"④，《宋史》也提到："张栻之学，亦出于程氏，既见朱熹，相与博约，又大进焉。"⑤张栻的学问出自二程，并在与朱熹的学术交流中相互促进、不断完善。

此外，根据肖永明的考证，细数《论语解》全书引文，"直接引述二程之说共计32处，约占全书所引述的前人注解训释的40%"，而其他引述，还包括二程及张载门人弟子如范祖禹、谢良佐、杨时、尹焞、侯仲良等人，据统计，分别为"张载9处，杨氏10处，尹氏8处，谢氏、范氏、吕氏兄弟、侯氏各3处"⑥，同时，张栻还多次对以上诸儒的观点进行间接引述或阐发解说。

这一切，都使得《论语解》一书，不仅是研究张栻思想不可或缺的资料，更对研究朱熹的思想，乃至整个南宋理学，都有重大意义。

---

① （宋）朱熹：《答程允夫》，《朱文公文集》卷四十一，朱人杰等主编：《朱子全书》，上海：上海古籍出版社；合肥：安徽教育出版社，2002年，第1871页。
② （宋）朱熹：《答石子重》，《朱文公文集》卷四十二，朱人杰等主编：《朱子全书》，上海：上海古籍出版社；合肥：安徽教育出版社，2002年，第1922页。
③ （宋）黄士毅：《朱子语类汇校》，上海：上海古籍出版社，2014年，第2567页。
④ （宋）黄士毅：《朱子语类汇校》，上海：上海古籍出版社，2014年，第2565页。
⑤ （元）脱脱：《宋史》，北京：中华书局，1977年，第12710页。
⑥ 本段关于《论语解》全书引文的考证，出自肖永明：《张栻〈论语解〉的学风旨趣与思想意蕴》，《湖南大学学报》（社会科学版）2011年5期。

第二节 张栻与来知德思想对比研究：
从理学基本范畴

在张栻的理学思想中,"性""理""心"等概念,是构成其理学思想的基础,是其本体论哲学的基本范畴,同时也被张栻赋予了伦理学的概念。他创造性地将哲学性和伦理性的双重属性赋予这些概念,使它们更好地服务维护纲常名教,维护社会和谐和长治久安的目的。他"体用合一"的太极观以及"居敬主一"的修养功夫论等思想都对后世产生了很大影响。

前文提到,张栻《论语解》一书的成书,不仅深深受到二程学说的影响,也在与朱熹的学术交往中不断得到修正与完善。同样作为巴蜀学人的来知德,一生学术受朱熹之影响颇为深远,而朱熹生前与张栻的关系颇为密切,其思想的形成离不开与以张栻为代表的湖湘学派的交流与互鉴。从现有文献看,虽未有来知德思想直接继承张栻的证据,但来知德对于张栻之学确实也有一定的涉猎,如他曾给好友郭子章赠诗,就以《用张南轩赠朱元晦首二句起韵赠谢郭青螺》为名。张栻与来知德作为宋明两代巴蜀地区著名的理学家,其思想之异同,体现了二者所处时代的理学发展的特点。值得提出的是,二者在太极观、功夫论等方面的论说,都受到了朱熹的影响,在某种程度上皆可看作是对朱熹理学思想的回应。

本节以张栻的《论语解》和来知德的《来瞿唐先生日录》为基础文献,借分析"性""理""心"等一系列理学核心范畴为突破口,论述张栻理学思想形成的背景、特色、核心理念,并对比来知德与张栻理学思想之异同,以更全面地理解来知德理学思想的形成。

一、性本论

张栻本体论思想的形成,受周敦颐的影响颇深,在淳熙二年(1175)作的《濂溪周先生祠堂记》中,他提到"某尝考先生之学,渊源精粹,实自得于其心,而其妙乃在《太极》一图,穷二气之所根,极万化之所行,而明主静之为本,以见圣人之所以立人极,而君子之所当修为者,由秦汉以来，盖未有臻于斯也。"①在张栻的哲学观中，"太极"具有本体论的概念，是宇宙的根本、世界的本源，也是万物造化的根本、是世界万事万物得以产生变化的根源。

他在《太极解义》"初本"中，对周敦颐"太极，本无极也。……万物生生，而变化无穷焉"的注解中提出：

> 太极本无极，故谓之至静。而至静之中，万有森然，此天命之所以无穷，而至诚之所以无息也。朱曰：有是性，则有阴阳五行；有阴阳五行，则有人物，生生而无穷焉。凡此皆无极之具者也。……男女虽分，然贯一太极而已。于是二气交感，阳施阴生，而万物各随气质以正性命。阴阳五行之类有万不同，而其本亦一，太极而已。②

从这一注解可以看出，张栻是把"太极"作为一个本体论概念来理解的，所谓"太极者，所以生生者也"③，在谈到"太极"与"性"的关系时，他进一步指出：

> 某妄意以为太极所以形性之妙也，性不能不动，太极所以明动静之蕴也。极乃枢极之义，圣人于《易》特名太极二字，盖示人以根柢，其意微矣。若只曰性而不曰太极，则只去未发上认之，不见功用，曰太极则性之妙都见矣。体用一源，显微无间，其太极之蕴欤！所谓"太极天地之性"，语意亦未圆，不若云天地亦形而下者，一本于太极。又曰"惟其有太极，故生生而不穷"，夫生生不穷，固太极之道然也。④

可见，张栻认为"性"和"太极"一样，是天地的本源，属于本体

---

① （宋）张栻：《南轩集》卷九，杨世文、王蓉贵校点：《张栻全集》，长春：长春出版社 1999 年，第 705 页。
② 苏铉盛：《张栻〈太极解义〉》，陈来主编：《早期道学话语系统的形成与演变》附录 2，合肥：安徽教育出版社，2007 年，第 518 页。
③ （宋）张栻：《南轩集》卷十九《答吴晦叔》，杨世文、王蓉贵校点：《张栻全集》，长春：长春出版社 1999 年，第 825 页。
④ （宋）张栻：《南轩集》卷十九《答吴晦叔》，杨世文、王蓉贵校点：《张栻全集》，长春：长春出版社 1999 年，第 822 页。

论的范畴。这一理念正是对胡宏"性,天下之大本也"①,"性也者,天地之所以立也"②思想的继承和发展。

值得注意的是,张栻虽然继承了其师胡宏以来湖湘学派性本论的基本认识,但并不满意胡宏"性无善恶"一说。他认为万物的"性之本"为善。在《存斋记》中,他指出:

> 原物之始,亦岂有不善者哉!其善者天地之性也。而孟子道性善,独归之人者何哉?盖人禀二气之正,而物则其繁气也。人之性善,非被命受生之后,而其性旋有是善。性本善而人禀夫气之正,初不隔其全然者耳。若物则为气所昏,而不能以自通也。③

张栻认为,"性"并非人所独有,是万物的共同本质,这种"性"的本质,便是"善"。那么,张栻所谓的"善",究竟是什么呢?在其《孟子说》中,他对"太极""性""善"三者的关系,做了进一步说明:

> 有太极则有两仪,故立天之道曰阴与阳,立地之道曰柔与刚,立人之道曰仁与义。仁义者,性之所有而万善之宗也。④
>
> 论性之本,则一而已矣,而其流行发见,人物之所禀,有万之不同焉。盖何莫而不由于太极,何莫而不具于太极,是其本之一也。然有太极则有二气五行,絪缊交感,其变不齐,故其发见于人物者其气禀各异,而有万之不同也。⑤
>
> 有太极则有物,故性外无物;有物必有则,故物外无性。⑥

由此可见,张栻认为,"太极"便是"性","性"便是"善",而"善"

---

① (宋)胡宏:《胡宏集》,北京:中华书局,1987年,第328页。
② (宋)胡宏:《胡宏集》,北京:中华书局,1987年,第333页。
③ (宋)张栻:《存斋记》,杨世文、王蓉贵校点:《张栻全集》,长春:长春出版社1999年,第719-720页。
④ (宋)张栻:《孟子说》,杨世文、王蓉贵校点:《张栻全集》,长春:长春出版社1999年,第425页。
⑤ (宋)张栻:《孟子说》,杨世文、王蓉贵校点:《张栻全集》,长春:长春出版社1999年,第427页。
⑥ (宋)张栻:《孟子说》,杨世文、王蓉贵校点:《张栻全集》,长春:长春出版社1999年,第432页。

便是"仁义",便是纲常伦理。这样一来,伦理与哲学被融合在一起,"太极"这一本体的存在被赋予了深刻的道德含义,而封建伦理也被提升到本体论的高度,从而保证了它的正统性和神圣性。

在来知德看来,太极即理,理与道同。他说:"太极者,至极之理也。""理乘气机以出入,一阴一阳。气之散殊,即太极之理各足而富有者也;气之迭运,即太极之理流行而日新者也,故谓之道。"①又说:"理字与道字大抵相同,但道字就散见通行上说,理字则就当然恰好尺寸不可移易上说","天下古今所不易者,此理也"。②关于"理"的含义,他进一步指出:"如父慈子孝君仁臣忠是道,然慈者乃为父当然不易之则。为人父止于慈,则父尽父道矣。孝者乃为子当然不易之则。为人子止于孝,则子尽子道矣。君臣亦然。"③

可见,与张栻类似,在来知德看来,"太极""理"不仅是本体、是客观存在,"理"还包括人伦价值之"理"的含义。

来知德论"性"的主张也与张栻类似。他同样认为,"性"与"理"为同一层次的本体范畴:

> 何以尽性,即尽人物性而与天地参。盖性者,天地万物之一原,天地万物止有此一个太极之理,止有此性,特人与万物分散之耳。所谓"万物体统一太极,一物各具一太极"也。我能尽此性,则我即天地矣。即"易简之理得而成位乎中"之意。说个参天地似甚大,其实尽了性即了手。④

在论述理欲之辨时,他进一步以仁义礼智信之"五性"代指理:

> 如以五行单言,仁属木,礼属火,义属金,知属水,信属土,此各有属也。⑤

---

① 周立升:《〈易经集注〉导读》,济南:齐鲁书社,2009年,第448-430页。
②(明)来知德:《重刻来瞿唐先生日录》,《续修四库全书》第一一二八册《子部·杂家类》,上海:上海古籍出版社,2003年,第104页。
③(明)来知德:《重刻来瞿唐先生日录》,《续修四库全书》第一一二八册《子部·杂家类》,上海:上海古籍出版社,2003年,第104页。
④(明)来知德:《重刻来瞿唐先生日录》,《续修四库全书》第一一二八册《子部·杂家类》,上海:上海古籍出版社,2003年,第92页。
⑤(明)来知德:《重刻来瞿唐先生日录》,《续修四库全书》第一一二八册《子部·杂家类》,上海:上海古籍出版社,2003年,第166页。

若又以木单言，木仁也；枝枝叶叶文理灿然，若铺张陈设，仁中之礼也；大者为干，小者为枝，截然判断，仁中之义也；强干弱枝，明明白白，不相悖害，仁中之智也；柏千年是柏，松千年是松，仁中之信也。①

在张栻的理学建构框架中，人的"性"，又可以分为"天命之性"与"气质之性"。张栻关于"天命之性"与"气质之性"概念的讨论，与南宋时期孟子"性善论"在儒学中地位之确立密切相关。在宋明理学中，对心性论的讨论，是儒者们关注的主要问题之一。先秦儒学中，孔子说人们"性相近，习相远"，孟子主性善，荀子主性恶，但总体来说，一直缺乏对人性问题的形而上的讨论，到了宋儒这里，情况发生了改变。

在张栻看来，何谓"天命之性"？其实就是"天命德于己也"。张栻认为，人生下来，就是具有"天命之性"的，而只有圣人才能保全"天命之性"。之所以只有圣人才能保全"天命之性"，原因如下：

原性之理，无有不善，人物所同也。论性之存乎气质，则人禀天地之精，五行之秀，固与禽兽草木异。然就人之中不无清浊厚薄之不同，而实亦未尝不相近也。不相近则不得为人之类矣，而人贤不肖之相去或相倍蓰，或相什百，或相千万者，则因其清浊厚薄之不同，习于不善而日远耳。习者，积习而致也。善学者克其气质之偏，以复其天性之本，而其近者亦可得而一矣。②

这一段话，出自张栻《论语解》中对"性相近也，习相远也"一章的诠释。张栻认为，天赋予每个人的"天命之性"，都是纯粹的，都是"善"的，具体到个人身上，虽然有清浊厚薄之不同，但亦大体没有差别。最终之所以会在现实的经验世界出现人与人的善恶不同的原因，乃是因为他们后天积习的差异导致的"气质之性"的不同，而这种不同从根本上造成了人与人之间的"性相近"而"习相远"。

---

① （明）来知德：《重刻来瞿唐先生日录》，《续修四库全书》第一一二八册《子部·杂家类》，上海：上海古籍出版社，2003年，第166页。

② （宋）张栻：《论语解》，杨世文、王蓉贵校点：《张栻全集》，长春：长春出版社1999年，第214-215页。

在张栻看来，天地间由于"太极动而二气形，二气形而万物化"①，在太极的主宰之下，阴阳二气造化万物，由于阴阳二气的变化万端，造成人与人的气禀也会不同，至于气质的偏浊则表现在外在的喜、怒、哀、乐情之所发不能与内在的天命之性相正应，而究其根本原因在于个人的私欲不能受到节制。

关于这一点，在对《论语·八佾》中"《关雎》乐而不淫，哀而不伤"一章的诠释中，他指出：

> 哀乐，情之为也，而其理具于性。乐而至于淫，哀而至于伤，则是情之流而性之汩矣。乐而不淫，哀而不伤，发不逾，则性情之正也，非养之有素者其能然乎？②

张栻在这里强调了情与性的对应关系，即《中庸》所谓的"发而中节"。而在对《子罕》中"吾未见好德如好色者也"一章的诠释中，他进一步指出：

> 好德，因人之秉彝；而目之于色，亦出于性也。然此则溺其流而不止，彼则汩其情而不察，是何欤？则以夫物其性故耳。故君子性其性，而众人物其性。性其性者，天则之所存也；物其性者，人欲之所乱也。若好德如好色，则天则存而人欲遏，性情得其正矣。③

这段话提出了两个概念："物其性""性其性"。"物其性"是放任欲望的滋长，是使本心拘囿于物欲和情欲中，是使人迷失本性；而"性其性"则是遏制欲望的滋长，是使人能够保存本来的"天性"之正。

至于来知德，则是从形而上与形而下来区分天地之性与气质之性的：

> 盖天地之性，自道心一边而言也，无声无臭，形而上者也，理也，道也。气质之性，自人心一边而言也，有形，有象，形而

---

① 原文为："太极动而二气形，二气形而万物化，生人与物俱本乎此者也"。见（宋）张栻：《存斋记》，杨世文、王蓉贵校点：《张栻全集》，长春：长春出版社1999年，第719页。

② （宋）张栻：《论语解》，杨世文、王蓉贵校点：《张栻全集》，长春：长春出版社1999年，第88页。

③ （宋）张栻：《论语解》，杨世文、王蓉贵校点：《张栻全集》，长春：长春出版社1999年，第141页。

下者也，气也，器也。理附乎气，器寓乎道，本不相离。若以一而言之，理即气、气即理，道即器、器即道。若以两而言之，寓乎躯壳之中者，纯是天理，故曰性善，若躯壳则因所禀气质有刚柔善恶，即有善有不善矣。①

可以看出，来知德关于性二元论的认识，明显受到了宋儒张载的天地之性和气质之性观念的影响。同张栻一样，来知德也将气质之偏浊归因于私欲的放纵：

理字曰天理者，见其原于天命之性也。欲字曰人欲者，见其出于形气之私也。②

人所禀气质之性，刚柔、善恶不同，若惟纵其耳目口鼻四肢之欲，则灭天理而穷人欲矣。③

那么，具体来讲，人到底应该如何做才能克服气质之偏浊，保存本来的"天性"之正，保持上天赋予的"天命之性"，保有"德"和"善"呢？张栻认为，人能够通过学习，达到这个目的：

人所禀之质虽有不同，然无有善恶之类，一定而不可变者。盖均是人也，原其降衷何莫而不善？故圣人有教焉，所以反之于善也。教之行，愚者可使之明，柔者可使之强，其有气类之不可变者乎？然尧之子不肖，舜之子亦不肖，则气类又若有异，何也？盖气有可反之理，人有能反之道，而教有善反之功，其卒莫之能反者，则以其自暴自弃而已。④

张栻认为，人与人的禀赋虽然有所不同，但是并没有善恶的根本区分。同样，善与恶也并不是不能转化的。每个人从生下来，就具有"善"

---

① （明）来知德：《重刻来瞿唐先生日录》，《续修四库全书》第一一二八册《子部·杂家类》，上海：上海古籍出版社，第91页。
② （明）来知德：《重刻来瞿唐先生日录》，《续修四库全书》第一一二八册《子部·杂家类》，上海：上海古籍出版社，第104页。
③ （明）来知德：《重刻来瞿唐先生日录》，《续修四库全书》第一一二八册《子部·杂家类》，上海：上海古籍出版社，第80页。
④ （宋）张栻：《论语解》，杨世文、王蓉贵校点：《张栻全集》，长春：长春出版社1999年，第206页。

的本性,既然具有这样的本性,那就一定可以通过后天的学习,来巩固或恢复这一本性。同时,他还指出,后天的学习,一定要有好的学习内容,其中首推儒家经典:

> 诗三百篇,美恶怨刺虽有不同,而其言之发,皆出于恻怛之公心,而非有他也,故"思无邪"一语可以蔽之。学者学夫诗,则有以识夫性情之正矣。然学诗者非平心易气、反复涵泳之,则亦莫能通其旨也。①

在张栻看来,《诗》这一经典具有"性情之正"的本义,人通过学习《诗》,可以达到明了什么是"性情之正"。通过学习儒家经典,特别是学习具有"性情之正"的经典,能够达到"识夫性情之正"的结果。他进一步提出,通过良好的学习,更加可以使人克服"气质之偏"而恢复本来的"天命之性"。

在强调阅读儒家经典的同时,张栻还结合个人的人生体验以及与朱熹等友人的持续交流探讨,建立起自己的功夫论。因此,张栻的功夫论经历了一系列的变化:从早期继承胡宏的"先察识后涵养",到中期的"存养体察,固当并进"而"存养是本",进而到后期对"主敬"的抬升与"察识"的隐没②,体现了张栻由外在已发向内在未发的转变。

总体而言,张栻对"主敬涵养"的认识,大体可用"居敬行简"来概括。

"居敬行简"一词,出自《论语·雍也》篇中"居敬而行简,以临其民,不亦可乎?"一句,意思是君子要持身恭敬,通过不断加强自我修养,在日常生活中,一点一滴向内在探求自己内在的本心,以保持固有的"天命之性"。

"修己之道,不越乎敬而已。敬道之尽,则所为修己者亦无不尽,而所以安人、安百姓者皆在其中矣。盖一于笃敬,则其推之家以及于国、以及于天下,皆是理也。极其至,天地位焉,万物育焉,兆民虽众,其

---

① (宋)张栻:《论语解》,杨世文、王蓉贵校点:《张栻全集》,长春:长春出版社1999年,第74-75页。
② 参见文碧方、洪明超:《张栻早期、中期与晚期工夫论之演变》,《湖南大学学报(社会科学版)》2019年第4期。

有不得其所安者乎？是则'修己以敬'一语，理亦无不尽者。"①在张栻看来，"修己之道，不越乎敬而已"，人若要做到"敬"，就必须在日常生活中保持"慎独"的理念，加强自我修养，做到回归本心，抛弃杂念，做到"居敬则专而不杂，序而不乱，常而不迫，其所行自简也"②；就必须不断警醒和鞭策自己，做到"君子无终食之间违仁，是心无时而不存也"③；就必须恪尽职守，无论官职尊卑、身份贵贱，都要做到"事君者，主于敬其事而已。官有尊卑，位有轻重，而敬其事之心则一也"④。这样，只有在日常的修养中不断学习和进步，提高自己的内在修为，时刻以"居敬行简"为行为标准和道德标准，才能做到修齐治平，正所谓"敬道之尽，则所为修己者亦无不尽，而所以安人、安百姓者皆在其中矣。盖一于笃敬，则其推之家以及于国、以及于天下，皆是理也。"⑤

来知德与张栻一样，都认识到了修养方法中格物克己的重要性。

在来知德的思想体系中，"命"是一个很重要的概念。来氏所谓的"命"，约有两个意义，一是天命，一是命数。他认为："命者，令也。在尊者教令乎下方，可曰'命'，故曰大命、曰君命、曰父命。朱注谓天以阴阳五行化生万物，气以成形而理亦赋焉，犹命令也是也。"⑥在此基础上，他还进一步将命数分为两类：一类"以命数之贫贱、富贵、夭寿、穷通而言也"，另一类"以命数之禀气清浊厚薄、上智下愚、贤否而言也"⑦。

可见，在来知德看来，气有气数、人有命数，但人生的意义之一，就是要超越命数去彰显天命天理。人固然有富贵贫贱、上智下愚，但可

---

① （宋）张栻：《论语解》，杨世文、王蓉贵校点：《张栻全集》，长春：长春出版社1999年，第194页。
② （宋）张栻：《论语解》，杨世文、王蓉贵校点：《张栻全集》，长春：长春出版社1999年，第107页。
③ （宋）张栻：《论语解》，杨世文、王蓉贵校点：《张栻全集》，长春：长春出版社1999年，第93页。
④ （宋）张栻：《论语解》，杨世文、王蓉贵校点：《张栻全集》，长春：长春出版社1999年，第205页。
⑤ （宋）张栻：《论语解》，杨世文、王蓉贵校点：《张栻全集》，长春：长春出版社1999年，第194页。
⑥ （明）来知德：《重刻来瞿唐先生日录》，《续修四库全书》第一一二八册《子部·杂家类》，上海：上海古籍出版社，2003年，第88页。
⑦ （明）来知德：《重刻来瞿唐先生日录》，《续修四库全书》第一一二八册《子部·杂家类》，上海：上海古籍出版社，2003年，第88页。

以通过学习圣人，去"人欲"、超越命数、体证天道、天理：①

> 若常人不知天命之理，惟奉承天命之形气，命穷者只欲其通，命贫贱者只欲其富贵，奔忙至死，及到终身之时，命穷者依旧穷而贫贱，命通者依旧通而富贵。②

> 理字曰天理者，见其原于天命之性也。欲字曰人欲者，见其出于形气之私也。③

> 虽天理之在人心未尝暂息，然暂时发见暂时昏蔽，惟圣人则无形气之私，纯是天理。④

> 遏人欲者，即所以存天理也。人欲既遏，则天理自然呈露，而情之所发，事之所行，皆天理矣！⑤

> 尧舜教人以精一功夫，无非教人去形气之人欲，而存天命之天理。⑥

> 天下无不读书之圣人，但圣人紧要功夫在格物，在克己，教人非礼勿视、非礼勿听、非礼勿言、非礼勿动。要格了此物欲，使此心湛然无欲，不万起万灭，无思无虑，如明镜止水也。⑦

值得指出的是，在来知德的功夫论中，"克己去欲"是其思想的核心，他在《格物诸图》《大学古本》等篇中系统阐释了其功夫论的理论依据，认为《大学》的头脑功夫在于"格物"。来氏将"格物"解作"格物欲之物"，他认为：

> 凡人有此形体即有此形气之私，口之于味也、目之于色也、

---

① 参见赵中国：《论来知德学术根柢是太极之学》，《周易研究》，2017年第6期。
② （明）来知德：《重刻来瞿唐先生日录》，《续修四库全书》第一一二八册《子部·杂家类》，上海：上海古籍出版社，2003年，第90页。
③ （明）来知德：《重刻来瞿唐先生日录》，《续修四库全书》第一一二八册《子部·杂家类》，上海：上海古籍出版社，2003年，第104页。
④ （明）来知德：《重刻来瞿唐先生日录》，《续修四库全书》第一一二八册《子部·杂家类》，上海：上海古籍出版社，2003年，第80页。
⑤ （明）来知德：《重刻来瞿唐先生日录》，《续修四库全书》第一一二八册《子部·杂家类》，上海：上海古籍出版社，2003年，第32页。
⑥ （明）来知德：《重刻来瞿唐先生日录》，《续修四库全书》第一一二八册《子部·杂家类》，上海：上海古籍出版社，2003年，第80页。
⑦ （明）来知德：《重刻来瞿唐先生日录》，《续修四库全书》第一一二八册《子部·杂家类》，上海：上海古籍出版社，2003年，第118页。

耳之于声也、鼻之于臭也、四肢之安佚也，性也，有此形气之性，故好勇、好货、好色，不辨礼义而受万钟，欲宫室之美、妻妾之奉、所识穷乏得我，凡此皆所谓物也。①

格物者，格去其物欲也，格去其物则无欲而一矣。②

在来氏看来，格物的主要意义是消解私欲、物欲，克己、遏私欲是学圣的第一步。他指出：

人虽贤愚不同，此良心无时无刻不存，止因私意蔽之，故诸心生耳。此所以克己功夫为学圣第一条。③

遏人欲者，即所以存天理也。人欲既遏，则天理自然呈露，而情之所发，事之所行，皆天理矣！始知三欲者，千欲万欲之根柢，即克己功夫条目也。④

格物者，修身之有头脑功夫也，即告颜子之克己也，即孟子之寡欲也。⑤

盖己也、忿也、欲也、怒也、过也、色也、勇也、得也，皆《大学》之所谓物也；克也、惩也、窒也、不迁也、不贰也、三戒也，皆格之之意也。……格物克己，乃圣门有头脑的功夫。⑥

可以看出，来知德将功夫落实在已发之际的发念之时，对于个人私欲进行遏制，私欲遏制则天理自然呈露。来氏此说接近于张栻早期的察识端倪说。

---

① （明）来知德：《重刻来瞿唐先生日录》，《续修四库全书》第一一二八册《子部·杂家类》，上海：上海古籍出版社，2003 年，第 69 页。
② （明）来知德：《重刻来瞿唐先生日录》，《续修四库全书》第一一二八册《子部·杂家类》，上海：上海古籍出版社，2003 年，第 114 页。
③ （明）来知德：《重刻来瞿唐先生日录》，《续修四库全书》第一一二八册《子部·杂家类》，上海：上海古籍出版社，2003 年，第 131 页。
④ （明）来知德：《重刻来瞿唐先生日录》，《续修四库全书》第一一二八册《子部·杂家类》，上海：上海古籍出版社，2003 年，第 32 页。
⑤ （明）来知德：《重刻来瞿唐先生日录》，《续修四库全书》第一一二八册《子部·杂家类》，上海：上海古籍出版社，2003 年，第 57 页。
⑥ （明）来知德：《重刻来瞿唐先生日录》，《续修四库全书》第一一二八册《子部·杂家类》，上海：上海古籍出版社，2003 年，第 32 页。

二、礼即理

在张栻的理学思想建构里,"太极"是宇宙的本体和万物的本原,"性"及其所具有的"善",是万物的共同本质。世界统一于"太极",便是统一于"善"这一道德伦理,而"理"则与"太极"以及至善之"性"一道,乃是本体的存在。那么,究竟何谓"理"?

> 子曰:"莫我知也夫!"子贡曰:"何为其莫知子也?"子曰:"不怨天,不尤人,下学而上达。知我者其天乎!""莫我知"之叹,所以发问者。赐有问焉,可谓达矣。无所必于天,故不怨;无所期于人,故不尤。惟笃其在己者而已,下学而上达是也。下学上达,谓下学,人事,而上达,天理,天理初不外乎人事也。"知我者其天乎",所谓天者,理而已。圣人纯乎天道,故其发言自然如此。①

《论语解》中的这一段,可以反映张栻其对"理"的理解。在他看来,"理",即"天理",是宇宙的本原所在,无所不在。值得注意的是,如同"太极""性"一样,在张栻的理学建构里,"理"不仅是个哲学概念,同时也是个伦理学概念。"礼者理也"②,"理"在人伦世界中的表现形式便是"礼",是维持社会稳定的基本秩序,即儒家的基本伦理道德:

> 无违,谓无违于理也。礼者,理之所存也。生事之以礼,以敬养也;死葬之以礼,必诚必信也;祭之以礼,致敬而忠也。亲虽有存没之间,而孝子之心则一而已。存是心而见于节文者无不顺,所谓"以礼"也。以孟懿子之不能问也,故因樊迟之御以告之。使懿子因圣人之言而有发,则夫三家之所以养其亲,与所以葬、所以祭者,皆违理之甚者也,其敢斯须而安之乎?①

---

① (宋)张栻:《论语解》,杨世文、王蓉贵校点:《张栻全集》,长春:长春出版社1999年,第192页。
② (宋)张栻:《论语解》,杨世文、王蓉贵校点:《张栻全集》,长春:长春出版社1999年,第83页。
① (宋)张栻:《论语解》,杨世文、王蓉贵校点:《张栻全集》,长春:长春出版社1999年,第76页。

在张栻的认识中，人们行事是否合乎"礼"，其实就意味着是否遵循"理"，学礼，而后有所立也："礼者，所以检身也。不知礼，则视听言动无所持守，其将何以立乎？知礼则有履践之实矣。"①在他看来，若是君子不知礼，那么就是不知道自己安身立命的基础。同时知理也意味着对礼的践行，因此，"礼"在张栻的理学概念中，实际上也具有躬行践履的实学意义。同时，"礼"与"德"也是君子为政治世的依据：

> 德、礼者治之本。政、刑非不用也，然德立而礼行，所谓政、刑者盖亦在德、礼之中矣。故其涵泳熏陶有以养民之心，使知不善之为耻，而至于善道。若其本不立，而专事于刑政之末，则民有苟免之意，而不知不善之为耻，何以禁其非心乎？后世之论治及于教者鲜矣。②

以上论述是张栻对"礼"这一概念在政治领域的展开。本段话出现在《论语解》对"道之以政，齐之以刑，民免而无耻；道之以德，齐之以礼，有耻且格"的诠释中。在这里，张栻将政治意蕴赋予了他的礼学理念。在他看来，"礼"和"德"一样，都是国家政治得以长治久安的基础，法律和刑罚并不是无用，而是应该谨慎使用。若是在日常教化中，以德和礼的日常行为规范来教育民众，使民众在日常生活中习惯于遵守德和礼的基本要求，以不守德为耻，以遵善行为荣，那么，社会政治自然可以达到安定。"礼"作为封建社会政治伦理生活中的道德原则，体现了一种森然有序的等级秩序，而张栻的诠释，正好以"天理之所当然"，赋予了"礼"神圣性和永久性。同时，他将体现人间秩序的"礼"与作为本体存在的"理"相贯通，"理"是"损益之常道"，"礼"便是这一常道在人伦世界中的具体体现。如此，张栻为"理""太极"与"性"这三个理学本体范畴同时赋予了道德伦理的意义，让三者一起作为保障社会秩序，实现天下大治的形上学依据。

来知德论"礼"，主张"敬"与"礼"的贯通，他曾言："敬字即礼

---

① （宋）张栻：《论语解》，杨世文、王蓉贵校点：《张栻全集》，长春：长春出版社1999年，第238页。
② （宋）张栻：《论语解》，杨世文、王蓉贵校点：《张栻全集》，长春：长春出版社1999年，第75页。

字，即以义制事、以礼制心者也"①，强调了"敬"具有的整齐严肃的外在表现。此外，来知德继承了张栻之师胡宏的天理人欲"同情而异行"说，并在此说中强调了礼义作为天理人欲判定的标准：

色

同一男女相见也，行六礼者谓之婚，逾东家墙者谓之淫，淫而不顾人道者谓之娼，不论伦理者谓之聚麀。

勇

同一以刃杀人也，救民者谓之义，占人疆土者谓之侵，以下杀上者谓之叛。

货

同一金银入手也，交道接礼谓之币，受君之禄谓之俸，贪民之财谓之赃，劫掠人财谓之贼。

若离绝人事，即释氏矣。惟格去物欲之私，虽人欲，实天理矣，所以为同行异情也。②

可见，来知德这里的论述亦如张栻，强调"理欲之辨"的过程中，不能离开基本的人伦秩序而将人类的一切基本欲望加以摒弃，他强调儒者平日生活中对礼的遵守，以及躬行明德的重要性。

值得注意的是，在来氏的思想体系中，"修德"是一个被反复提及的概念，儒者一定要知德、明德、修德：

讲学者，所以辨理欲也。辨理欲，将来修德、迁善、徙义，若不能修德、迁善、徙义，讲之何益？③

德者得也，道与德相离不得。天赋我吾性之理，散于五伦事物，其理之当然者为之道，将此道凝聚于此身谓之德，故曰苟不至德至道不凝焉。①

---

① （明）来知德：《重刻来瞿唐先生日录》，《续修四库全书》第一一二八册《子部·杂家类》，上海：上海古籍出版社，2003年，第47页。

② （明）来知德：《重刻来瞿唐先生日录》，《续修四库全书》第一一二八册《子部·杂家类》，上海：上海古籍出版社，2003年，第39页。

③ （明）来知德：《重刻来瞿唐先生日录》，《续修四库全书》第一一二八册《子部·杂家类》，上海：上海古籍出版社，2003年，第79页。

① （明）来知德：《重刻来瞿唐先生日录》，《续修四库全书》第一一二八册《子部·杂家类》，上海：上海古籍出版社，2003年，第102页。

观下文释齐、治、平，皆以五伦言之是也。不言道而言德者，有诸己而后求诸人也。……若以人之所得于天而虚灵不昧为明德，则尚未见诸施为，以何事明明德于天下也哉？……五帝三王之学，皆所以明伦。孔子十五而知志帝王之学，七十子从孔子，问孔子之志。孔子曰："老者安之，少者怀之，朋友信之。"此何志也？即《大学》老老、长长、恤孤、平天下之志也。及哀公问政，乃大人不知大学者，故孔子告之曰："天下之达道五，所以行之者三。"知斯三者，则知所以修身治人治天下国家。则明德即达道，不待辩而自明矣。①

三、心与仁义

"心"在张栻理学思想构建中，与"太极""性""理"等概念一样，是其本体论的基本概念之一。在张栻看来，正是因为人具备了虚明知觉之心，此心即天地之心，从而确保了人性本善："惟人得二气之精，五行之秀，其虚明知觉之心，有以推之，而万善可备，以不失其天地之全，故性善之名独归于人，而为天地之心也。"②张栻甚至还从形而上论"心"，认为"心"与"理"一样，具有宇宙本体的意义："而心则宰之者也，形而上者也。"③朱熹就曾指出，张栻这种坚持心本论的认识接近于陆九渊："陆子静之学，只管说一个心恁地如何，本来是好底物事……又曰：南轩初年说，却有些似他。如《岳麓书院记》却只恁地说。如爱牛、如赤子入井，这个便是真心，若理会得这个心了都无事。"④

"心"这一范畴始终存在于张栻的本体论的论述中，张栻将"心"和"太极""性""理"紧密联系成一个本体论理论体系，将"太极""性""理"和"心"融为一体，这是其理学的一个突出特色。在他看来，"心"所具

---

① （明）来知德：《重刻来瞿唐先生日录》，《续修四库全书》第一一二八册《子部·杂家类》，上海：上海古籍出版社，2003年，第57页。
② （宋）张栻：《孟子说》，杨世文、王蓉贵校点：《张栻全集》，长春：长春出版社1999年，第426页。
③ （宋）张栻：《孟子说》，杨世文、王蓉贵校点：《张栻全集》，长春：长春出版社1999年，第434页。
④ （宋）黎靖德：《晦庵先生朱文公语类卷第一百二十四》，《朱子语类汇校》，上海：上海古籍出版社，2014年，第2994页。

有的本体性以及其主宰意义是君子立身行道与治国安民的基础。在对"天之历数在尔躬，允执其中。四海困穷，天禄永终"的诠释中，张栻指出：

> 以其德当天心，故知天之历数在其躬。允执其中，事事物物皆有中，天理之所存也，惟其心无所倚，则能执其中而不失，此所谓时中也。君之所为安乐者，以民故也。天之视听，自我民视听，若四海困穷，则天禄亦永终矣。圣人之相授，凡以天人之际而已。[①]

张栻认为，君子要做到有德行，要做到真正地守"理"，就要做到无适无莫、不偏不倚，就要"以其德当天心"。

与张栻强调心所具有的本体意义不同的是，来知德论"心"兼顾了形而上与形而下的两个层面，是对具有本体之理的"道心"与感官知觉的"人心"的合而言之。

来知德认为，心作为身之主宰，"其脉络通乎五脏百骸"[②]，心又由形、气、神三者构成，且表现为善恶相杂："心有形，有气，有神。形者心之体也；气者息之呼吸也；神者性也，附于心之仁、义、礼、智、信之理也。"[③]"天所赋我之性，故有善无恶，但理附于形气之中，即有善恶矣。"[④]

他进一步指出，学者能通过不断地格物克己、躬行践履，达到"此心光明"的快乐境界，也就是将"心"从私欲中解脱而升华：

> 千古圣人此心此理而已。如我一念合天理，则就此一念便是尧舜……一事合天理，则就此一事便是尧舜。[⑤]

> 人欲既消，此身虽是血肉之躯，乃一团天理矣。既是一团天理，无一毫人欲之私，则能与天地合其德，日月合其明，四时合

[①]（宋）张栻：《论语解》，杨世文、王蓉贵校点：《张栻全集》，长春：长春出版社1999年，第235页。

[②]（明）来知德：《重刻来瞿唐先生日录》，《续修四库全书》第一一二八册《子部·杂家类》，上海：上海古籍出版社，2003年，第80页。

[③]（明）来知德：《重刻来瞿唐先生日录》，《续修四库全书》第一一二八册《子部·杂家类》，上海：上海古籍出版社，2003年，第80页。

[④]（明）来知德：《重刻来瞿唐先生日录》，《续修四库全书》第一一二八册《子部·杂家类》，上海：上海古籍出版社，2003年，第80页。

[⑤]（明）来知德：《重刻来瞿唐先生日录》，《续修四库全书》第一一二八册《子部·杂家类》，上海：上海古籍出版社，2003年，第136页。

其序，鬼神合其吉凶。随我素富贵贫贱、患难夷狄，只是此一理，即无入而不自得。①

盖义精仁熟则道即我、我即道，从容中道，从心所欲不逾矩。②

盖仰不愧俯不怍，反身而诚，岂不乐？③

是以在上位不陵下，在下位不援上，此心光明如光风霁月，随他万事万物纷纭轇轕在前，吾性所发足以有容，足以有执，足以有敬，足以有别，本诸身徵诸民，考三王俟百世，以功业则博厚配地、高明配天、悠久无疆，一贯之妙在此矣。④

诚然，在来氏看来，世俗的功名利禄皆是过眼云烟，唯有天理才是追求的永恒目标，而来氏也在不断去人欲、证天理的过程中，得到"君子坦荡荡"的超脱：

先辈云："万物静观皆自得。"又云："月到天心处，风来水面时。"此景极有兴趣。识得此趣，便是鸢飞鱼跃活泼泼地。我终日有此趣，便就坦荡荡无入而不自得。所以尘视冠冕，然识此趣岂幸得哉！⑤

张栻继承了胡宏的观点，认为道不离物，道就在日常的人伦日用之中，主张在日常生活中的道德践履。他曾言："今之学者苟能立志尚友，讲论问辩，而于人伦之际审加察焉，敬守力行，勿舍勿夺，则良心可识，而天理自著。"⑥"使其知所思，则必竦然动于中，而其朝夕所接，君臣、父子、兄弟、夫妇、朋友之际，视听言动之间，必有不得而遁者，庶乎

---

① （明）来知德：《重刻来瞿唐先生日录》，《续修四库全书》第一一二八册《子部·杂家类》，上海：上海古籍出版社，2003年，第55页。
② （明）来知德：《重刻来瞿唐先生日录》，《续修四库全书》第一一二八册《子部·杂家类》，上海：上海古籍出版社，2003年，第55页。
③ （明）来知德：《重刻来瞿唐先生日录》，《续修四库全书》第一一二八册《子部·杂家类》，上海：上海古籍出版社，2003年，第115页。
④ （明）来知德：《重刻来瞿唐先生日录》，《续修四库全书》第一一二八册《子部·杂家类》，上海：上海古籍出版社，2003年，第55页。
⑤ （明）来知德：《重刻来瞿唐先生日录》，《续修四库全书》第一一二八册《子部·杂家类》，上海：上海古籍出版社，2003年，第126页。
⑥ （宋）张栻：《南轩集》，杨世文、王蓉贵校点：《张栻全集》，长春：长春出版社1999年，第684页。

可以知入德之门矣。"①

来知德的理学思想,也深受胡宏的影响。来知德则在《大学古本》中,将《大学》中的"三纲领"皆视作人伦之事,将"明德"解释作"五伦":"此五伦在天地间昭如日月,以置立言,置之而塞乎天地;以纵横言,溥之而横乎四海;以悠久言,施之后世而无朝夕。"②来知德还引孔子之语证之:

> 若"明德",则专以五伦躬行心得言之。故孔子曰:"古之欲明明德于天下者,先治其国。"而门人释之曰:"上老老而民兴孝,上长长而民兴弟,上恤孤而民不倍。"释"治国在齐其家"者,亦曰"孝者所以事君也,弟者所以事长也,慈者所以使众也"。盖一家之中,止有父慈、子孝、昆弟之交三者而已,而事君治民即在其中,故"敬止"之中,言此五者。③

基于以上的共识,张栻与来知德都十分注重人性在五伦之中的体现,具体而言,就是要在人伦日用之中践行儒家仁义的道德理想。

在张栻看来,要入孔孟之道,就必须得先求得"仁"与"义","欲游圣门,以何为先,其惟求仁乎!"④

张栻认为,"仁"即爱之理,是人之性于人事之中的外在表现:

> 原人之性,其爱之理乃仁也,知之理乃知也。仁者视万物犹一体,而况人与我同类乎?故仁者必爱人。然则爱人果可以尽仁乎?以爱人为可以尽仁则未可,而其所以爱人者,乃仁之所存也。⑤

以上论述出自张栻对《论语·颜渊》篇"樊迟问仁"一段的诠释,

---

① (宋)张栻:《南轩集》,杨世文、王蓉贵校点:《张栻全集》,长春:长春出版社1999年,第679页。
② (明)来知德:《重刻来瞿唐先生日录》,《续修四库全书》第一一二八册《子部·杂家类》,上海:上海古籍出版社,2003年,第63页。
③ (明)来知德:《重刻来瞿唐先生日录》,《续修四库全书》第一一二八册《子部·杂家类》,上海:上海古籍出版社,2003年,第102页。
④ (宋)张栻:《南轩集》,杨世文、王蓉贵校点:《张栻全集》,长春:长春出版社1999年,第904页。
⑤ (宋)张栻:《论语解》,杨世文、王蓉贵校点:《张栻全集》,长春:长春出版社1999年,第172页。

在这段话中，张栻集中诠释了他的"仁"学观。在他看来，每个人的天性里面，都含有"仁"的一面，仁者爱人，但是单单爱人，并不能够做到"仁"。那么，具体来讲，如何求"仁"？张栻这里强调了对个人私欲的摒弃："夫民所以不肯为仁若是其甚者，其故何哉？私欲蔽之也。能克其私，则其于仁也孰御？"①人不肯为仁的原因，乃是因为私欲作祟，要做到"仁"，就必须克制自我的私欲，并在日常生活中，不断以儒家基本道德伦理准则（礼）约束自己的行为，不断自省、修正自己在日常生活中不符合道德伦理准则的行为。

张栻的这种主张与前文提及来知德"格物欲之物"的功夫论十分接近，总的来看，张、来二者对于行"仁"之法的认识，都是对孔子"克己复礼"思想的继承与发展。

"义利"关系，是儒家哲学中重要的内容。君子要修身正己，就必须处理好这两者的关系。张栻与来知德的理学思想中，都十分强调对"义"的认识。

对于张栻对"义利"关系的认识，以下援引几处《论语解》以作简要分析：

> 有得富贵之道，有得贫贱之道。盖正而获伸者理之常，此以其道而得富贵者也。不正而诎者亦理之常，此以其道而得贫贱者也。然世盖有反是而富贵贫贱者矣，所谓不以其道也。惟君子则审其在己，不为欲恶所迁。故枉道而可得富贵，己则守其义而不处，在己者正矣。不幸而得贫贱，己则安于命而不去，此其所以无入而不自得也。②
>
> 夫义，人之正路也，倚于一偏，则莫能遵于正路矣。惟君子之心无适也，而亦无莫也，其于天下惟义之亲而已。盖天下事事物物皆有义焉，义者存于中而形于外者也。③
>
> 放于利而行者，凡事每求便利于己也。怨由不得其欲而生。

---

① （宋）张栻：《论语解》，杨世文、王蓉贵校点：《张栻全集》，长春：长春出版社1999年，第205页。
② （宋）张栻：《论语解》，杨世文、王蓉贵校点：《张栻全集》，长春：长春出版社1999年，第92页。
③ （宋）张栻：《论语解》，杨世文、王蓉贵校点：《张栻全集》，长春：长春出版社1999年，第94页。

彼虽每求便利，而事亦岂能尽利于己哉？不得其欲，则怨矣。其胸次扰扰，无须臾以宁也。若夫君子正己而已，无所求利，故无不足，而奚怨之萌哉？①

喻，谓通达其趣也。盖君子心存乎天下之公理，小人则求以自便其私而已，其所趣所行，久且熟也，能无喻乎？喻则好笃而不可反矣。此君子小人之分也。②

以上这段话，可以大体概括张栻对"义"的认识。在他看来，君子求"义"，就是要做到公正和适宜，就是要无适无莫、无偏无倚，使自己的行事合乎规范。至于为何要求"义"，张栻认为，人有天生纯善的本性，也有私欲。人的私欲，并非仅仅是为了财物，也并非仅仅是对特定的事物。人在日常生活中，只要涉及具体事物，潜意识里面就一定会有着为自己考虑的因素在里面。然而生活不可能事事顺利，事事不可能都对自己有利，人一旦存着私欲的本性，希望凡事都便利于己，并且对这种本性放任自流，便会陷入"怨由不得其欲而生"的境地，而要摆脱这种境地，便只能通过求"义"来解决。而在张栻看来，公私之分、义利之分，是区分君子和小人的标准；在为人处世中，是心存天下之公理，还是仅求自身之私欲，是区分君子和小人的标志。

至于来知德论"义"，则是将理欲之辨与义利之辨都归为此心的公私之辨。儒家一向认为个人的生死荣辱乃是小节，至于国家民族之存亡兴衰方是大义。在此认识的基础上，来知德进一步提出"事出人情之外，亦不失其令名"之说：

君子行事，苟出于天理之公，而无一毫人欲之私，虽事出于人情之外，亦不失其令名。且如以臣杀君，以夫出妻，兄弟相杀，皆恶人之事也。汤、武、周公、孔子、子思行之而不为过者，以其出于天理之公，而无一毫私意耳。①

---

① （宋）张栻：《论语解》，杨世文、王蓉贵校点：《张栻全集》，长春：长春出版社1999年，第95页。
② （宋）张栻：《论语解》，杨世文、王蓉贵校点：《张栻全集》，长春：长春出版社1999年，第96页。
① （明）来知德：《重刻来瞿唐先生日录》，《续修四库全书》第一一二八册《子部·杂家类》，上海：上海古籍出版社，2003年，第133页。

第三节　张栻与来知德治学思想对比研究

张栻与来知德作为宋、明两代蜀中学人的代表人物，由于成长背景、社会实践、学术发展的不同，分别形成了独具特色的治学思想。

张栻的治学思想主要集中在《论语解》之中，体现了他对于孔子《论语》之中治学思想的继承与发展。来知德的治学思想集中在《来瞿唐先生日录》内篇之中，虽然《日录》内篇的内容并非对孔子《论语》之中相关章句的全面解读阐释，但是其中的《省事录》《省觉录》《孔子谨言工夫》等诸篇章，也都不乏《论语》当中思想的影子。①

纵观张栻与来知德的治学思想，究其源头，皆是对孔子《论语》当中治学思想的继承与发展。由于受到理学思潮的影响，他们的治学思想也体现出宋明时期儒学发展的一些新的特征：二者作为理学家，都十分重视天理人欲之辨，正是在此基础上，他们对于为学的目的以及科举制度本身都有了更加深刻的认识，而植根于心的知行观念则使得他们在学的过程中更加强调道德践履的重要性。由于二者所处时代、人生经历乃至社会身份等方面的差异，故他们关注的治学问题各有侧重，却因此得以相资为用。

本节通过对比分析张栻和来知德二者在为学宗旨、科举制度、读书方法与知行关系等方面的认识，试图一窥从宋代至明代，随着理学思想的演变和发展，蜀中学者治学思想产生的变化。同时，通过对比研究张栻这一蜀学和湖湘学派著名教育家的治学思想，尝试为更全面地理解来知德的治学思想提供新的研究视野和路径。

一、治学目的：人伦教化、立德修身

张栻与来知德都认为治学的根本目的在于修身。但二者各有侧重：张栻主张治学的根本目的在于"明人伦"，来知德强调立志、强调本心对于圣人境界的体悟。这是因为，来知德主要是从个人治学、修身、为人角度谈治学的目的，而张栻作为教育家和地方官，更多将治学放在为教、

---

① 关于来知德治学思想的研究，参见金生杨、陈祎舒：《志承往圣，以开来学——论来知德的治学思想》，《宜宾学院学报》，2015年7月第15卷第7期。

为政的视角下阐述，赋予了治学以"明人伦、行教化"的社会责任和历史使命。

（一）张栻：明人伦，行教化①

张栻认为，人伦道德是"人事之大者"，因此，学之先务在于恪守人伦。

> 贤贤而敬见于色，事父母竭其力之所至，事君不敢有其身，交朋友而言有信：是人也，可谓忠信笃实者矣，虽使其未学，而其所行固学之事也。子夏之意，非谓能如是则不待夫学也，盖以所贵乎学者在此而不在彼，欲使学者务其本也。此章首言贤贤易色，夫能亲贤，则固学之先务也；不曰不学而曰未学，辞盖涵蓄矣。②

这一段出自张栻《论语解》，张栻通过对《论语》"贤贤易色，事父母能竭其力，事君能致其身，与朋友交，言而有信，虽曰未学，吾必谓之学矣"进行诠释，阐述了他的治学思想，也是教育思想的核心：明人伦。

儒家思想以仁为核心，在这种由亲及疏的差等之爱中，父母与子女之间的关系最为亲密，兄弟次之，因此在人伦道德的践行过程中，孝悌就成了行仁之始。张栻继承了孔子的这种思想，将践行孝悌视作为学之始，并进一步在个人的人伦关系序列中推而广之：

> 入孝出弟，谨行信言，泛爱亲仁，皆在己切要之务。行有余力，则以学文，非谓俟行此数事有余力而后学文也，言当以是数者为本，以其余力学文也。若先以学文为心，则非笃实为己者矣。文谓文艺之事。圣人之言贯彻上下，此章虽言为弟为子之职，始学者之事，然充而极之，为圣为贤，盖不外是也。此数言先之以孝弟，盖孝弟人道之所先，必以是为本，推而达之也。③

---

① 关于张栻教育思想的研究，参见杨世文：《张栻教育哲学论略——以明伦教育为核心》，《江苏科技大学学报（社会科学版）》，2018年12月第18卷第4期。
② （宋）张栻：《论语解》，杨世文、王蓉贵校点：《张栻全集》，长春：长春出版社1999年，第70页。
③ （宋）张栻：《论语解》，杨世文、王蓉贵校点：《张栻全集》，长春：长春出版社1999年，第69-70页。

张栻认为，孝悌乃人道之先，乃为人切要之务，因此，伦理道德是最重要的学习内容，学生先在书本上学到"明人伦"，然后在实践上做到事父母竭其力，事君致其身，与朋友交往言而有信，忠信笃实，贤贤易色。这样每个人都以儒家的伦理道德为行为准则来约束和规范自己的日常行为，整个社会才能形成和谐的风气。

> "学则三代共之，皆所以明人伦也"，又曰"谨庠序之教，申之以孝弟之义"。是知学校以明伦为教，而明伦以孝弟为先。盖人道莫大乎亲亲，而孝弟者为仁之本也……躬行是事，默体是心，充而达之，不使私意间于其间。①

在张栻看来，学乃"实生民之大命，而王道之本原也"②。而学的主体不应只是局限于当时精英阶层的儒生群体，更应该面向普通大众，通过上行下效的社会教化的开展，从而实现儒家思想与价值观的全面传播。至于教化的内容，则当以"三代共之"的儒家伦理道德为本。

纵观张栻的仕宦生涯，其中的许多经历都体现了他对社会教化的重视。淳熙元年（1174），张栻知静江府，对当地具体情况进行考察后，他发现广西当地存在许多落后的习俗和迷信思想，如有病宁信巫医而不就医、丧葬铺张浪费、婚姻索取大量财物等。在《谕俗文》中，张栻详细记载了当时存在的一些陋俗和迷信思想："访闻愚民无知，遇有灾病等事，妄听师巫等人邪说"，"访闻婚姻之际、亦复僭度以财相徇"，"访闻愚民无知，病不服药，妄听师巫谣祀诡祷"③。针对这些陋俗迷信，他一方面用法规加以取缔或惩处，另一方面则试图用儒学教育来达到治理的目的。对于巫术，他告诫民众不要遇到事情就妄听巫师的胡言乱语，而应该具备基本的判断能力，对于丧葬铺张浪费的陋俗，他教导民众平日孝顺才是最重要，提倡薄葬。而在婚姻问题上，他坚决反对索取大量财物及铺张浪费。法规和教化双管齐下，使他所辖地区的社会风气和教育

---

① （宋）张栻：《南轩集》，杨世文、王蓉贵校点：《张栻全集》，长春：长春出版社，1999年，第691页。
② （宋）张栻：《南轩集》，杨世文、王蓉贵校点：《张栻全集》，长春：长春出版社1999年，第683页。
③ （宋）张栻：《南轩集》，杨世文、王蓉贵校点：《张栻全集》，长春：长春出版社1999年，第774-775页。

环境都得到了很大的改善。

（二）来知德：重立志，做圣贤

来知德认为学之先在于立志，一生以"做圣贤"作为人生的最高追求。他年少时便立志做圣贤："德生蜀中僻地，少时不揣，妄意圣贤，然无传授且愚劣，虽有此二者，而学圣贤之志未常一刻忘也。"①

在来知德看来，做大丈夫，就要怀抱崇高理想、学做圣贤。他曾言："做大丈夫，把万古看做昼夜，此襟怀就海阔天高，只想做圣贤出世。"②还说："世上要成一个人，要继往圣，开来学，所系匪轻，则朝夕之间，自然如临深渊，如履薄冰，愤以忘食，乐以忘忧，不知老之将至矣。"③可见，"成就圣贤"这一远大志向，对于来知德的治学生涯产生了深远影响。

其实，关于读书治学的根本目的为何，孟子早就给出了答案："学问之道无他，求其放心而已矣！"④恻隐之心、羞恶之心、恭敬之心、是非之心，都是人的本心，只是在后来渐渐被物欲蒙蔽，随时间流逝而迷失，治学的根本目的，就是把迷失的本心找回来，为了"求其放心"，就要学做圣贤。

在来知德看来，治学的最高目标就是在用心体悟的基础上成为君子圣贤。然而要想体悟圣人之道，不能只做纸上文章，只是从书本上探求义理，更重要的是，借助圣人的言语，切身去探究、体会，并且在不断思考中用心体会圣人之言的精妙之处。

他说："不可在一颦一笑、一步一趋上学圣人，只在心上学。若要说如何温而厉，如何威而不猛，如何恭而安，如何申申如也，如何夭夭如也，如此去学圣就差了。"⑤意思是，将圣贤之言在日常生活中活学活用，

---

① （明）来知德：《重刻来瞿唐先生日录》，《续修四库全书》第一一二八册《子部·杂家类》，上海：上海古籍出版社，2003年，第31页。
② （明）来知德：《重刻来瞿唐先生日录》，《续修四库全书》第一一二八册《子部·杂家类》，上海：上海古籍出版社，2003年，第18页。
③ （明）来知德：《重刻来瞿唐先生日录》，《续修四库全书》第一一二八册《子部·杂家类》，上海：上海古籍出版社，2003年，第123页。
④ 出自《孟子·告子上》，见朱熹：《四书章句集注》，北京：中华书局，1983年，第334页。
⑤ （明）来知德：《重刻来瞿唐先生日录》，《续修四库全书》第一一二八册《子部·杂家类》，上海：上海古籍出版社，2003年，第81页。

只有学行并重，才是真正的懂。

在长期治学实践中，他进一步提出要"悟道"。"一醒兼一悟，便是学圣处。"①顿悟的过程，实际上就是将圣人之学不断学习、体会、创新之后，实现量变到质变的过程。他在《格物诸图引》中，提到自己"开悟"的过程时说，自己从最初的"作圣功夫无下手泊岸处"②，到后来研究数年后仍然"如此者数年茫然渺冥，全无入手处"③，到最终在登临太白山之巅后，顿悟格物之法："见此心之所以往来者，非有他也，乃三欲也。盖孔子之三戒，孟子之三好也"④——由此，来知德得出了格物之物"乃物欲之物"的见解⑤。

可见，求圣人之道的过程是艰苦的过程，来知德在提到自己研究易学的过程中提到："远客万县求溪深山之中，沉潜反复，忘寝废食有年，思之又思，鬼神通之，数年而悟伏羲、文王、周公之象，又数年而悟文王《序卦》、孔子《杂卦》，又数年而悟卦变之非"⑥。来知德用自己的亲身经历告诉后学者，要做圣人，要悟道，就必须有一颗沉潜的心。

二、治学态度：摒弃功利，乐学忘忧

宋明时期，科举制度逐渐走向成熟，这种人才选拔机制虽然具有相对的公平性，但也出现了一些弊端，最突出的问题就在于读书人大多以为官入仕作为学习儒家经典的主要目的，从而忽略了道德的培养。针对这一问题，张栻从教育者的角度提出了学者治学不仅是为了功名利禄，教育也不仅是为科举取士而设，教育家要着重培养德才兼备的人才。来知德则详细论述了道德与富贵分别之于人生的意义，通过辩证地看待科

---

① （明）来知德：《重刻来瞿唐先生日录》，《续修四库全书》第一一二八册《子部·杂家类》，上海：上海古籍出版社，2003年，第266页。
② （明）来知德：《重刻来瞿唐先生日录》，《续修四库全书》第一一二八册《子部·杂家类》，上海：上海古籍出版社，2003年，第31页。
③ （明）来知德：《重刻来瞿唐先生日录》，《续修四库全书》第一一二八册《子部·杂家类》，上海：上海古籍出版社，2003年，第31页。
④ （明）来知德：《重刻来瞿唐先生日录》，《续修四库全书》第一一二八册《子部·杂家类》，上海：上海古籍出版社，2003年，第32页。
⑤ （明）来知德：《重刻来瞿唐先生日录》，《续修四库全书》第一一二八册《子部·杂家类》，上海：上海古籍出版社，2003年，第32页。
⑥ （明）来知德：《周易集注》，北京：中华书局，2019年，第16页。

举制度，最终得出了"公卿难到，圣人可学"的认识，并以此建立起立身行道、乐道甘贫的人生态度。

（一）张栻：德才兼备的人才观念

"学则三代共之，皆所以明人伦也"，又曰"谨庠序之教，申之以孝弟之义"。是知学校以明伦为教，而明伦以孝弟为先。盖人道莫大乎亲亲，而孝弟者为仁之本也……躬行是事，默体是心，充而达之，不使私意间于其间。①

盖将使士者讲夫仁义礼智之彝，以明夫君臣、父子、兄弟、夫妇、朋友之伦，以之修身、齐家、治国、平天下，其事盖甚大矣。②

以上两段，出自张栻《南轩集》。在张栻看来，做学问的首要目的是"明人伦"，即明晓儒家纲常伦理道德。教育的主要目的，便是以儒家伦理道德为基础，培养修齐治平的人才。在此观念的基础上，他进一步指出，学子学习不是仅为了科举取士，走上仕途，个人一心执着于功名利禄只会偏离立德为本的初衷，只有德才兼备的君子，方才是对社会真正有用的人才。

张栻曾主教岳麓书院，明确指出岳麓书院的办学方针是"传道济民"：

侯之为是举也，岂特使子群居族谭，但为决科利禄计乎？抑岂使子习为言语文辞之工而已乎？盖欲成就人才，以传道而济斯民也。惟民之生，厥有常性，而不能以自达，故有赖于圣贤者出而开之……仁，人心也，率性立命，知天下而宰万物者也。③

关于这一观点，他在晚年编写《论语解》一书时，进一步补充道：

学所以明善也。不知学，则徒慕其名，而莫知善之所以为善矣。好仁不好学之蔽，如欲力行自守以为仁，而不知学以明

---

① （宋）张栻：《南轩集》，杨世文、王蓉贵校点：《张栻全集》，长春：长春出版社，1999年，第691页。
② （宋）张栻：《南轩集》，杨世文、王蓉贵校点：《张栻全集》，长春：长春出版社1999年，第681页。
③ （宋）张栻：《南轩集》，杨世文、王蓉贵校点：《张栻全集》，长春：长春出版社1999年，第693-694页。

之，则其所行所守，未免于私意，适足以为愚而已。至于好知不好学，则用其聪明，而不知约之所在，故其蔽荡。好信不好学，则守其小谅，而不知义之所存，故其蔽贼。好直不好学，则务径情而不知含蓄，故其蔽绞。绞者，讦而已。好勇不好学，则犯难而不知止，故其蔽乱。好刚不好学，则务胜而不知反，故其蔽狂。是六者，本为达德善行，而不好学，则非所以为德行，而反以自蔽。学如行大道，日辟而通也；不学如守暗室，终室而蔽矣。①

以上所论，明确表达了张栻以教师和学者的双重身份在多年教学实践和治学实践中的总结：教育的根本目的，是使人"明善"。因此，教师在教学实践中，应以培养真正能够安邦济世、传道济民的人才为目标。在课程的设置和传授方面，不应仅以培养文采为主，而应该重视培养学生的道德品行、操行修养和实践精神。而学者在治学之初，就应该建立根本的治学目的和理念，不为异端邪说所蛊惑，遵循儒家学术的基本观念，并在生活实践中躬行践履，成为德行学识俱佳的实学人才。

（二）来知德：圣人可学、乐学忘忧

从来知德一生的治学经历来看，他是一个真正做到"乐学忘忧"的儒者。在现实生活中，有些人虽然学习非常勤奋刻苦，但他们仅仅是把学习当作获取功名利禄的手段，依然离真正的好学、乐学相距甚远。而把学习当作乐趣的人，才是真正的好学之士，也才能从中得到真正的快乐。

来知德曾经批评当世一些学子治学态度不端正，读书不是为了修身养性，齐家、治国、平天下，而是为了谋取利禄、做官发财。他曾言："仲尼到而今，千载道已丧。只因名利关，终日作膨胀。因此自沉溺，堕落深万丈。"②

他认为一些学子，只是为了科举名利而读书，与真正的治学精神相

---

① （宋）张栻：《论语解》，杨世文、王蓉贵校点：《张栻全集》，长春：长春出版社1999年，第217页。
② （明）来知德：《重刻来瞿唐先生日录》，《续修四库全书》第一一二八册《子部·杂家类》，上海：上海古籍出版社，2003年，第270页。

去甚远。他批评说：

> 岂有科举无所为而为乎？白沙先生子入试揭晓，夜有诗云："静观今夜心，四海皆名利。"此言说尽人情，故无所为而为。在今日科举之学说不得，读此段可以观世道。①

他还批评一些学者不仅错误理解治学的根本目的，还没有端正的学风，只是为了富贵功名而读书，因此体会不到治学的真正乐趣。如愿富贵者"入塾之时，师之所教者，富贵也；士之立志者，富贵也；父母之所望者，富贵也；妻子亲戚之所欣慕夸张者，富贵也；也不知心学为何物。及尔登第，果然纡金曳紫，声势赫耀，不惟士之志已遂，而父母、妻子、亲戚之志愿亦遂矣，一旦物故，与草木同其腐朽。"②而不能如愿者"东名不成，西利不就，其间就里，许多劳扰，只在奔波过岁月，所以不知孔颜之乐"③。

在来知德看来，当时的社会风气虽然将治学与利禄联系起来，但学者治学的根本目的，还是为了修身、齐家、治国、平天下。功名富贵只是实现人生目标的一种副产品，做官也只是实现个人价值的一种途径，学者治学，一定要有超越功利心的境界和胸怀，否则就失去了为学的真谛。

对此他曾发表议论：

> 为今之士，若于平时肯讲究如何而中和，如何而天地位、万物育，如何而格、致、诚、正，如何而修、齐、治、平。诵诗读书，做举业以应举，凡一切升沉得丧俱置之不问。及尔登第之后，将平日所讲究学问举而措之，则登第者乃仁义道德之舟车也，何人不可成？何圣贤不可做哉？④

---

① （明）来知德：《重刻来瞿唐先生日录》，《续修四库全书》第一一二八册《子部·杂家类》，上海：上海古籍出版社，2003年，第96-97页。
② （明）来知德：《重刻来瞿唐先生日录》，《续修四库全书》第一一二八册《子部·杂家类》，上海：上海古籍出版社，2003年，第84页。
③ （明）来知德：《重刻来瞿唐先生日录》，《续修四库全书》第一一二八册《子部·杂家类》，上海：上海古籍出版社，2003年，第131页。
④ （明）来知德：《重刻来瞿唐先生日录》，《续修四库全书》第一一二八册《子部·杂家类》，上海：上海古籍出版社，2003年，第83-84页。

并且对当时社会风气——学子中试之后建坊予以批判：

> 以读圣贤之书，中式之人即三代乡举里选之士，汉之得举孝廉者也。中式后为之竖标竖坊以表扬之。今乃若此，是弃天爵而要人爵，舍灵龟而观朵颐，为外物而反丧至宝矣。①

基于这种认知，来知德一生将功名看得很淡，他曾说：

> 事无定体，惟义是适；行无定辙，惟道是崇。故可以仕，亦可以止，仕止之间，存乎修己。子谓子夏不云乎"无为小人，汝为君子"。若为小人，何取青紫？若为君子，出亦可矣，处亦可矣。②

并认为，与其追求富贵荣华，不如追求立身行道：

> 圣贤之与王侯公卿，人非不知圣贤之为贵也，人止知慕王侯公卿富贵而不学圣贤。③
>
> 万个公卿不如一个圣人，然公卿难到，圣人可学。④

由于来知德树立了正确的治学态度，真正以学为乐，因此他的一生乐观积极，为学不以为苦，反以为福。他评价自己是"某数年以来万念已断，惟注《易》一念耳"⑤，"心志在此，福泽亦在此"⑥。

傅时望在《来瞿唐先生日录引》中曾这样评价他："乐道甘贫，拥膝长吟，常自比李白，所著诗中更无一愁字。"⑦他还曾将自己的卧榻命名

---

① （明）来知德：《重刻来瞿唐先生日录》，《续修四库全书》第一一二八册《子部·杂家类》，上海：上海古籍出版社，2003 年，第 35 页。
② （明）来知德：《重刻来瞿唐先生日录》，《续修四库全书》第一一二八册《子部·杂家类》，上海：上海古籍出版社，2003 年，第 186 页。
③ （明）来知德：《重刻来瞿唐先生日录》，《续修四库全书》第一一二八册《子部·杂家类》，上海：上海古籍出版社，2003 年，第 140 页。
④ （明）来知德：《重刻来瞿唐先生日录》，《续修四库全书》第一一二八册《子部·杂家类》，上海：上海古籍出版社，2003 年，第 123 页。
⑤ （明）来知德：《重刻来瞿唐先生日录》，《续修四库全书》第一一二八册《子部·杂家类》，上海：上海古籍出版社，2003 年，第 160 页。
⑥ （明）来知德：《重刻来瞿唐先生日录》，《续修四库全书》第一一二八册《子部·杂家类》，上海：上海古籍出版社，2003 年，第 155 页。
⑦ （明）来知德：《重刻来瞿唐先生日录》，《续修四库全书》第一一二八册《子部·杂家类》，上海：上海古籍出版社，2003 年，第 2 页。

作"九喜榻",并作《九喜榻记》:

> 一喜生中华,二喜丁太平,三喜为儒闻道,四喜父母兄俱寿考,五喜婚嫁早毕,六喜无妾,七喜寿已逾六十花甲之外,八喜赋性简淡宽缓,九喜无恶疾。①

可以说,来知德真正达到了"乐学忘忧"的人生境界。

三、治学方法:读书与躬行

张栻与来知德皆是以立德作为学的最终目的,且都强调了躬行的重要性。具体来看,张栻主张读书过程中须学思并进,道德践履过程中须知行互发。来知德则针对读书,表示"读书要识痛痒",并将读书过程分为三个阶段,强调了其次第性与渐进性,进一步结合道德践履,最终实现变化气质。此外,来知德还关注到环境对于人格塑造的作用,从而提出"习俗易人,贤者不免"的认识。

(一)张栻:学思并进,知行互发

张栻在治学方法上,注重学与思的互动。在他的治学思想体系中,"学""思""行"三者是统一的。他强调学者学习应该"学思并行""知行互发",学而思、思而践、践而悟。

> 学者,学乎其事也,自洒扫应对进退而往,无非学也。然徒学而不能思,则无所发明,罔然而已。思者,研穷其理之所以然也。然徒思而不务学,则无可据之地,危殆不安矣。二者不可不两进也。学而思则德益崇,思而学则业益广,盖其所学乃其思之所形,而其所思即其学之所存也。用功若此,内外进矣。②

以上这段,出自张栻《论语解》对"学而不思则罔,思而不学则殆"的诠释,在张栻看来,学习和思考是相互促进的。学习源于思考,而思

---

① (明)来知德:《重刻来瞿唐先生日录》,《续修四库全书》第一一二八册《子部·杂家类》,上海:上海古籍出版社,2003年,第160页。
② (宋)张栻:《论语解》,杨世文、王蓉贵校点:《张栻全集》,长春:长春出版社1999年,第78页。

考则是为了学习:"学原于思,思固所以为学也。然思至于忘寝与食,而不以学济之,则亦为无益也。学者所习而行之也,习而行之,则其思为益矣。此章非以思为无益也,以思而不学则无益耳。圣人固不为无益之思也,即己而言所以教也。"①

张栻认为,学者在求知的同时要躬行,离行谈知或者离知谈行,都是"失其旨"的行为。这是因为,学者在进行事物的认知过程中,应当将实践始终贯穿其中,亲身践履,才能在理论和实际的结合中得到真知灼见,进而明晓真正的道之所在。而且,只有将言语和实践结合起来,言之所发乃力之所至,说到做到,言行一致,才能真正践行知行理念。

> 学贵于时习……言学者之于义理,当时绅绎其端绪而涵泳之也……有朋自远方来,则己之善得以及人,而人之善有以资己,讲习相滋,其乐孰尚焉!②

> 温故,存其所已能者也。知新,进其所未及者也。此虽两义,而实相通。惟能温故,是以知新也。③

以上两段,是张栻在《论语解》中,对"知"和"行"关系的阐发。他认为:学者在实践活动中,要根据已有的知识指导实践,伴随着不断实践,学者对于指导实践的知识的认识也会在发展的过程中得到不断的巩固、深化与提高,并从中获得到新的知识或新的理念。然后,再用这种经过实践检验的知识去指导实践的继续——正是在这个不断循环往复的过程中,能够达到使知识和实践两者相互促进、相互提高的目的。

张栻进一步提出,要达到"学思并行""知行互发"的双重目的,在实际操作中,就要将学、思、行三者融会贯通。具体来说,包括以下四个方面。

首先便是要好学:"夫子盖生而知之者,而未尝居焉,使人知圣由学

---

① (宋)张栻:《论语解》,杨世文、王蓉贵校点:《张栻全集》,长春:长春出版社1999年,第204页。
② (宋)张栻:《论语解》,杨世文、王蓉贵校点:《张栻全集》,长春:长春出版社1999年,第68页。
③ (宋)张栻:《论语解》,杨世文、王蓉贵校点:《张栻全集》,长春:长春出版社1999年,第77页。

而可至也。然生而好学，则是其所为生知者固亦莫掩矣。"①世界上即便有人天生被赋予成为圣人的潜质，却空有其天资而不学习，就会浪费这种资质，沦为普通的乡人，而普通的乡人若是通过学习，也有可能成为圣人。

其次，便是要端正学习态度，承认自己在知识上的缺失，充分认识到学习的目的和意义，假如抱有"强以不知为知"的学习态度，便会造成"终身不知而已"的后果。在具体的学习过程中，一定要对学习充满热情和探索精神，有专研深挖的精神，要"举一反三""切问近思"：

> 学贵于思，思而后有得。愤悱者，思虑积久，郁而未畅，诚意恳切，形于外也。愤则见于颜色，悱则见于辞气。于是而启其端，发其蔽，则庶几其听之之专，而感之之深也。然告之亦举一隅耳，必待其以三隅反而后复之，此古之教者所以为从容而使人继其志之道也。若不以三隅反，则是未能因吾言而推类，苟遽以复之，则于彼亦无力矣。②

再次，要懂得循序渐进的道理。任何知识的获得，都必须遵循"由近以及远，自粗以至精"的过程，任何学习的过程，都要遵循博学、审问、慎思、明辨、笃行这一循序渐进的阶段，通过多见多闻、学思结合、审慎质疑、明确分辨得出认识，然后再投入到实践中去学以致用，若想走捷径而一蹴即至，只会自欺自误：

> 博学笃志，切问近思，不可便以此为仁，而仁不外是也。惟从事于此而不计其获，则循序而有至，盖不可以欲速而臆度也。圣门论仁，大抵如此。③

> 如适千里者，虽步步踏实，亦须循次而进。今欲阔步一蹴而至，有是理哉？自欺自误而已。④

---

① （宋）张栻：《论语解》，杨世文、王蓉贵校点：《张栻全集》，长春：长春出版社1999年，第122页。
② （宋）张栻：《论语解》，杨世文、王蓉贵校点：《张栻全集》，长春：长春出版社1999年，第119页。
③ （宋）张栻：《论语解》，杨世文、王蓉贵校点：《张栻全集》，长春：长春出版社1999年，第229页。
④ （宋）张栻：《南轩集》，杨世文、王蓉贵校点：《张栻全集》，长春：长春出版社1999年，第1001页。

最后，便是要做到"致知"和"力行"。张栻认为，易于言而行不践，非君子所为。儒者们在日常行为中，不仅要做到有知识善言语，更重要的是要做到言行一致，言之所发是其力行所至，即"知行并发"：

> 君子主于行，而非以言为先也。故其言之所发，乃其力行所至，言随之也。夫主于行而后言者为君子，则夫易于言而行不践者是小人之归矣。子贡非不能践言者，然未免于多言。夫子恐其有时而或以言为主，而行有未精也，是以深警焉。夫未之能践而言，与夫力行所至而言者，其意味有间矣，学者宜深察之。①

做到以上四点后，就可以真正做到"学思并进""知行互发"了。张栻将学习和思考视作本来就是一体的过程。学习源于思考，而思考则是为了学习，但不论是学习还是思考，它们都要与"行"结合起来。人们在学习中，要自觉将学习到的理论运用到"行"中去，并在其中丰富学习的理论和内容，不将学习、思考和"行"结合起来，对学习是无益的。

（二）来知德：识痛痒、分次第、讲环境

"读书要识痛痒"是来知德关于读书的重要认识。他曾言：

> 从来圣人不曾教人不读书，但读书要识痛痒，如读"学而时习之，不亦悦乎"，便思学是学何事，习是习何事，悦是悦何事，都将身心体贴出来，便不枉读书了。若不能领悟，读五车三十乘也是闲。②

"识痛痒"，就是在读书时，需要字字精读、仔细咀嚼、深入思考，力求体会字里行间的义理和智慧。他认为，与其泛泛读个"五车三十乘"，不如贵精不贵多，与其贪多嚼不烂，不如熟读深思、仔细推敲、由约而博、一通百通：

---

① （宋）张栻：《论语解》，杨世文、王蓉贵校点：《张栻全集》，长春：长春出版社1999年，第78页。
② （明）来知德：《重刻来瞿唐先生日录》，《续修四库全书》第一一二八册《子部·杂家类》，上海：上海古籍出版社，2003年，第119页。

> 天下无有读书成心病者，但读书要识痛痒，归在我一路来，博学详说，将以反说约的，如此读书不枉读书矣。①

在数十年的研究生涯中，来知德虽隐居深山，但仍从自身的学术研究中，强调治学必须要将圣人之学在实际生活中实践。他反对离开眼前实事，只是凭空谈论性命之学，认为"穷理不难，但既穷其理矣，以理而见之躬行为难。"②在"知"与"行"两个方面，来知德更加注重"行"的重要性，认为"天下之学无有不行而可以言学者"③。因为任何学问离开眼前实事便只是空谈，为此，他还对当时一些学者提出了批评："学者若不能慎独克己，躬行实践，乃去终日讲学，讲之何益。"④

学习是一个不断实践的过程，为学功夫也是一个不断发展的过程。来知德认为，学习的过程，要包括三个不同的发展阶段，他说：

> 大抵为学有个初头功夫，有个中间功夫，有个收拾功夫。⑤

所谓"初头功夫"，就是为学认识的开始，即认识到"从圣人之学"⑥的必要性，知道为何要学。"中间功夫"，则是具体的学习过程，即"既有所感发兴起，则必博学、审问、慎思、明辨、笃行，发愤忘食，好古敏求，斯有所执持，立于礼是也"⑦。"收拾功夫"，则是把学习的内容深刻掌握，并将所学到的知识运用到实践中去的过程，即"执持既久，义精仁熟，习惯自然"⑧。

---

① （明）来知德：《重刻来瞿唐先生日录》，《续修四库全书》第一一二八册《子部·杂家类》，上海：上海古籍出版社，2003年，第67页。
② （明）来知德：《重刻来瞿唐先生日录》，《续修四库全书》第一一二八册《子部·杂家类》，上海：上海古籍出版社，2003年，第122页。
③ （明）来知德：《重刻来瞿唐先生日录》，《续修四库全书》第一一二八册《子部·杂家类》，上海：上海古籍出版社，2003年，第74页。
④ （明）来知德：《重刻来瞿唐先生日录》，《续修四库全书》第一一二八册《子部·杂家类》，上海：上海古籍出版社，2003年，第79页。
⑤ （明）来知德：《重刻来瞿唐先生日录》，《续修四库全书》第一一二八册《子部·杂家类》，上海：上海古籍出版社，2003年，第56页。
⑥ （明）来知德：《重刻来瞿唐先生日录》，《续修四库全书》第一一二八册《子部·杂家类》，上海：上海古籍出版社，2003年，第56页。
⑦ （明）来知德：《重刻来瞿唐先生日录》，《续修四库全书》第一一二八册《子部·杂家类》，上海：上海古籍出版社，2003年，第56页。
⑧ （明）来知德：《重刻来瞿唐先生日录》，《续修四库全书》第一一二八册《子部·杂家类》，上海：上海古籍出版社，2003年，第56页。

来知德不仅强调治学必须遵循一定的方法，而且指出治学必须持之以恒，治学不仅是一个循序渐进的过程，还是一个磨炼意志的过程。他在《买月亭张成夫临别索言》中曾指出："为学如烧窑，切不可助长火候，功夫到，烟自生清亮。"①

他承认，不同的人由于禀赋不同，存在个人主观能动性的差异。人"有生而知之，有学而知之，有困而知之"②。对应此三者，不同的人，按照实践能力的差异，又分为"有安而行之，有利而行之，有勉强而行之"③。他还进一步认识到，在治学过程中，学者身边的客观环境也会对一个人的品德素养、学识见识起到深刻影响。因此，他十分注重良好的学习环境对个人成才的影响。他在《入圣功夫字义》中详细论述了环境对人发展产生的影响：

> 常见人之居山者则说狩猎之话，居泽者则说舟楫之话，居市井者则说贸易之话，居儒林者则说翰墨之话，居京师者则说百官宗庙之话，居边徼者则说虏掠战斗之话，近僧人则说后世，近道流则说金丹。头之所戴，足之所履，耳之所闻，目之所见，良弓为箕，良冶为裘，近朱则赤，近墨则黑。故习俗移人，贤者不免，故孟母三迁。④

同时，来知德还强调治学中良师益友的影响，与朋友交往注重精神和志趣上的共鸣："乐多贤友，即有朋自远方来，得天下英才而教育之乐也，皆非涉于形气之私之乐也。"⑤他曾立下《快活庵四禁》："不枉见有司，不入县城西门，不释麻衣，不自奉杀生。"⑥

在来知德看来，相比于获取外在的功名富贵，读书治学的根本目

---

① （明）来知德：《重刻来瞿唐先生日录》，《续修四库全书》第一一二八册《子部·杂家类》，上海：上海古籍出版社，2003年，第270页。
② （明）来知德：《重刻来瞿唐先生日录》，《续修四库全书》第一一二八册《子部·杂家类》，上海：上海古籍出版社，2003年，第56页。
③ （明）来知德：《重刻来瞿唐先生日录》，《续修四库全书》第一一二八册《子部·杂家类》，上海：上海古籍出版社，2003年，第56页。
④ （明）来知德：《重刻来瞿唐先生日录》，《续修四库全书》第一一二八册《子部·杂家类》，上海：上海古籍出版社，2003年，第129页。
⑤ （明）来知德：《重刻来瞿唐先生日录》，《续修四库全书》第一一二八册《子部·杂家类》，上海：上海古籍出版社，2003年，第77页。
⑥ （明）来知德：《重刻来瞿唐先生日录》，《续修四库全书》第一一二八册《子部·杂家类》，上海：上海古籍出版社，2003年，第240页。

在于修身成圣，治学的态度必须端正积极，治学方法要懂得循序渐进、知与行相互促进，不断在这一过程中完善人格、涵养气质，他认为"学者惟变化气质最难，圣人教许多门人都是因病而药，变化气质。"①治学应该伴随学者的一生，所谓"义理无穷，读书到老，不晓得老"②。

第四节　宋明理学经典诠释的风格与永恒魅力

通过本章前几节对张栻和来知德思想进行对比分析，可以看到，张栻《论语解》对《论语》的诠释，不仅是对《论语》进行文字训诂和文本解读的过程，也是张栻通过解读经典实现自我理论体系的完善，完成自我生命的感悟与对圣贤之心的领悟过程。同样，来知德的《来瞿唐先生日录》中，《太极图》《孔子谨言功夫四十条》《理学辨疑》《心学晦明解》等内容不仅是对相关儒家经典的解读，也是来氏体悟圣人之道，实现"公卿难到，圣人可学"③这一人生理想的过程。后世给予来知德的经典诠释极高评价，认为其"易象错综之注，殆阐四圣未发之蕴；《大学》格物之解，将断千年不决之根。勤勤恳恳，探性命于精微，辨疑似于毫芒，则又朱程之著述也。羽翼圣经，师表后学，功孰有大于是者"④，甚至认为他应凭此贡献从祀孔庙（详见本书第五章）。

诠释学，是一门关于理解和解释的学问，"诠释"通过文本和经典来实现。近年来，随着中西文化交流在广度和深度方面的不断扩展，西方这一文本解释的理论也被广大学人应用到对中国儒家经典的诠释过程中去，在他们看来，中国儒家经典诠释学，具有自己独特的个性，也与西方诠释学有相通之处。

在中国学术发展史上，经典一词，主要是指儒家经典，而所谓的中

---

① （明）来知德：《重刻来瞿唐先生日录》，《续修四库全书》第一一二八册《子部·杂家类》，上海：上海古籍出版社，2003年，第119页。
② （明）来知德：《重刻来瞿唐先生日录》，《续修四库全书》第一一二八册《子部·杂家类》，上海：上海古籍出版社，2003年，第133页。
③ （明）来知德：《重刻来瞿唐先生日录》，《续修四库全书》第一一二八册《子部·杂家类》，上海：上海古籍出版社，2003年，第123页。
④ （明）戴诰、古之贤等：《太史来瞿唐先生年谱》，《北京图书馆藏珍本年谱丛刊》第50册，北京：北京图书馆出版社，1999年，第183-187页。

国经典诠释学这一概念，主要指的也是中国儒家经典诠释学。中国儒家经典诠释学在某些方面，可与西方的经典诠释学理论互通——重要的是，儒家经典的诠释，不仅是用来表达解经者的心路历程，也是一种对自我生命的感悟与对圣贤生命的领悟过程，这些，都在张栻和来知德的著作中得到了体现。

中国的经典诠释，有着浓厚的历史基础和良好的现实人文环境，近年来，不少学者，如汤一介、成中英、洪汉鼎、傅伟勋、黄俊杰、景海峰等，都纷纷提出要进行"中国经典诠释学"理论建构的思想。随着时代的发展，中国的传统学术研究，特别是经学研究，慢慢从社会学术的主体地位淡出了普通人的视野，而大众在进行哲学研究时，往往也会选择以西方的哲学理论为基础来研究和讨论问题，这一切都对中国传统学术的发展发起了挑战，在进行传统的经学研究时，适当地运用西方哲学的某些观点来进行新的研究和讨论，未必不是将中国传统学术的研究纳入现代化学术的体系，赋予传统以新的意义和光彩的一种值得努力的探索。

关于这一点，蔡方鹿指出："宋明理学经典诠释思想研究应吸取和借鉴西方哲学诠释学和学术界相关研究成果，通过中西哲学比较，对宋明理学的经典诠释思想及其特征展开进一步的系统深入的探讨。"①

本节尝试从"诠释学"理论出发，将西方诠释学与宋明理学的经典诠释思想展开比较，讨论宋明理学的经典诠释思想的风格，以期为更全面地理解来知德思想提供思路。并以此对本章内容作一总结。

一、宋明理学经典诠释的风格：以张栻《论语解》为例

本书前文提到，张栻在对《论语》进行诠释的过程中，充分吸收二程学派的成果，这不仅表现在直接引述、间接引述二程的言论，也表现在本于二程之说而阐发己见。而有的时候，张栻本人创造性的诠释和个人理学概念的融合，往往多有精辟之论。

张栻阐发己见的过程，有一个突出的特点，也是张栻《论语解》整个诠释过程中所表现出来的一个突出特点，即将侧重点放在对原文的义

---

① 参见蔡方鹿：《宋明理学之经典诠释思想刍议——兼论与西方诠释学的异同》，《中国社会科学院研究生院学报》，2011年第1期。

理阐发,而不是名物训诂上,有时候甚至根本不对字词进行训诂,而直接进行义理的阐发,即注重"涵泳工夫"。

在对《里仁》"朝闻道,夕死可矣"一章进行诠释时,张栻认为:

> 人为万物之灵,其虚明知觉之心,可以通夫天地之理,故惟人可以闻道。人而闻道,则是不虚为人也,故曰"夕死可矣"。然而所谓闻道者,实然之理,自得于心也,非涵养体察之功精深切至,则焉能然?盖异乎异端惊怪恍惚之论矣。①

在这里,张栻在基于自身对"理""心"等本体基本概念的理解上,提出人作为万物之灵,在进行自我修养使涵养体察功夫达到一定的深度后,可以通晓天地之"理",进而可以闻道。这一段解释顺畅明白,义理圆通,将自身理学体系中的认识论、工夫论表达得淋漓尽致。

又如,关于《雍也》"子曰:觚不觚,觚哉!觚哉!"一章。
程子解为:

> 觚而失其形制,则非觚也。举一器而天下之物莫不皆然。故君而失其君之道,则为不君;臣而失其臣之职,则为虚位。②

朱熹《集注》解为:

> 觚,棱也;或曰酒器,或曰木简,皆器之有棱者也。不觚者,盖当时失其制而不为棱也。觚哉觚哉,言不得为觚也。③

而张栻则解为:

> 觚而失所以为觚之制,其得谓之觚乎?故有是物必有是则,苟失其则,实已非矣,其得谓是名哉?故凡言君不君、臣不臣、父不父、子不子,皆以失其则故也。至于人生于天地之中,其所以名为人者,以天之降衷,善无不备也。失其所以为人之道,则

---

① (宋)张栻:《论语解》,杨世文、王蓉贵校点:《张栻全集》,长春:长春出版社 1999 年,第 94 页。
② (宋)朱熹:《四书章句集注》,北京:中华书局,1983 年,第 90 页。
③ (宋)朱熹:《四书章句集注》,北京:中华书局,1983 年,第 90 页。

> 虽名为人也，而实何如哉？圣人重叹于觚，意盖深远矣。①

可见，在张栻看来，圣人重叹于觚的意蕴，不仅是希望以"正名"的方式来强调君君臣臣父父子子的儒家道德伦常，来使名正而言顺、事成礼乐兴，更是对人失"人之道"的叹息：人天生具有天赐的"善"的本性，若是失去这种本性，"则虽名为人也，而实何如哉"！

张栻的这一大段诠释，看似通晓顺畅，逻辑严密，然仔细看来，似乎更多的是在借助圣人之言来抒发个人的政治思想和道德理念。在张栻这种诠释风格的背后，是张栻对解经方法论的理解。在他看来，读经典，不应该只重视文字训诂或言语辞藻，而应该通过对经文的深入思考和体悟，通过反复地求索和考量，把握经典在文本的表象下隐藏的精神内涵。他说：

> 大抵读经书须平心易气，涵泳其间，若意思稍过，当亦自失却正理。要切处乃在持敬，若专一，工夫积累多，自然体察有力。只靠言语上苦思，未是也。事亲之心，至亲至切，古人谓起敬起孝，"起"字更须深体而用力焉②。

在这里，他提出，读书时仅通过言语上的苦思和对言语的辨别分析，即通过对文字的训诂和对语句的常规解释，不可能达到真正理解经文的目的，要真正做到体悟经典，就必须要做到持敬专一、"涵泳其间"，通过深入体察和生活实践去把握圣人言语内在的精神内蕴。

在写作《论语解》的过程中，张栻非常重视朱熹的意见，他曾多次将书稿寄给朱熹，说自己"《论语》日夕玩味，觉得消磨病痛，变移气质，须是潜心此书，久久愈见其味。旧说多所改正，它日首以求教。向来下十章《癸巳解》望便中疏其缪见示。"③，希望得到朱熹的批评和意见。朱熹对张栻的诠释多有赞扬，但也有许多批评，特别是对于张栻的这种追求"涵泳工夫"的诠释风格，朱熹曾不止一次地提出过严厉的批评。

---

① （宋）张栻：《论语解》，杨世文、王蓉贵校点：《张栻全集》，长春：长春出版社1999年，第114页。
② （宋）张栻：《南轩集》，杨世文、王蓉贵校点：《张栻全集》，长春：长春出版社1999年，第821页。
③ （宋）张栻：《南轩集》，杨世文、王蓉贵校点：《张栻全集》，长春：长春出版社1999年，第871页。

针对张栻之《论语解》的诠释喜作"涵泳工夫"的特点,朱熹认为他"尽黜其言而直伸己见,则愚恐其自信太重,视圣贤太轻,立说太高,而卒归于无实也"①。在朱熹看来,求得义理的基础是首先对文字进行真正的理解,因此对文字的训诂和制度的考量是进行经典诠释的基础,"学者之于经,未有不得其辞而能通其意者"②,朱熹对于拘囿文字训诂的汉唐经学抱有批判的态度,但同时也肯定名物训诂对于解经的重要性,他说:

  汉、魏诸儒正音读、通训诂、考制度、辨名物,其功博矣。学者苟不先涉其流,则亦何以用力于此?③

在朱熹看来,学者在进行诠释经典的过程中,只有先对音读训诂、名物制度有所研究,才能够进入到解读经典、阐发义理的步骤中去,这是一个循序渐进的过程,并不能够直接跳过第一步而进入第二步。

在"涵泳"的基础上,张栻进一步强调,诠释经典要做到"玩味":

  且当熟读《论语》,玩味圣人所以教人与孔门弟子学乎圣人者,则自可见。④

什么是"玩味"?"玩味"就是要通过对经文的反复考量,来把握经文的精神实质,从而领会圣人在文本中所想要表达的真正的意思,即所谓的"圣人之心"。

平心而论,张栻的这种解经方法并无实质上的问题,但在实际运用中,却往往会导致过分突出诠释者主体的作用,导致诠释者"自信太重","立说太高",甚至导致对经典原文"尽黜其言而直伸己见",对经典的诠释离开了经典,诠释成了一种诠释者自我的体认和自我的证悟,即追求

---

① (宋)朱熹:《与张敬夫论癸巳论语说》,《晦庵先生朱文公文集》卷三十一,朱杰人等主编:《朱子全书》第 21 册,上海:上海古籍出版社、合肥:安徽教育出版社,2002 年,第 1375 页。
② (宋)朱熹:《书中庸后》,《晦庵先生朱文公文集》卷八十一,朱杰人等主编:《朱子全书》第 24 册,上海:上海古籍出版社、合肥:安徽教育出版社,2002 年,第 3831 页。
③ (宋)朱熹:《语孟集义序》,《晦庵先生朱文公文集》卷七十五,朱杰人等主编:《朱子全书》第 24 册,上海:上海古籍出版社、合肥:安徽教育出版社,2002 年,第 3631 页。
④ (宋)张栻:《南轩集》,杨世文、王蓉贵校点:《张栻全集》,长春:长春出版社 1999 年,第 909 页。

存养本心、发明本心的过程。

张栻进行经典诠释的这一特点，得到了朱熹的批评。朱熹认为张栻《论语解》诠释的弊病，主要在于"求深""求高"两个方面，即有时因喜欢发明言外之意，而失去了原文的本意：

> 大率此解多务发明言外之意，而不知其反戾于本文之指，为病亦不细也。①

在他看来，张栻的《论语解》的诠释主要存在以下问题：

一、喜欢发明言外之意，原文没有的意思却非要进行阐发，而失去了原文的指要。

二、不喜欢做文字训诂考据，在不做文字考据的基础上，乱发议论。

针对以上问题，他劝导张栻，原文没有的意思，不要随意发挥，"本文未有此意，恐不须过说。或必欲言之，则别为一节而设问以起之可也"②，如果进行没有出处的随意阐发，便会失去圣贤之本心。

同时，朱熹批评张栻在《论语》的诠释过程中过分"求高"，如此难免会导致空而无实，甚至走上虚谈的歧途，比如，他评论张栻的诠释立言太高"今为此说，是又欲高于圣人，而不知其言之过、心之病也"③，说他"用力至浅而责效过深，正恐未免于浮躁浅迫之病，非圣贤之本指也"④。

以张栻作为湖湘学派的领袖之一所具有的巨大影响力，他的这种解经的风格，的确可能会在学风上给学坛带来流弊。朱熹对张栻的这些直言规劝，虽不乏诚恳之言，却难免显得有些过分严厉。朱熹批评的这些缺点，

---

① （宋）朱熹：《与张敬夫论癸巳论语说》，《晦庵先生朱文公文集》卷三十一，朱杰人等主编：《朱子全书》第21册，上海：上海古籍出版社、合肥：安徽教育出版社，2002年，第1367页。
② （宋）朱熹：《与张敬夫论癸巳论语说》，《晦庵先生朱文公文集》卷三十一，朱杰人等主编：《朱子全书》第21册，上海：上海古籍出版社、合肥：安徽教育出版社，2002年，第1361页。
③ （宋）朱熹：《与张敬夫论癸巳论语说》，《晦庵先生朱文公文集》卷三十一，朱杰人等主编：《朱子全书》第21册，上海：上海古籍出版社、合肥：安徽教育出版社，2002年，第1370页。
④ （宋）朱熹：《与张敬夫论癸巳论语说》，《晦庵先生朱文公文集》卷三十一，朱杰人等主编：《朱子全书》第21册，上海：上海古籍出版社、合肥：安徽教育出版社，2002年，第1371页。

并非张栻一人所独有,张栻《论语解》的诠释风格,其实是宋明理学解经的特色之一,也深切反映了中国古代儒家经典诠释学的某种特色。

二、经典诠释学与宋明理学永恒的魅力

诠释学,又称为解释学(Hermeneutics),是西方哲学体系中关于文本解释的理论。广义上指对文本之意义的理解和解释的理论或哲学,涉及哲学、语言学、文学、文献学、历史学、宗教、艺术、神话学、人类学、文化学、社会学、法学等多门学科,反映出当代人文科学研究领域各门学科之间相互交流、渗透和融合的趋势,它既是一种新的研究方法,又是一种哲学思潮。

在诠释学的理论里,诠释者解释文本的过程,是主观和客观的统一。一方面,诠释者需要站在文本原作者的立场上,以文本原本为基础,客观把握原文的准确含义和作者的真实意图;另一方面,诠释者的诠释过程,不可避免地具有主观性。这不仅是由诠释者所处的具体的历史情境所决定,也由诠释者在进行诠释时的具体情境所决定,诠释者在进行诠释的过程,其实是诠释者进入到诠释文本的作者本身的生命的过程,诠释者在诠释的过程中,领悟和感受了作者的主观精神世界。

西方诠释学(解释学)有着漫长的发展历程。根据景海峰对西方诠释学的发展历史和现状的梳理,按帕尔默(R. Palmer)的划分,西方诠释学的发展至少经历了六个阶段:"一是作为《圣经》注释的理论。从 1654 年丹恩豪威尔(J. Dannhauer)第一次使用诠释学作为书名起,它就表示一种正确解释《圣经》的技术,而主要用于神学方面。二是作为一般文献学方法论。伴随着理性主义的发展,18 世纪古典语文学(philology)的出现对《圣经》诠释学产生了深远的影响,神学方法和世俗理论在文本的解释技巧方面趋向一致。三是作为一切语言理解的科学。这是从施赖尔马赫(F. Schleiermacher)开始的,他把诠释学第一次界定为'对理解本身的研究'……四是作为精神科学(人文学)的方法论基础。狄尔泰(W. Dilthey)把'历史的意识'和科学的求真从理论上加以调和,试图在一切人文事件相对性的后面找到一种稳固基础,提出符合生命多面性的所谓世界观的类型学说。五是作为'此在'和存在理解的现象学。

海德格尔（M. Heidegger）引入了'前理解'的概念，将'理解'和'诠释'视为人类存在的基本方式，'诠释学于是立刻就与理解的本体论方面联系起来'。伽达默尔（H. -G. Gadamer）进一步把'理解'的本体内涵发展成为系统的'哲学诠释学'，使诠释学成为今日哲学的核心。六是作为既恢复意义又破坏偶像的诠释系统。利科尔（P. Ricoeur）接受了神话和符号中诠释学的挑战，并反思地将语言、符号和神话背后的实体主题化，既包容后现代哲学怀疑的合理性，又试图在语言层面重新恢复诠释的信仰。"①

景海峰进一步揭示："这六个阶段差不多容括了西方走出中世纪之后三百多年历史的全部思想进程，具有复杂的时代背景和十分丰富的内涵，如果非常具体地将这些阶段和内容一一对应起来进行引鉴和吸纳，那将是一件十分困难的事情。"②诚然，西方诠释学思想有其产生发展复杂的时代背景和内在逻辑，要借用西方诠释学的理论，不可简单移植或借用，笼而统之画等号，但西方解释学的内涵分析或从问题入手所做的理解，在一定程度上是具有普遍性的，至少是会对我们的经典诠释工作起到启发的作用。③据此，本文尝试将西方诠释学与宋明理学的经典诠释思想展开比较，以期为更全面地理解宋明理学的经典诠释特点提供思路。

在人类文明的发展中，经典诠释的活动是一种只有在高度发达的文明中才会出现的产物。人猿相揖别后，原始人类便开始使用多种方式进行最初的交流，继结绳记事、图画语言、手势语言、符号语言之后，文字被创造出来，并被使用到日用的记事和交际中去。可以说，文字的产生，从一开始就代表着人类的一个基本的愿望：保存记忆。随着人类社会的发展和演变，人类开始有能力将这些记忆记录在合适的书写材料上，并最终根据实际情况将某些记录下来的文字进行整理和保存，这些最终被记录下来的文字遗产，代表着往昔人类活动的记忆和智慧的积累，它们就是"经典"的起源。

按照西方哲学的划分，人类文化史上的"经典"，在一般意义上，可

---

① 景海峰：《中国哲学的诠释学境遇及其维度》，《天津社会科学》，2001年第6期。
② 景海峰：《中国哲学的诠释学境遇及其维度》，《天津社会科学》，2001年第6期。
③ 参见景海峰：《中国经典诠释学建构的三个维度》，《天津社会科学》2017年第1期。

以划分成两大类别：宗教经典（Bible 或 Holy Bible）、古典经典（Classics）。而在中国文化史上，所谓的经典，一般指的是包括"四书五经"等在内的儒家文化经典。

儒家进行各种学术活动的基础，是"六经"，即《诗》《书》《礼》《乐》《易》《春秋》这六种文本，它们也就是中国学术史中最早意义上的经典。春秋时期，孔子本着"述而不作，信而好古"的原则，对"六经"进行了整理，孔子整理六经的过程，不仅是对六经文本进行统一和定型的过程，而且是赋予它们"经典"意义的过程。

在早期的儒家观念中，只有"圣人"才有资格进行创作，为各种文字制定规范和准则，所谓"圣作则"，"作者之谓圣"。圣人的作品，便是垂训后世的典范，便是"经"，这些"经"经过整理，以图册的形式保存下来，便是"典"。与"经"相对应的，便是"述"，即孔子所谓的"述而不作"，意思是：只有圣人才是真正有资格进行创作的人，我所做的工作，不过是将圣人的观点进行整理、阐述、传承而已。后世学人所谓的"传""解""说""序""记"等作品，便是"述"这一意义在具体表现形式上的引申，它们都仅是阐述"圣人之言"，是在经典的基础上进行诠释发挥的行为。

在西方诠释学的理念里，人类通过语言，可以完成对自我和社会的认知，同时也可以完成对他人经验和情绪的认知。人类的历史，就现今人们所理解的而言，即"被叙述的时间"——所谓被叙述的时间，就是人类通过语言和文字，用记叙或描述的手段，来复原所经历过的历史的过程。人类在这一过程中，追忆和了解自己和他人所经历过的历史，而这种追忆和了解，通过文本化、图像化等的处理，能够变得形象生动立体起来，从而使作为不同个体主体的人们能够通过语言来进行互相的思想情感方面的交流和理解。

在黑格尔看来，"理念作为主观的和客观的理念的统一，就是理念的概念"①。理念是主观和客观的统一，是理论和实践的统一，也是生命的理念与认识的理念的统一。真正的哲学的识见在于在实践中去发展，人的识见不仅仅是有限的认识，也是一种生命的映射。诚然，语言与文本

---

① （德）黑格尔著，贺麟译：《小逻辑》，上海：上海人民出版社，2009年，第381页。

作为一种思想（理念）的载体，绝对不是空有其形，而是昭示着作者对人生和生活的直接体验和真实领悟，蕴含着作者对人生甘苦滋味的自我体悟。同时，也应当看到，诠释者在对文本进行解读和诠释的过程，实际上也是一种将自己投入作者所处的情境与心境当中去的心灵体验。

根据黄俊杰的总结，中国古代的经典诠释主要可归纳为三种类型：一、诠释以表述解经者的心路历程。儒者们通过注经、解经这一形式，表达对圣贤的仰慕，表达对追求"圣人之心"的期望。二、诠释以寄寓经世济民的理想。儒者们通过对经典的诠释，来表达他们对于经邦济世的政治追求。三、诠释以护教。历代的儒家学者们进行经典诠释的过程，不仅是一种对自我生命的领悟过程，而且也是一种领悟圣贤之心，维护圣贤之心的活动。①

诚然，任何诠释者进行文本诠释的历程，都不可避免地带上个人生活和时代的印记，中国学术史上众多经学家诠释经典的过程，其实也是一种以为经典为依托，以解经为手段，来宣传自己的学术思想、政治思想的过程。前文中提到，张栻在《论语解》的诠释中，以经典为指归，以圣人之言为出发点来建言立说，也是希望借此表明自己的理学思想和政治思想是言之有据、持之有故的。来知德的《来瞿唐先生日录》中，对经典的诸多诠释，不仅反映了其理学思想，也反映了其历史观、生死观、人生观、文学观（见本书第三章）。

在这一点上，中国传统儒家经典诠释学与西方的诠释学理论无疑是相通的。根据蔡方鹿的总结，宋明理学经典诠释思想与西方诠释学之间的相通之处，主要有四：一、均重视理论创新，对语言文字的考辨不予过多的重视。二、均重视理性，重视诠释者的个体体验和领悟，而不局限于文本。三、均重视本体的思考，把方法论提升为本体论。四、均重视实践，开拓出由生命的根源到生活的实践，或对于理解的展开运用。宋明理学经典诠释思想的基本特征在于：重文本与以读者为中心并行不悖、融为一体，求圣人作经之本意与以阐释者为中心、对文本做出创新性理解和解释相结合；融合本体论与知识论，将本体论与伦理学相结合，将本体论寓于方法论之中，注经、解经是形式、载体，而思想创造才是内

---

① 参见黄俊杰：《东亚儒学史研究的新视野——儒家诠释学刍议》，《台大文史哲学报》第五十三期。

容和实质。①

此外，他还进一步指出，宋明理学经典诠释思想与西方诠释学的不同之处主要表现在：一、西方哲学诠释学有系统的理论，中国哲学和宋明理学则缺乏系统的诠释学理论，而有待于建构。二、西方基本上不重视疏注性的诠释，宋明理学则有重视训诂考释的一派。三、西方诠释学的理论（伽达默尔的理论）并不直接包含道德与价值尺度，而宋明理学在经典诠释中则把提倡伦理作为核心价值。四、西方诠释学关于本体的见解与中国哲学、宋明理学关于本体的含义存在着不同的理解。虽然伽达默尔的哲学诠释学和宋明理学的经典诠释学均重视本体的思考，把方法论提升为本体论，但宋明理学乃至中国哲学的本体观念主要是指根源和事物存在的根据，而伽达默尔的本体则主要强调理解的重要性，把理解作为本体，将理解的历史性上升为诠释学原则，重视理解的应用。这与中国哲学、宋明理学所持宇宙万物产生的根源和事物存在的根据之本体义存在着差别。五、伽达默尔所谓的理解不以文本为依据，这与宋明理学对文本的相对重视有别。②

帕尔默（Richard E. Palmer）在其经典著作《诠释学》中，对传统与权威做了一番精确的阐述，他说："理解的任何行为都处于给定的语境关联或视域中……人文研究中的理解就是将'生命体验'当作它的语境关联……因此诠释者于方法论上的任务，不是使自己全然沉浸于其对象中（这无论如何是不可能的），而是发现他自己的视域与文本视域相互作用的有效模式"③。

理解，或者说诠释，从本质上说，乃是一门重建他人思想的艺术，所谓诠释的客观性，并不仅是探寻作者进行原本创作的动机或原因，也不只是对诠释文本的客观考察，而是通过诠释另一个人的言辞来重建他的思想本身，来重建文本作者的心灵体验，来对另一个人的内在经验世界进行重构和重新体验的过程。早在春秋战国时代，《荀子》就揭示了：

---

① 参见蔡方鹿：《宋明理学之经典诠释思想刍议——兼论与西方诠释学的异同》，《中国社会科学院研究生院学报》，2011年第1期。
② 参见蔡方鹿：《宋明理学之经典诠释思想刍议——兼论与西方诠释学的异同》，《中国社会科学院研究生院学报》，2011年第1期。
③ （美）帕尔默著，潘德荣译：《诠释学》，北京：商务印书馆，2012年，第158页。

>《诗》言是，其志也；《书》言是，其事也；《礼》言是，其行也；《乐》言是，其和也；《春秋》言是，其微也。①

在儒家学者们看来，"经典"的深刻性和永久性，就在于他们能够完美地使文字和意义这两者统一起来，"经典"向人们传达的，不仅是知识和思想，也是圣贤们对世界、对生命的体悟，即张栻和来知德等宋明理学家所汲汲追求的"圣人之心"。

正是由于经典所具有的关于生命体悟的精神向度，我们不能简单地将经典视为一种单纯的认知过程和结果，而应当将其视作对客观世界的认知活动与人类生命体悟的融合。而在对经典的具体诠释过程中，只有将这两者进行具体的衔接，才能真实地表现经典的真正和完整的意义。

伽达默尔（Hans-Georg Gadamer，1900~2002）是近代诠释学的创始者，他的研究使诠释学成为一个专门的哲学学派，其学说也是20世纪60年代至今诠释学的基础之一。在其代表作《真理与方法》一书中，伽达默尔对传统与权威做了一番精确的阐述，他说："在我们经常采取的对过去的态度中，真正的要求无论如何不是使我们远离传统和摆脱传统。我们其实是经常地处于传统之中，而且这种处于决不是什么对象化的行为，以致传统所告诉的东西被认为是某种另外的异己的东西——它一直是我们自己的东西，一种范例和借鉴，一种对自身的重新认识。"②

在这里，伽达默尔提出了一个观点：人的思想都是传统的产物，我们在进行历史研究的过程中，不能忽视传统对人的行为和思想的影响。而这一研究本身，或者说我们在对传统进行解析的过程本身，一方面为我们认知现实世界和未来世界提供了范例和借鉴，另一方面也是我们对自我生命的体认和对自身知识结构的重新解读和整理的过程。

伽达默尔继续解释了何谓"权威"以及"权威"在进行文本解读过程中的作用："人的权威最终不是基于某种服从或抛弃理性的行动，而是基于某种承认和认识的行动——即承认和认可他人在判断和见解方面超出自己，因而他的判断领先，即他的判断对我们自己的判断具有优先性。

---

① 见《荀子·儒效》。方勇、李波译注：《荀子》，北京：中华书局，2011年，第102页。
② 参见伽达默尔著，洪汉鼎译：《真理与方法——哲学诠释学的基本特征》，上海：上海译文出版社，2004年，第364页。

与此相关联的是，权威不是现成被给予的，而是要我们去争取和必须去争取的，如果我们想要求权威的话。权威依赖于承认，因而依赖于一种理性本身的行动，理性知觉到它自己的局限性，因而承认他人具有更好的见解。"①

他认为，一方面人们在文本解析的过程中，必须要重视到权威的作用，人们追随权威的最终目的，不是为了抛弃理性，而恰恰是在基于理性的基础上，认识到权威的高明之处，认识到权威判断的前瞻性，但是另一方面，权威并不是不可以去追求和争取的，人们在追求权威的过程中，完全可以建立新的权威。

诚然，传统带来我们的，不仅是一种范例和借鉴，更是一种对自身的重新认识；权威带给我们的，不仅仅是认识到他人在判断和见解方面超出自己，更是理性地承认自己的局限性，并努力去追求自我超越的信念。

也许这正是张栻《论语解》和来知德《来瞿唐先生日录》带给我们的宝贵财富，他们对经典的维护与尊崇，在诠释经典中对自身理念进行阐发，他们笔下所表现出的蓬勃的生命热情，都反映了宋明理学经典诠释持久的生命力与永恒的魅力。

---

① （德）伽达默尔著，洪汉鼎译：《真理与方法——哲学诠释学的基本特征》，上海：上海译文出版社，2004年，第361页。

第五章　晚明至清对来知德的崇祀活动

自万历三十二年（1604）来知德去世以后，有关他的各类纪念活动不绝于世。首先便是在来知德的故乡梁山县建立旌表牌坊，并在文庙学宫旁建来公祠，使其作为乡贤进入"特祠"享有祭祀。而晚明至清多次对来公祠的重修活动，与梁山县文庙、学宫的重修有紧密联系，这既反映了当时的时局和社会状况，也成为今人观察梁山县地方与朝廷在文化政策特别是孔庙祀典更动时如何展开互动的具体案例。后世数次关于来知德入祀孔庙的尝试，一方面突显了巴蜀一些官员、儒者对于来知德的尊崇；另一方面，哪些人在怎样的政治文化氛围下向朝廷提议将来知德纳入孔庙从祀，更是今人观察当时以孔庙祀典为核心的文化政策的一个切入点。此外，将晚明至清重修来公祠以及为来知德奏请从祀孔庙的官员、士人视为围绕来知德崇祀活动的群体一并观察，这些官员、士人的崇祀活动，是来氏其人其学在后世影响的重要表现，也是今人客观评价来知德学术成就的重要参考。因此，本章将从来公祠的营建与历次修缮、官员士人争取推动来知德从祀孔庙行列这两个方面予以考察，希望勾勒出晚明至清有关来知德的崇祀活动概况。而通过分析有哪些士人发起、参与对来知德的崇祀活动，则能从侧面说明来知德其人其学有怎样的影响力。下面分三小节展开讨论。

第一节　晚明至清梁山县文庙、学宫的兴废与来公祠的营建修缮

近年来已有不少以大小祠庙为核心，探讨其与周边基层社会的互动，进而以此为切入点揭示不同区域社会各具特色的历史进程的历史研究成果。梁山县来知德的祀祠实际上是长期作为县文庙学宫的一部分而存在，其兴废能折射出县文庙的命运、梁山县周边区域社会的历史乃至国家大

势的变动。讨论文庙这一传统中国儒家神圣空间的代表性成果首推黄进兴的《优入圣域：权力、信仰与正当性》①，其书较早从多个面向对围绕孔庙的礼制、祀典等国家大事进行梳理分析。本小节将主要依靠方志材料所载晚明至清梁山县文庙、学宫的相关碑记及一些有关来知德"特祠"的资料，讨论来知德的祠祀之于梁山县地方具有怎样的意义，与"大历史"是否存在一定的勾连。

清初夔州府学教授，内江人阴纪世②在《重修夔州府义学碑记》中云：

> 吾蜀人才代出，其在斯乎。华阳鹤山理学之宗也。子昂、太白风雅之林也。扬、马、三苏文章之选也。即近如来瞿唐、李研斋，一产于夔之梁，一生于夔之达，功名著述，焜耀寰中。孰谓人之杰不由于地之灵乎？③

此碑当立于夔州义学，碑文中展示了地方性的文化名人与文化成就。阴纪世出生的内江位于巴蜀地区西部，他将来知德同魏了翁、三苏父子等蜀地著名的前贤并列，视为"吾蜀"学术史上的重要代表。道光七年（1827）署任的梁山县令徐名湘④在《重修考棚并建塔阁记》的篇末，也号召诸生能够"继瞿唐先生而起，为梓里光"⑤。清代官员重修夔州府义学、梁山县考棚时对来知德的推崇有宣扬当地学术文化成就的考虑，但也客观上说明来知德在当时确有较大的影响。

来知德在世之日，其学术已在蜀地流传，他去世之后，以明清两代多位梁山县地方官吏为主的士人群体，在不同背景下推动对这位"乡贤"的崇祀活动。万历三十八年（1610），梁山县申文，请给来氏子孙衣巾奉祀，王督学移文："看得来先儒三川高士，一代大儒，注《易》明经，有功先圣，特祠荐裡，已享苾芬于俎豆春秋，妥侑必须子孙之趋跄，理合奏请世奉裡祠外。今有嫡孙儒童来象谦，文行堪录，准给衣巾奉祀。"崇

---

① 黄进兴：《优入圣域：权力、信仰与正当性》，西安：陕西师范大学出版社，1998年。
② 阴纪世曾任夔州府学教授。见（清）崔邑俊修，杨崇、焦懋熙纂：《乾隆夔州府志》，《中国地方志集成·重庆府县志辑26》，成都：巴蜀书社，2016年，第32页。
③ （清）刘德铨：《道光夔州府志》，《中国地方志集成·四川府县志辑50》，成都：巴蜀书社，1992年，第687页。
④ 徐名湘，江西龙南监生。见（清）朱言诗：《光绪梁山县志》，《中国地方志集成·四川府县志辑54》，成都：巴蜀书社，1992年，第218页。
⑤ （清）朱言诗：《光绪梁山县志》，《中国地方志集成·四川府县志辑54》，成都：巴蜀书社，1992年，第191页。

祯十六年（1643），作为奉祀生员的来知德曾孙来象谦病故，于是由嫡裔来嗣祖承袭，并由本县具文申请，王督学批："来嗣祖准给衣巾，照旧奉祀。"顺治十七年（1660），彭知县将前朝准许的承袭奉祀生员来嗣祖具册向学政申文。康熙元年（1662），知县林尧光申文，请给衣顶，恢复旧典。习督学批曰："先贤奉祀，古制也，但未悉来知德注经何据？仰县速详回报。或将历傅注集申阅，以便给祀用，彰有德也。"于是梁山县将来知德注《易》的成果，连同来知德年谱一并转申。获批曰："来嗣祖准经衣顶奉祀，不必入考册也。"①从上述对来知德崇祀礼制的梳理，可初步看到明清两代官府、士人对来知德其人其学的评价。而来公祠的营建、修缮，是来知德崇祀活动最直观的体现。本节拟对这一问题作出考察。

一、晚明梁山县来知德旌表牌坊与"特祠"的建立

万历三十五年（1607），经巡按察院与巡抚都院的"两院"共同上疏，朝廷降旨为来知德修建"聘君仁里"石坊于通衢，此外还有"理学名儒"坊，二坊皆见光绪《梁山县志》。②万历三十六年（1608），梁山县通学生员具呈学政，迎请来知德入乡贤祠，魏督学移檄："仰县迎主，入乡贤崇祀。"万历三十七年（1609），彭巡按移檄："来聘君旷世高士，崛起真儒，《日录》抉百代渊源，《易注》阐甲圣奥秘。已入乡贤崇祀外，拟照合州邹智事例，修竖特祠，傍于学宫，春秋禋祀，庶近圣人之侧，分俎豆之馨，异日从祀孔庭，此其阶乎。"③来知德去世后不久，以梁山县当地官员为主的地方士人群体，便促成了来知德旌表石坊的营建，其后一年，便很快将来知德纳入当地的先贤祭祀活动中，第三年，便于学宫旁侧建立了来知德的"特祠"。时任夔州郡守林烃章④作楹联：

---

① （清）朱言诗：《光绪梁山县志》，《中国地方志集成·四川府县志辑54》，成都：巴蜀书社，1992年，第119页。
② （清）朱言诗：《光绪梁山县志》，《中国地方志集成·四川府县志辑54》，成都：巴蜀书社，1992年，第85页。
③ （清）朱言诗：《光绪梁山县志》，《中国地方志集成·四川府县志辑54》，成都：巴蜀书社，1992年，第119页。
④ 林烃章曾在万历三十四年（1606）以郡守身份在奉节县立"林公祠"。见（清）黄廷桂等修，张晋生等纂：《雍正四川通志》卷28上，《四川历代方志集成·第四辑》第2册，北京：国家图书馆出版社，2017年，第543页。来知德墓旁的石坊楹联也为林烃章所作，见本书第三章之叙述。

太史岂膏肓泉石一十二峰中高山流水知音少

元言已注脚图书六十四封里月窟天根得趣多①

明代梁山县令杨羡②撰祭文、祝文：

祭　文

年月日某官敢昭告于来瞿唐先生之神曰：先生秀钟河岳，学贯天人。注《易》明《经》，羽翼圣道。启蒙发瞆，接引后生。心傅孔孟，统绍义文。兹当仲春（秋），谨以牲帛醴齐，粢盛庶品祇。荐岁事尚飨。

祝　文

惟

神功敦曰：录学参《易》，注究天人之奥义，发性命之精微。名传西蜀，学冠高梁，甘棠遗爱，青史流芳，兹当仲春（秋），用伸祀典。尚飨。③

从上述一系列旌表奉祀活动的迅速展开来看，来知德在世之时就对当时的学术、文教有重要影响，这在梁山县尤为明显。来公祠的建立，一方面使后世学人有了一个祭祀怀念来知德的场所，崇祯十六年（1643）为来知德请从祀孔庙的刘之勃便提及与其同上奏疏的巡抚陈士奇也曾于明末赴梁山县拜谒来公祠，并访来子墓。据明人李长祥《上黄石斋先生④书》一文载："长祥里居时，平人公（陈士奇）方督学，窃见其下车梁山县，谒文庙，后即拜来瞿唐先生祠，北面肃恭，告私淑之意，探其遗书，访其坟墓，真有道君子。"⑤另一方面也不难看出，这是蜀地特别是梁山县的官员、儒者为有朝一日推动来知德进入孔庙从祀行列所做的重要铺

---

① （清）朱言诗：《光绪梁山县志》，《中国地方志集成·四川府县志辑54》，成都：巴蜀书社，1992年，第120页。

② 杨羡，明代梁山县令。见（清）王庆熙：《乾隆梁山县志》，《中国地方志集成·重庆府县志辑34》，成都：巴蜀书社，2016年，第260页。

③ （清）朱言诗：《光绪梁山县志》，《中国地方志集成·四川府县志辑54》，成都：巴蜀书社，1992年，第120页。

④ 黄石斋即明末大儒黄道周。

⑤ （明）李长祥：《天问阁文集》，《四库禁毁书丛刊》集部第11册，北京：北京出版社，1997年，第251页。

垫。来公祠也成为梁山县重要的文化景观之一，在（光绪）《梁山县志》所收《文庙图》（图二）中可见毗邻于文庙的来公祠：

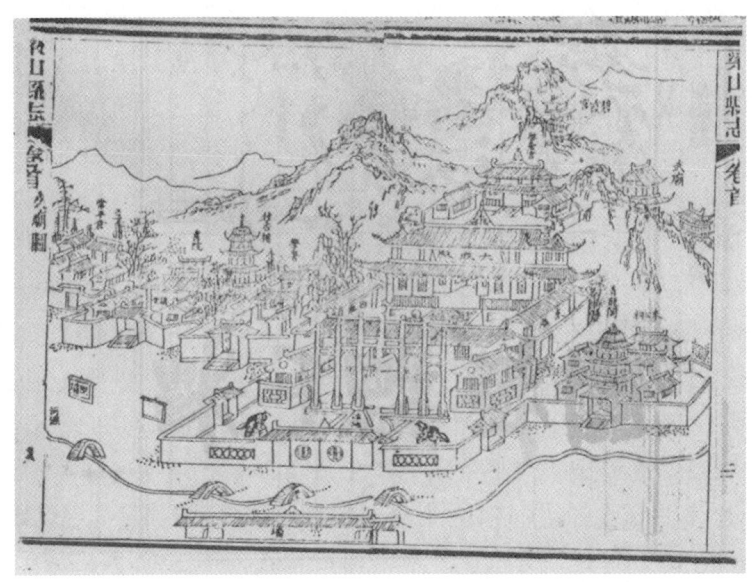

光绪《梁山县志》所收《文庙图》[①]

二、清代来公祠历次修缮活动的背景及过程

有关来公祠历次营建、修缮的直接记载有，康熙元年（1662），知县林尧光重建来公祠并进行祭祀，又题"理学名臣"匾额，并撰有匾文。康熙四年（1665），继任知县田起凤继续捐资修祠，然而由于不久之后他本人去世，并未完工。康熙六十一年（1722），知县孙天霖捐俸重修。乾隆元年（1736），邑令窦容窬题额曰："学阐先天。"嘉庆十二年（1807），邑令符永培对来公祠进行了重修。[②]从中不难发现几个问题，例如，自来氏去世，后人为其建祠至明朝灭亡的三十余年间，再无对来公祠经营修缮的直接记录，而清代的几次重修活动，间隔时间都相对较长。由于来

[①] （清）朱言诗：《光绪梁山县志》，《中国地方志集成·四川府县志辑54》，成都：巴蜀书社，1992年，第14页。

[②] （清）朱言诗：《光绪梁山县志》，《中国地方志集成·四川府县志辑54》，成都：巴蜀书社，1992年，第119页。

公祠实际上与县文庙、学宫等一道构成了当时梁山县重要的政治文化空间,其历次修缮应当与梁山县文庙、学宫有十分紧密的关系。虽然目前传世文献中有关来公祠的直接记载有限,但有关梁山县文庙、学宫的记载却相对丰富。今人可在清代方志中看到清代八次重修梁山县文庙、学宫的相关记录。将来公祠的重修与梁山县文庙、学宫的历次重修一并观察,厘清相关背景,或能有助于研究者理解来知德这一梁山县地方重要乡贤在清代有怎样的影响,更有助于思考清代对来知德的相关崇祀活动是在怎样的政治文化氛围下展开的。

清代梁山县对文庙、学宫的修缮至少有八次可考。其一,顺治十八年(1661)知县林尧光主持学宫重修,并于康熙元年(1662)重修了来公祠;其二,康熙五年(1666)到任的知县王若羲主持重修(王若羲的前任田起凤曾修缮来公祠,但因其人身故而未能完工);其三,康熙二十一年(1682)冬到任的知县黄建中,在康熙二十五年(1686)重修了文庙;其四,康熙五十九年(1720)到任的知县孙天霖,在康熙六十年(1721)重修文庙,次年(1722)重修了来公祠;其五,雍正八年(1730)知县王裕疆重修文庙;其六,乾隆十年(1745)到任的任龙张重修文庙、学宫;其七,嘉庆九年(1804)知县符永培重修文庙,并于嘉庆十二年(1807)重修来公祠;其八,同治二年(1863),县令张焕祚重修文庙,历时三年完工,并重修了来公祠,其间沈芝林、艾鈂又分别于同治三年(1864)和同治四年(1865)署任梁山县令,此次重修最终当是在艾鈂任上完成。①其中康熙元年、康熙六十一年、嘉庆十二年、同治二年四次明确记载重修了来公祠。下面结合相关背景,分而述之。

顺治辛丑(顺治十八年,1661)福建莆田人林尧光②任梁山知县。梁山县在此前刚经历了明清易代的战乱,县域残破,文庙、学宫诸多殿宇倾颓,来公祠应当也难以幸免。(乾隆)《梁山县志》收录的《重修梁山县学碑记》对清初梁山县的社会概况有如此描述:

---

① (清)朱言诗:《光绪梁山县志》,《中国地方志集成·四川府县志辑54》,成都:巴蜀书社,1992年,第218页。
② (清)黄廷桂等修,张晋生等纂:《雍正四川通志》卷31,《四川历代方志集成·第四辑》第2册,北京:国家图书馆出版社,2017年,第653页。

梁邑学宫创建于明初，逮隆万①之间而巍峨大盛，遗碑断碣，历历可考。昔人固为其难矣。甲申之变，瓦砾荆榛，莫可名状。我朝定鼎，恢复百度惟新，而梁、万之间蚕贼接踵。宰斯土者，身际扰攘，未遑礼让，学宫几废壤相仍。②

可以看到，明末清初的战乱，搅动了梁山县的地方社会秩序，甚至入清之后，在梁山县与万县之间的山区中仍有变乱尚未平息。地方局势不稳，当地官员无法将精力投入到文庙、学宫的修缮上来。康熙元年（1662）"修学宫成"的同时，林尧光主持对学宫旁的来公祠加以修缮。这是由明入清以来第一次重修来公祠，有较为重要的意义，林尧光在自题匾文中写道：

辛丑秋，余初修梁城。梁乱二十年，草木迷离，虎豹窟穴。余修学宫成，宫傍瞿唐来先生祠，遂令其孙嗣祖董其事，鸠工美轮奂焉。始得读先生传，客闻之喟然曰：吾于是知蜀之有传人也。③

这次修缮来公祠，来知德之玄孙来嗣祖尚在，便由其主持具体事宜。林尧光在匾文中还总结了来知德的学术成就及孝道德行：

今考瞿唐来先生初以《礼》经冠于乡，继以理学名动京师。征待诏不起，其遇荣以淡全乎天矣。及遨游五岳，《内外篇》累数千言，以错综发明易象之理，注《经》序《卦》，为古今儒宗。其尊学以圣，明乎道矣。迨年已八十，天子使有司月加米焉。没也，祠于学宫，春秋奉禋祀……且先生以孝行闻，庐墓六年，乡党莫不难之。④

林尧光认为，对于来知德，"梁之都人士知之将以景行也，世之名公

---

① 乾隆抄本疑脱"万"字，今据文意及（光绪）梁山县志补之。见（清）朱言诗：《光绪梁山县志》，《中国地方志集成·四川府县志辑54》，成都：巴蜀书社，1992年，第348页。
② （清）王庆熙：《乾隆梁山县志》，《中国地方志集成·重庆府县志辑34》，成都：巴蜀书社，2016年，第267页。
③ （清）朱言诗：《光绪梁山县志》，《中国地方志集成·四川府县志辑54》，成都：巴蜀书社，1992年，第119页。
④ （清）朱言诗：《光绪梁山县志》，《中国地方志集成·四川府县志辑54》，成都：巴蜀书社，1992年，第119页。

卿知之将以扬善也"。①林氏在历经二十年变乱动荡的梁山县进行建设整顿，重修文庙、学宫便是重要举措之一，希望借此逐步恢复地方文教，从而进一步恢复社会秩序。而重修文庙一旁的来公祠，宣扬来知德这样有成就、有德行的乡贤榜样，自然有利于这一目的的达成。之后，康熙四年（1665）梁山县知县辽东人田起凤②曾捐资再次修缮来公祠，但不久他本人便去世，未能完工。③而目前尚无文献说明田起凤除尝试重修来公祠外是否重修过县文庙、学宫。

康熙五年（1666），新任知县、福建候官人进士王若羲④见文庙、学宫之状况，欲予以重修。梁山县人，进士高人龙⑤在《梁山县学碑记》中写道："文庙仅屋三楹，为春秋祭奠之所。两庑、戟门以迨师生之舍。庖湢之属，概皆阙如于是。"据此描述，数年前林尧光主持的修缮尚显简朴。王若羲捐资重修，目的"盖以移风俗，育人材，俾梁之人有所观感而兴起也。"⑥

康熙二十一年（1682）正白旗监生黄建中⑦来任梁山知县，康熙二十五年（1686），梁山县文庙学宫迎来了一次大规模的修缮，嘉庆《梁山县志》收录的《重修梁山县学碑记》对此有这样的描述：

> 梁邑学宫创建于明初，逮隆、万之间而巍峨大盛，遗碑断碣，历历可考，昔人固为其难矣。甲申之变，瓦砾荆榛，莫可名状。我朝定鼎，恢复百度惟新，而梁万之间蟊贼接踵，宰斯土者，身

---

① （清）朱言诗：《光绪梁山县志》，《中国地方志集成·四川府县志辑54》，成都：巴蜀书社，1992年，第119页。
② （清）黄廷桂等修，张晋生等纂：《雍正四川通志》卷31，《四川历代方志集成·第四辑》第2册，北京：国家图书馆出版社，2017年，第653页。
③ （清）朱言诗：《光绪梁山县志》，《中国地方志集成·四川府县志辑54》，成都：巴蜀书社，1992年，第119页。
④ （清）黄廷桂等修，张晋生等纂：《雍正四川通志》卷31，《四川历代方志集成·第四辑》第2册，北京：国家图书馆出版社，2017年，第653页。
⑤ 高人龙，梁山县人，康熙戊辰科沈廷文榜进士，由庶吉士历任吏部员外。见（清）黄廷桂等修，张晋生等纂：《雍正四川通志》卷34，《四川历代方志集成·第四辑》第3册，北京：国家图书馆出版社，2017年，第103页。
⑥ （清）符永培：《嘉庆梁山县志》，《中国地方志集成·重庆府县志辑35》，同治六年艾簠增刻本，成都：巴蜀书社，2016年，第491页。
⑦ 见（清）黄廷桂等修，张晋生等纂：《雍正四川通志》卷31，《四川历代方志集成·第四辑》第2册，北京：国家图书馆出版社，2017年，第653页。

际扰攘，未遑礼让，学宫几废壤相仍。邑候黄公以康熙二十一年冬臈命来莅兹邑，谒庙之初，大加叹息，即欲修理，奈疮痍甫定，鸿嗷遍野，候恻然体恤，欲事而止者。再次年，修谬铎宇，下甫至候，即谓曰：学宫之额圮久矣，顾我辈诵读诗书，而忍令殿庑飘摇，先师先贤露处风雨乎？幸民庶稍已还定，无庸急厥功，遂诹日鸠工庀材，量力督率，巡视勿辍寒暑。二十五年大成殿告成，天子御书"万世师表"匾额适至，悬列炳耀，灿烂辉煌。说者谓候之祗敬先师，与圣天子一心一德，德故相符，如斯其速也，不亦信哉。越明年，而棂星门、东西两庑、启圣殿次第就治。举数十年灰烬之余，一旦焕然而更张之。①

此碑文颇值得玩味之处，在于碑文开头提到黄建中到任之初，就目及学宫"殿庑飘摇，先师先贤露处风雨"的破败之相，心生重建之意。此前两次康熙元年林尧光及康熙五年王若羲主持修缮，成效是否当真如此不堪？还应进一步考察。由于目前掌握的资料尚不能还原黄建中重修前文庙学宫的状况，无法判断此段碑文对此是否有夸张的描写。不过，此文对明清易代之初梁山县社会状况的描述，当有其合理成分。前文已引用此文开头对明末清初梁山县的混乱局势和学宫荒废境况的描述。

通篇细读文本后不难发现，此文宣扬的真正重点在于，本次梁山县文庙大成殿修竣，"恰好"迎接了朝廷颁赐的康熙御笔"万世师表"匾额。而在稍早的康熙二十三年（1684），康熙皇帝亲临曲阜孔庙，留下御笔"万世师表"悬于大成殿，并颁发直省学宫。②这是康熙躬亲祭孔与御笔赐书的全国性"尊孔崇儒"举措。"万世师表"御书匾额之后也陆续进入全国许多州县的文庙。梁山县所隶属的夔州府，获得钦颁御书"万世师表"匾额也是在这一年。③因此，黄建中任上重修梁山县文庙、学宫应当是对清朝官方这次全国性的崇儒举措的一种因应，承接康熙御制匾额，使上下官民认为其本次修缮举措是"祗敬先师，与圣天子一心一德，德故相

---

① （清）符永培：《嘉庆梁山县志》，《中国地方志集成·重庆府县志辑34》，同治六年艾馠增刻本，成都：巴蜀书社，2016年，第491页。
② （清）《钦定大清会典则例》卷82《礼部·中祀二》，《文渊阁四库全书·史部·政书类》，第622册，台北：台湾商务印书馆，1983年，第574页。
③ （清）黄廷桂等修，张晋生等纂：《雍正四川通志》卷28上，《四川历代方志集成·第四辑》第1册，北京：国家图书馆出版社，2017年，第288页。

符，如斯其速也，不亦信哉"。承接"万世师表"御书匾后的第二年，棂星门、东西两庑、启圣殿也修缮一新，梁山县文庙、学宫迎来了一次较为彻底的整修。

从这一角度看，黄建中任上这次对梁山县文庙、学宫的修缮，实际上是当时全国性崇儒活动的直接体现，其目的与前两次修缮活动相比，在重建地方秩序、教化风俗之外更增添了一层政治考虑在内。康熙虽为满人，"却对儒家文化格外敏锐。譬如他能领略儒家礼仪复杂的象征意义，并妥善予以运用。康熙二十三年（1684），他晋谒孔庙，并适时提升孔庙礼仪即是最好的证明"①。康熙"在教育机构、祠庙、名胜等文化场所，外交场合赏赐御书，表达对于儒学正统意识形态的尊崇，以自己深厚的汉族文化修养，隐喻统治国家的合法性。康熙也通过书法反映其崇儒重道，以接续中华文化的道统"。"尊孔与对儒家的尊崇进入新的阶段，标志清朝的统治转向文化治理。"②虽无明确文字记载来公祠是否在康熙二十五年（1686）这次县文庙的大规模重修中再次得到修缮，但可以看出，当时梁山县社会文化秩序已较为平稳，崇儒兴学的氛围得以恢复，地方文化事业进入一个全新的阶段，能够对康熙朝自上而下推行的崇儒政策做出积极的因应。这对于梁山县乡贤来知德学术的流传及崇祀活动都有积极意义。

康熙六十年（1721），时任知县孙天霖③重修学宫④，次年康熙六十一年（1722），建明伦堂⑤，并"捐俸重修"⑥来公祠，这是目前据传世文献可考的来公祠第二次重修。需要注意的是，随着政权的逐步稳固，清朝统治者除了继续重视以文庙祭孔为核心的崇儒活动外，也开始注意对地

---

① 黄进兴：《优入圣域：权力、信仰与正当性》西安：陕西师范大学出版社，1998年，第118页。
② 常建华：《共赏与建构：康熙帝的御赐书法活动》，《文史哲》2017年第4期，第75-80页。
③ （清）黄廷桂等修，张晋生等纂：《雍正四川通志》卷31，《四川历代方志集成·第四辑》第2册，北京：国家图书馆出版社，2017年，第653页。
④ （清）朱言诗：《光绪梁山县志》，《中国地方志集成·四川府县志辑54》，成都：巴蜀书社，1992年，第158页。
⑤ 朱尔阀《重建明伦堂碑记》载"在梁邑之建斯堂也，始于康熙壬寅邑令孙天霖。"见（清）符永培：《嘉庆梁山县志》，《中国地方志集成·重庆府县志辑34》，同治六年艾鈵增刻本，成都：巴蜀书社，2016年，第352页。
⑥ （清）朱言诗：《光绪梁山县志》，《中国地方志集成·四川府县志辑54》，成都：巴蜀书社，1992年，第119页。

方性的名宦、乡贤祠祀进行核查清理。雍正二年（1724）明确要求："名宦、乡贤相沿岁久，冒滥实多。行令各省督抚、学臣秉公详察，如果功绩不愧名宦，学行允协乡评者，将姓名、事实造册具结送部核准，仍许留祀。若无实迹，报部革除。嗣后，有呈请入祀者，督抚、学臣照例报部核明，如私自批行入祀，事觉，将请托与受托人等治罪，出结具详地方官一并议处。"①此后又连发两道命令重申，防止各地方随意充数。名宦、乡贤祠祀如果不加整治，一方面不能达到应有的教化作用，②另一方面也不利于清廷对这类祠祀活动进行有效的掌控。梁山县本就有名宦祠"在学宫戟门外左一间"，乡贤祠"在学宫戟门外右一间"。③而来知德的奉祀一直置于"特祠"中，为梁山县地方祭祀的乡贤。此后较长一段时间，梁山县地方对文庙、学宫仍有陆续重修，雍正八年（1730），知县王裕疆④"重修学宫前礼门、义路，周围木栅墙垣焕然如故"。⑤乾隆十一年（1746）知县云南举人任龙张⑥主持重修学宫，历时三年而成，"重建启圣、大成，并饰戟门、两庑、忠义、节孝等祠，棂星门外增修黌门坊及圣域、贤关二门。周馥砖墙，丹艧生色，行见宫墙巍焕，士习振兴。"以期"上无负圣天子，崇重学校，作育人材之至意焉。"⑦不过这几次对文庙、学宫的修缮活动中却未见有明确重修来公祠的记载。来公祠的下一次整修已是嘉庆朝符永培任上，这或与清廷严格整顿名宦、乡贤祠祀政策的延续性或有一定关联。从另一个角度看，来知德祠祀能得以保留，说明其人其学在清朝统治者看来确有"功绩不愧名宦，学行允协乡评"的意义，但其是否能正式进入孔庙从祀体系，除了要看梁山县地方对其形象塑造

---

① 《钦定大清会典则例》卷71《礼部·仪制清吏司·风教》，《文渊阁四库全书·史部·政书类》，第622册，台北：台湾商务印书馆，1983年，第345页。
② 徐朝旭等：《儒家文化与民间信仰》，北京：人民出版社，2013年，第177-178页。
③ （清）朱言诗：《光绪梁山县志》，《中国地方志集成·四川府县志辑54》，成都：巴蜀书社，1992年，第108页。
④ 王裕疆，南陂人。见（清）常明修，杨芳灿、谭光祜等纂：《嘉庆四川通志》卷105，《四川历代方志集成·第四辑》第9册，北京：国家图书馆出版社，2017年，第204页。
⑤ （清）王庆熙：《乾隆梁山县志》，《中国地方志集成·重庆府县志辑34》，成都：巴蜀书社，2016年，第251页。
⑥ 任龙张，云南石屏举人，乾隆十年（1745）任。见（清）常明修，杨芳灿、谭光祜等纂：《嘉庆四川通志》卷105，《四川历代方志集成·第四辑》第9册，北京：国家图书馆出版社，2017年，第204页。
⑦ （清）朱言诗：《光绪梁山县志》，《中国地方志集成·四川府县志辑54》，成都：巴蜀书社，1992年，第349-350页。

和地位争取的力度外，起决定性作用的应当还是廷议的意见，这一问题将在下一小节展开叙述。

嘉庆九年（1804）知县符永培①再次重建文庙。其自撰的《重修文庙碑记》载，在此次重修文庙前，"前署令、今蜀臬方宪创议重建，以升任未果"。符永培重建文庙，"式廓旧规，增崇基址"。期间工程刚过半，符永培"奉檄视篆开江，旋偕计吏北行。至丁卯春仲回任，则庙工中辍，再易星霜，何观成之不易易欤？乃复集诸敦事者，蠲吉鸠工，百废具举"。工程因符氏本人任职调动而中止，他回任后方又重启，至嘉庆十二年（1807）时竣工。此次重建的成果，"中为大成殿，后为崇圣祠，为两庑，为戟门，为名宦、乡贤、忠义孝悌祠，为棂星门，为泮池"②。来公祠也得以重修。（光绪）《梁山县志》不仅梳理了来公祠历代营建修缮的概况，还记录了当时所见来公祠内的一些楹联匾额，除康熙元年林尧光匾文外，还有：

林尧光联

千年河洛阐义皇今古斯文淡坠
数仞宫墙依孔孟春秋禋祀重光

守林烃章联

太史岂膏肓泉石一十二峰中高山流水知音少
元言已注脚图书六十四封里月窟天根得趣多

李柱宇题云

学孔门之心一贯分明傅泗水江汉濯之秋阳暴之今古方名为尚友
悟义皇之象万年亲见自求溪以通神明以类万物乾坤何得此真儒

---

① （清）常明修，杨芳灿、谭光祜等：《嘉庆四川通志》卷105，《四川历代方志集成·第四辑》第9册，北京：国家图书馆出版社，2017年，第204页。
② （清）符永培：《嘉庆梁山县志》，《中国地方志集成·重庆府县志辑34》，同治六年艾釴增刻本，成都：巴蜀书社，2016年，第333页。

黔中任某题云

无欲灵根悟圣真发挥礼乐诗书笔底烟云维世道
百源学问傅大易直治义文周孔刻成风电阐幽光①

我们可据此了解嘉庆时来公祠内部的一些状况。留下这些匾额楹联的官员，如林尧光，本就参与来公祠的重修，此外还有一些来此崇祀、敬拜者。

同治六年（1867）艾鉽增刻本嘉庆《梁山县志》增修部分记录了同治二年（1863）对来公祠的重修。此次重修活动距离上次嘉庆十二年（1807）的重修已近五十年，文庙、学宫梁栋屋宇残破，"且宫墙隔河非制"，经当时县令张焕祚与在庠诸生及各绅粮陆续劝捐修葺，张焕祚不久便离任，之后两年分别是沈芝林、艾鉽署任了梁山县令，工程仍在持续，最终在同治六年（1867）艾鉽在任时得以完工。此次还"重修来公祠三间"。②这是目前据传世文献可见对梁山县文庙、学宫和来公祠的最后一次修缮。

通过上面的梳理，可知来知德去世后不久，梁山县地方官员、士人已将其作为重要的乡贤纳入县文庙"特祠"。清代梁山县八次重修文庙、学宫，而其中四次有明确的文献记载重修了来公祠。根据文庙、学宫的一系列重修信息，不难看出，清初社会动荡局势初定，梁山县文庙、学宫的重修活动尚未明显见到清廷政策的直接影响，更多是包括在地方官员重整地方社会秩序的进程中。这也从另一个侧面说明长久以来，文庙作为儒家的"圣域"，一个政治与文化交汇的神圣空间，是道统的形式化③，地方文庙的兴废能在一定程度上反映当地的社会状况。一旦地方社会不稳，地方县府、学官士绅即便想推动重修文庙往往也是有心无力；而动乱初定后，鉴于文庙对地方社会秩序特别是文教活动的象征意义，地方官员、学官也会将其作为重整地方的重要环节推进，展现出相当的"文化自觉"。随着清朝皇帝日益重视儒学作为统治工具的重要作用，国家权

---

① （清）朱言诗：《光绪梁山县志》，《中国地方志集成·四川府县志辑54》，成都：巴蜀书社，1992年，第120页。
② （清）符永培：《嘉庆梁山县志》，《中国地方志集成·重庆府县志辑34》，同治六年艾鉽增刻本，成都：巴蜀书社，2016年，第348页。
③ 参见黄进兴：《优入圣域：权力、信仰与正当性》西安：陕西师范大学出版社，1998年。

力也从诸多方面对地方文庙、学宫的兴废修缮产生影响。梁山县文庙、学宫的重修活动与清朝针对儒学、孔庙的政策更加紧密地联系在一起。来公祠历次重修便是在这样的背景下展开的。

值得一提的是,来知德的祠祀实际上不仅局限于梁山县。在与梁山县毗邻的万县,当地士绅为了纪念来知德曾在此处注《易》,于道光十一年(1831)在虬溪故地也建立起来公祠与虬溪书院。据《万县志》载:"来公祠:在治南六十里虬溪,祀明乡贤来知德。道光十一年,邑绅易光晨、秦正高等修。"① 这类有关梁山县境域外对来知德的祠祀可待日后进一步探索。

第二节 晚明至清官员士人争取来知德增祀于孔庙的尝试

上一节中,笔者以梁山县文庙学宫的历次修缮为线索,考察来公祠历次重修是在怎样的政治文化背景下展开。来公祠的设立、重修是地方官员和士人在来知德故里宣扬其人其学、表彰乡贤的举措,是梁山县地方立足于当地实际情况,对明清王朝国家几次重要的政治文化变动所做出的因应。万历三十七年(1609),彭巡按移檄中已明确说明,鉴于来知德其人其学的影响:"已入乡贤崇祀外,拟照合州邹智事例,修竖特祠,傍于学宫,春秋禋祀,庶近圣人之侧,分俎豆之馨,异日从祀孔庭,此其阶乎。"② 来知德去世后不久,梁山县便仿照合州邹智的前例,以在县文庙旁立"特祠"的形式奉祀来知德,其中或包含有朝一日能进一步推动来知德进入孔庙从祀位阶的意图。同时,如果要进一步提升来知德在学术史层面的评价,从而进一步提升其在政治文化领域的地位,仅仅依靠在地方开展的乡贤崇祀、宣扬活动还是不够的,还需要梁山县地方乃至于蜀地的官员、士人结合具体的政治文化氛围,自下而上地予以奏请申报,争取"异日从祀孔庭"。讨论儒者进入从祀的过程以及背后深远的

---

① (清)张琴、范泰衡:《万县志》,《中国方志丛书》华中地方第379号,台北:成文出版社,1976年,第275页。
② (清)朱言诗:《光绪梁山县志》,《中国地方志集成·四川府县志辑54》,成都:巴蜀书社,1992年,第119页。

政治文化意义，必须要提到朱鸿林《孔庙从祀与乡约》一书，其中关于元儒熊禾、吴澄、王阳明的个案研究对本节的写作有重要启发。①

这里有必要结合史料和既有研究简要说明文庙内部的空间布局，以便形象直观地表明一位儒者入祀孔庙有何意义。孔庙作为儒家"圣域"，其中的孔子木主、配享、从祀等不同位阶等级分明，能直观具体地反映一位儒者的地位。而一旦某位儒者得以跻身孔庙从祀行列，便可在全国各级文庙中与孔子及众从祀先贤一道共享祭祀，其人其学的影响也会大为拓展。光绪《梁山县志》卷五《学校志》中对孔庙各级祭祀位阶空间分布的概况的记载不仅有文字描述，还有如下图示②：

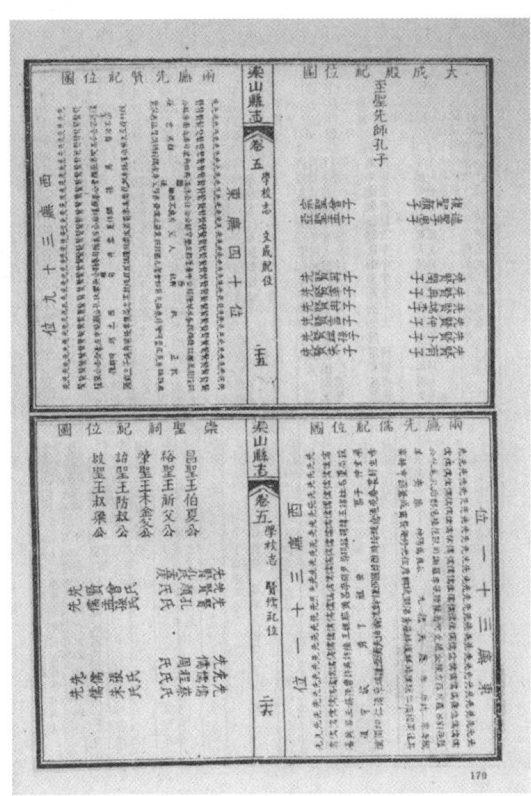

光绪《梁山县志》卷五《学校志》所见孔庙各祭祀位阶的空间分布

---

① 朱鸿林：《孔庙从祀与乡约》，北京：生活·读书·新知三联书店，2015年。
② （清）朱言诗：《光绪梁山县志》，《中国地方志集成·四川府县志辑54》，成都：巴蜀书社，1992年，第170页。

"梁山真儒 天下来学"——基于来瞿唐先生日录的研究

朱鸿林曾以较为平实准确的语言对此加以叙说：大成殿正中供奉孔子木主牌位；孔子两旁稍前，各有两个木主，即所谓"四配"；四配两旁稍前各有六个木主，为"十二哲"。四配与十二哲都在大殿内紧随着孔子接受祭品。典型的孔庙，大成殿门外两边的走廊称东庑、西庑，从祀先贤和先儒的木主。从孔子到从祀儒者都能享有春秋二祭，而孔庙祭祀实际上是包含教育、学术、政治等多目的的礼仪。①孔庙从祀制度的重要性，"不独在于法令肯定了获得从祀的儒者是儒学道统的正宗真儒，更在于朝廷向天下昭示了它所认可、支持和鼓励的学术和信仰的方向和内容"②。今人通过考察从祀儒者位阶进退升降的原因，或能透视当时的政治文化环境之一斑。上一小节中已提到来知德去世后不久便被梁山县地方纳入县文庙、学宫旁的"特祠"，但一直未曾进入孔庙之内，属于地方性的乡贤，未能进入从祀体系使其不能在全国各级孔庙中享有祭祀，影响力更多局限于地方。不过，来知德去世后，蜀地特别是梁山县的官员、士人也曾不断尝试推动来知德进入孔庙从祀体系。

笔者依据传世文献，可梳理出晚明至清蜀地官员士人历次推动来知德从祀孔庙的尝试，分别为：其一，崇祯十六年（1643）八月，巡按刘之勃联合巡抚陈士奇同上《从祀疏》①，因明朝灭亡未能施行。其二，乾隆九年（1744）十一月二十一日，时任山东道监察御史张汉上《奏请将明儒来知德配享学宫事》②折，申请以来知德配享学宫。其三，道光年间，督学王宝珊会同当时的"川督"再次上疏请将来知德从祀孔庙，但由于没能将乾隆御案采择的《来注》（或指《周易集注》）条目及《明史·儒林传》所收来知德传记随上疏一并进呈，经礼部议驳回。其四，道光末至咸丰初，马秀儒与徐泽醇再次动议上疏纳来知德入孔庙从祀。其五，光绪七年（1881）梁山县李秉中会同督学陈懋候再提来知德从祀孔庙议，

---

① 朱鸿林：《儒者从祀孔庙的学术与政治问题》，收入朱鸿林：《孔庙从祀与乡约》，北京：生活·读书·新知三联书店，2015年，第2-4页。
② 朱鸿林：《阳明从祀典礼的争议和挫折》，收入朱鸿林：《孔庙从祀与乡约》，北京：生活·读书·新知三联书店，2015年，第151页。

① （明）戴诰、古之贤等：《太史来瞿唐先生年谱》，《北京图书馆藏珍本年谱丛刊》第50册，北京：北京图书馆出版社，1999年，第183-187页。
② （清）张汉：《奏请将明儒来知德配享学宫事》，藏于中国第一历史档案馆，档案号03-0295-016。

但因陈督学丁忧,"奔前后两次,均未遑入告"①。其六,光绪十一年(1885),时任四川总督的丁宝桢上《明儒来知德请从祀两庑折》,这是传世文献中可见最后一次尝试请求将来知德从祀孔庙。此奏疏虽下礼部议,但最终仍未实现使来知德跻身孔庙从祀位阶的设想。

上述六次推动来知德从祀孔庙的尝试中,崇祯十六年(1643)、乾隆九年(1744)和光绪十一年(1885)三次的上疏今日尚可查知。乾隆九年(1744)张汉的奏折今存于北京的中国第一历史档案馆(档案号03-0295-016),因受研究条件所限,尚未及获取全文。但笔者仍可依据崇祯十六年(1643)八月巡按刘之勃撰《从祀疏》、光绪七年(1881)梁山当地学人李承玖为桂香书院本《太史来瞿唐先生年谱》所作新序及光绪十一年(1885)时任四川总督丁宝桢《明儒来知德请从祀两庑折》等材料勾勒出相关运作活动的一些情况。

由于有关来知德从祀问题的直接材料较少,缺少朝廷对历次增祀奏疏廷议讨论的具体记载,为尽可能还原朝廷相关增祀奏疏是如何处理的,还应交代一下朝廷进行廷议讨论孔庙从祀问题时的大致流程。以朱鸿林概括的明代王阳明从祀廷议为例,其大致过程是:在礼部尚书上疏请开廷议后,"由六部尚书、侍郎,都察院都御史、御史,六科给事中,九卿中的通政使、大理寺卿"等官员参与,公开发表意见。①

根据传世文献与既有研究,历次关于将来知德纳入孔庙从祀的动议,可置于明清易代、康雍乾三朝、清代中晚期三个不同的时段内加以讨论。如欲据此进一步讨论晚明至清官员、士人尝试推动来知德进入孔庙从祀的过程,首先应简要介绍历次为来知德奏请从祀前后孔庙的"增祀"情况,增祀的标准有哪些重大变化;其次还应列举几个具体案例,说明这一时段有哪些儒生得以进入孔庙从祀体系,而在这些增祀之儒中,又有哪些个案在为来知德申请从祀孔庙时得以援引?如此才能更好地理解在当时的政治文化背景下部分官员、士人尝试推动来知德进入孔庙从祀的尝试有何意义。下面将结合相关背景,特别是政治文化变迁、祀典更动

---

① 第三至五次为来知德请增祀于孔庙的记载,见于四川省图书馆藏桂香书院本《太史来瞿唐先生年谱》李承玖撰序言。

① 朱鸿林:《儒者从祀孔庙的学术与政治问题》,《孔庙从祀与乡约》,北京:生活·读书·新知三联书店,2015年,第17页。

等，对历次上疏增祀来知德的背景和过程予以叙述。希望能初步厘清几次为来知德奏请增祀活动的基本脉络和历史意义。下面分而述之。

一、明亡前夕四川巡按刘之勃等奏请增祀来知德

嘉靖朝"大礼仪之争"是中国历史上一次重大的孔庙祀典更动，嘉靖皇帝为压制士人集团，"更动祀典、进退诸儒"，影响深远，只有"四配""十哲"方尊为"先贤"。万历十二年（1584），经廷议陈献章、胡居仁、王守仁从祀（终明一代，仅将此三人及薛瑄进阶从祀之列），代表道学的多元化，"明道之儒"有替代"传经之儒"的趋势。至崇祯十五年（1642），左丘明及周敦颐、张栻、程颐、程颢、朱熹、邵雍等六位宋儒由"先儒"进阶为"先贤"，理学的地位大大提升。① 但这仅仅是两庑从祀内的位阶调整，与增祀还是有本质区别的。结合这样的政治文化氛围，再以此前明代很少从祀本朝之儒的先例观之，欲推动来知德进入孔庙从祀体系的确有不小的难度。

刘之勃，字安侯，陕西凤翔人，崇祯七年（1634）进士，《明史》有传。"（崇祯）十五年（1642）出按四川。十六年秋，类报灾异，请缓赋省刑，亦弭灾一术时不能用。"②崇祯十六年（1643），在来知德的故里梁山县，来嗣祖承袭来象谦为奉祀生员，本县具文申请，王督学批："来嗣祖准给衣巾，照旧奉祀。"而八月，刘之勃联合时任四川巡抚陈士奇同上《从祀疏》，奏请将来知德纳入孔庙从祀，其文如下：

> 从祀疏（见邑志附）
> （明）刘之勃（巡按）
>
> 为真儒之学行，久著谥祀之异典。尚稽谨约略生平，彚进遗书，以备廷议，以光盛治事。窃考自有生民，而儒道具焉，世运人心赖以长不坠者，此物此志□也。尧、舜、禹、汤以及孔孟，而后时污时隆，道卒无晦而不明之，会则以道统之主持。代有其君，道术之修明；代有其士，所以阐幽扬光。表章之典，独于斯

---

① 黄进兴：《优入圣域：权力、信仰与正当性》，西安：陕西师范大学出版社，1998年，第316-319页。
② （清）张廷玉等：《明史》卷263《刘之勃传》，中华书局，1974年，第6811页。

为最重,盖示天下后世以知所宗也。蜀有故儒来知德,臣自髫龄受读时便知闻其名而慕之,今幸按蜀,亲至梁地,为本儒故里,井庐依然,芳模具在,一时士人若绅、若士、若民俱能述其流风而歌扬之,爰有公呈以请谥、请祀为言者,名笔盈牍。臣遍询之,道、府、州、县靡不称赞其贤,且以为孟子以后一人也。臣随取其诸刻而细读之,见其议论切实,行谊醇正,真有非近世诸儒所能及者。以彼焚引养亲,庐墓尽礼,则曾、闵之孝也;以彼不艳富贵,修身见世,则申、辕之节也;以彼比物连类,穷理立言,则韩、欧之文也。易象错综之注,殆阐四圣未发之蕴;《大学》格物之解,将断千年不决之根。勤勤恳恳,探性命于精微,辨疑似于毫芒,则又朱程之著述也。羽翼圣经,师表后学,功孰有大于是者。详考本儒生于嘉靖四年,以《礼经》中,嘉靖壬子科乡试第五名。后因亲老终养,隐居学道。又以先臣贵州巡抚郭子章等交章荐举,蒙神庙授以翰林院待诏,知德仍辞不就位,复蒙准致仕,月给米三石。是知德之生,固禀祖宗至治之精,而实身承祖宗培溉之泽矣,惟易名从祀一事尚未举行,则由神祖圣宗留之,以待我皇上者也。夫事以久而愈彰,论以久而益定,今群书毕进,学行备载,似可诏集廷臣,细加讨绎,会议举行,或不烦复俟之异日乎该臣再考。孔庙从祀诸贤,自七十子而外,其续蒙奉进者,春秋及汉,有左丘明、高堂生、公羊高等九人,隋有王通一人,唐有韩愈一人,宋有周敦颐、程颐、程颢等十六人,元有许衡,昭代已有薛宣、王守仁等四人,此皆历代人主及我祖宗身任斯文,见其事于一端者。以知德之德业昭彰,固不在诸贤之下,况我皇上之隆崇理学,又当擅帝王之美。近见皇上数幸太学,表彰先儒,既于往代,统加尊优,岂于昭代反靳异数?固知继往开来,原皆我皇上道揆中庸,正可因知德以志嗜尚耳。或有谓时事多艰,此事似为可缓者,臣谓乱之所从起,正由子不知有孝,臣不知有忠,正须提明教以砥□之,则经术所以经世务未始,非救时一大机括。况知德为蜀儒,臣幸为蜀官,官其地,知其人,而不以上闻,是蔽贤也,则臣之自处又将何如哉?恳乞敕下该部,将从祀、谥名二事一并议,覆将见圣道大成,益昭著于崇儒之际，而天下后世具淬砺于风厉之条矣。其知德遗书所录，自《易注》《大学古本》及《格物图解》而外，颇及应酬词语，刊字亦不无差讹，臣亦不敢削正一字，以失本来，除止就原板刷印进览，并送该部□察。外臣谨会同巡抚陈士奇合词具题，臣无任激切，恳祷待命之至。崇祯十六年八月十三日具题。（命下，因乱未经通行。）①

此奏疏先概述来知德生平及学术成就，指出其著述成就乃"易象错综之注，殆阐四圣未发之蕴；《大学》格物之解，将断千年不决之根。勤勤恳恳，探性命于精微，辨疑似于毫芒，则又朱程之著述也。羽翼圣经，师表后学，功孰有大于是者"。随后简要罗列了历代得以入祀孔庙者都有哪些士人，"孔庙从祀诸贤，自七十子而外其续，蒙奉进者，春秋及汉，有左邱明、高堂生、公羊高等九人，隋有王通一人，唐有韩愈一人，宋有周敦颐、程颐、程颢等十六人，元有许衡，昭代已有薛宣、王守仁等四人，此皆历代人主及我祖宗身任斯文，见其事于一端者"。"此皆历代人主及我祖宗身任斯文，见其事于一端者。"可见至少在此奏疏中，刘之勃主张来知德的学问德行，特别是在对经典的阐释方面，可与上述得以从祀孔庙之先贤作比，符合增祀的标准。而他在向崇祯皇帝申明推动来知德从祀孔庙的缘由时说："以知德之德业昭彰，固不在诸贤之下，况我皇上之隆崇理学，又当擅帝王之美。"当时明朝统治已处风雨飘摇之中，刘之勃认为"或有谓时事多艰，此事似为可缓者，臣谓乱之所从起，正由子不知有孝，臣不知有忠，正须提明教以砥□之，则经术所以经世务，未始非救时一大机括。"可见刘之勃认为推动来知德这样的前贤增祀于孔庙，可视为重整士风人心的一种手段。遗憾的是，两年之后明朝便灭亡，而据《崇祯实录》载崇祯十六年（1643）八月二十五日载，张献忠、李自成的兵锋已分别波及长沙与襄阳，①进一步逼近蜀地，巴蜀地区不久后也陷入战火之中，崇祯十七年（1644）正月，张献忠大破川中郡邑。四月蜀中得知京师城破，人心大乱。刘之勃本人随后也退保成都，经抵抗

---

① （明）戴诰、古之贤等：《太史来瞿唐先生年谱》，《北京图书馆藏珍本年谱丛刊》第50册，北京：北京图书馆出版社，1999年，第183-187页。
① 《崇祯实录》卷16，校印本《明实录》附录02，"中研院"史语所藏嘉业堂旧藏抄本，台北："中央研究院"史语所，1967年，第485-488页。

后被俘，不屈殉难。①明末这次关于来知德入祀孔庙的决议因时局动荡而未能真正施行，从刘之勃的奏疏中不难发现，讨论祀典的初衷是以此重整士风，振奋民心士气，最终的结果却是朝廷"命下，因乱未经通行"。此篇《从祀疏》中所载便是最早一次为来知德奏请增祀孔庙的活动。

二、乾隆九年山东道监察御史张汉奏请将来知德配享学宫

中国第一历史档案馆藏有一份乾隆九年（1744）十一月二十一日山东道监察御史张汉的《奏请将明儒来知德配享学宫事》奏折。作者张汉时任山东道监察御史。这份奏折是笔者查知的清代第一次奏请将来知德纳入孔庙从祀体系的尝试，遗憾的是尚未查得全文。只能从清代康雍乾三朝对孔庙祀典的修订出发，推断张汉此次上奏的政治文化环境。雍正二年（1724）清朝出于巩固统治的需求对祀典做出的重大改动，因其影响深远值得特别注意。除此之外，通过分析围绕张汉上书的乾隆九年前后，清廷几次涉及孔庙祀典的重要讨论，如乾隆二年（1737）复祀元儒吴澄、乾隆十二年（1747）讨论并驳回了阮学浩、阎若璩多条有关孔庙祀典的建议等或能推断出乾隆朝对孔庙从祀问题的看法，进而推断此次为来知德奏请配享学宫的尝试未能通过的原因。

明清易代，清朝统治者一方面日益重视儒学的作用，康熙亲自赴曲阜祭孔，显示自上而下尊孔崇儒的举措，但在雍正时却对州县名宦、乡贤祠祀严格审核，对孔庙祀典的把控自然更加严格。从祀不仅涉及学术，更牵涉朝廷尊荣、儒生利益，清廷在善加利用的同时，严格垄断孔庙礼仪。据黄进兴的研究：孔继汾因整理孔子家仪与《大清会典》不符，遭到整肃。乾隆朝尹嘉铨贸然为其父请祀孔庙而获罪。在具体的孔庙从祀问题上，清初由于存在一种以"王学"盛行来解释明朝灭亡部分原因的论调，以维护朱门自任的阎若璩于康熙四十二年（1703）撰《孔庙从祀末议》，能看出康雍乾三朝文庙更制的线索之一便是"返归程朱"。而雍正二年（1724）据廷议复祀林放等六位先儒，以纠正嘉靖改制带来的变化，又增祀二十人，是唐代以降规模最大的增祀，其中程朱学派十三人，

---

① （清）张廷玉等：《明史》卷263《刘之勃传》，北京：中华书局，1974年，第6812页。

陆王学派却无一人，程朱一系成为官方思想的基调。①《清世宗实录》明确记载了这次祀典变动的动议、礼部议的过程及雍正皇帝的具体意见。雍正二年五月十九日：

圣谕云：附飨庙庭诸贤，或有先罢而今宜复者？

臣等议得：明嘉靖时，厘定祀典，改祀于乡者七人：林放、蘧瑗、郑康成、郑众、卢植、服虔、范宁。罢祀者四人：秦冉、颜何、戴圣、何休。今俱宜复其从祀也。

圣谕云：有旧缺而今宜增者？

臣等公同详考先儒事实，请增入两庑从祀者共十八人：孟子门人乐正子、公都子、万章、公孙丑，汉诸葛亮，唐陆贽，宋韩琦、尹焞、黄榦、陈淳、何基、王柏，元金履祥、许谦、陈澔，明罗钦顺、蔡清，本朝陆陇其。允宜增入祀典者也。

圣谕云：崇圣祠或有可升而附者？

臣等议得：宋张子横渠之父张迪一人，可以附入崇圣祠。

圣谕云：先贤先儒之后，孰当增置五经博士？

臣等议得：孔门弟子冉伯牛、仲弓、冉求、宰予、子张、有若六子，均宜确访嫡裔，赐以世袭五经博士，以昭崇报者也。

以上四条。恭候睿鉴裁定。

得旨：先儒从祀文庙，关系学术人心，典至重也。宜复宜增，必详加考证，折衷尽善，庶使万世遵守，永无异议。尔等所议复祀诸儒，虽皆有功经学，然戴圣、何休未为纯儒；郑众、卢植、服虔、范宁谨守一家言，转相传述；视郑康成之淳质深通，似乎有间；至若唐之陆贽、宋之韩琦，勋业昭垂史册，自是千古名臣，然于孔孟心传，果有授受而能表彰羽翼乎？其他诸儒，是否允协？以及宰予、冉有增置博士之处，着再公同确议，务期至当不易具奏。①

---

① 黄进兴：《优入圣域：权力、信仰与正当性》，西安：陕西师范大学出版社，1998年，第319—335页。

① 《清实录》第7册《世宗实录》卷20《雍正二年五月》，北京：中华书局，1985年，第327页。

雍正皇帝询问朝臣，有哪些儒者前遭罢祀，今宜复祀？哪些儒者应当增祀？哪些从祀之儒的父亲有资格入祀崇圣祠？两庑先贤先儒之下谁能够入"五经博士"之列？官员议定后认为：先将嘉靖更动祀典而改祀于乡的七人，罢祀的四人恢复从祀地位，增祀十八人，张载之父张迪可入崇圣祠，再增五经博士六人，共计三十六人。雍正皇帝审阅后，对其中十一人提出具体的质疑，朝臣建议复祀的儒者虽然都有功于儒家经典的阐释，但戴圣、何休学问驳杂，并非纯正儒者；郑众、卢植、服虔、范宁虽然能够"谨守一家言"，但传述有余，创见不足；郑玄虽然"淳质深通，似乎有间"；唐代陆贽、宋代韩琦虽然是功载史册的治世名臣，但似乎并没有对孔孟之学的阐释、发展做出有分量的贡献；宰予、冉有是否能够纳入"五经博士"之列？这样更动从祀名单，是否能做到整体协调？进而要求官员再议。

雍正二年八月二十四日，又经过三个多月的商议，最终确定：

> 从祀孔庙宜复祀者六人：林放、蘧瑗、秦冉、颜何、郑康成、范宁。宜增祀者二十人：县亶、牧皮、乐正子、公都子、万章、公孙丑、诸葛亮、尹焞、魏了翁、黄幹、陈淳、何基、王柏、赵复、金履祥、许谦、陈澔、罗钦顺、蔡清、陆陇其。入崇圣祠者一人，张迪。宜增置博士者四人：冉雍、冉伯牛、子张、有若。此三十一人。或亲承训论，递衍源流；或远契心传，倡明正学。升诸从祀之列，予以延世之赏。人心公论，皆为允合。
>
> 得旨：朕念先贤先儒扶持名教，羽翼圣经，有关学术人心，爰命九卿详议。今诸臣参考周详，评论公正，甚合朕心。着依议行。①

从确定的三十一人名单看，此前雍正明确提出疑义的十一人中，卢植未能复祀；戴圣、何休、郑众、服虔、陆贽、韩琦未能从祀；宰予、冉有未入五经博士之列。仅郑玄、范宁得以最终入选。此外又新增了县亶、牧皮、魏了翁、赵复进入孔庙从祀。不难看出，雍正的意见在此次祀典更动中起了至关重要的作用。入选者都是雍正认为能够"远契心传，

---

① 《清实录》第7册《世宗实录》卷23《雍正二年八月》，北京：中华书局，1985年，第374页。

倡明正学，扶持名教，羽翼圣经"的儒者，不仅需要学脉渊源纯正，更要对儒家经典有重要的传注贡献。站在为来知德奏请入孔庙从祀的那些官员、士人的角度来看，鉴于来知德是明代儒者，本次入祀的明儒罗钦顺、蔡清及本朝的陆陇其自然会在之后相当长的一段时间内成为来氏入祀孔庙的参照对象。雍正二年此次祀典更动，更是乾隆朝处理孔庙从祀问题的重要依据。

在张汉乾隆九年上奏为来知德奏请配享学宫之前，乾隆二年（1737）复祀了元儒吴澄，乾隆三年（1738）晋升有若入"十二哲"，相关的讨论可能会成为廷议中讨论张汉上疏时的重要援引案例；而张汉上书三年后的乾隆十二年（1747），乾隆讨论并驳回了翰林院检讨阮学浩、贡生阎若璩的十一条有关孔庙从祀的上疏。根据张汉上书前后几个有关祀典的案例，或能推测这一时期乾隆对于孔庙从祀问题的整体态度，仍旧是依据雍正二年的祀典更动严格把控。而乾隆二十六年（1761）山东按察使的沈廷芳奏请增祀曾子、孟子门人及本朝之儒汤斌的议案，却被乾隆批评是"捋扯浮文，何济实政？"足见官员、士人上奏从祀议案时需要承担一定的政治风险。结合前后这几个案例，或能更好地理解张汉此次上奏的政治文化环境。

乾隆二年（1737），清廷恢复元儒吴澄从祀孔庙的地位。这是出于巩固满人入主中原合法性的考虑。明代罢除吴澄从祀是基于"夷夏之防"指控其曾为宋臣，却在宋亡后仕元，乃"忘君事仇"。清廷声称夷狄中国则中国之，吴澄顺应蒙古人统治并非"忘君事仇"，那么凭借其经学领域的成就是能够从祀孔庙的。①从这一层面来看，此时乾隆对孔庙从祀问题的态度是十分务实的，复祀吴澄有利于安抚那些由明入清的士人：为清政府服务不必担心夷夏之别，不必担心世人针对气节操守的指责。不过，复祀吴澄的案例在清代孔庙从祀问题中也较为特殊，乾隆对此事的务实处理实际上仍是在雍正二年祀典更动的原则和结论下严格展开的。在《清高宗实录》中今人还能看到乾隆十二年（1747）乾隆与朝臣讨论阮学浩、阎若璩有关孔庙从祀的十一条上疏并逐一给出处理意见。其中关于"又所称、两庑先贤先儒。位次凌躐。宜请厘正"。乾隆认为：

---

① 朱鸿林：《儒者从祀孔庙的学术与政治问题》，《孔庙从祀与乡约》，北京：生活·读书·新知三联书店，2015年，第14页。

两庑从祀诸人，累朝互有出入。盖书生习气，喜逞臆断而訾典章，就其一偏一曲之见，言人人殊，考之前史，甚至有迎合时事，党护乡曲者。汉臣议礼如聚讼之讥，良有以也。阮学浩所信者，阎若璩之说。而阎若璩此条，如何厘正？若者宜先？若者宜后？在阎若璩即无定论。况孔庙祀典，于雍正二年奉皇考世宗宪皇帝谕旨，令廷臣集议，所有应增祀复祀之先贤先儒，已经一一厘正。阎若璩所谓西多于东者，盖未厘正以前之旧。今定从祀东庑六十二人，西庑六十一人，位次秩然，初无凌躐，现载《大清会典》，阎若璩固未及见，阮学浩、何备官而亦未之闻耶？祀典关系重大。若只凭其私心浅见，率议更张，忽进忽退，忽东忽西，成何政体？以朕观之……即不可施行。是以明切晓谕，令众知之。①

对于阮学浩、阎若璩提出的"第三条，复祀秦冉、颜何，补祀县亶。第四条，增祀乐正克。第七、八两条增祀诸葛亮、范仲淹。第十条，增祀黄幹"等问题，实际上早已在康熙、雍正朝议定。第二条中"升祀有若于庙庭（即入孔庙十二哲之列）"已经在乾隆三年（1738）施行。而对于"其第二条内，议升祀公西华于庙庭""再第四条，议增祀公明仪。第五条，增祀曾申、申详。第六条，增祀汉河间献王刘德""第九条，议改祀蔡元定于两庑"②乾隆的具体回应是：

议升祀公西华于庙庭，据阎若璩以《论语》"孟武伯问仁""子路曾皙等侍坐"两章为断。查《论语》所记四科诸贤，盖专指从于陈蔡者而言。唐开元中，据此遂定为十哲，升祀庙庭。其实《史记》载孔子之言谓：受业身通者，七十有七人，皆异能之士。则知圣门高贤，原不止此数。故宋咸淳中，升祀子张。本朝乾隆三年，升祀有若。皆以补唐礼所未备。至公西华之贤，固不下于季路、冉有。然七十子之中，如子贱、子羔、原思、南容、

---

① 《清实录》第12册《高宗实录》卷302《乾隆十二年十一月上》，北京：中华书局，1985年，第956-957页。
② 《清实录》第12册《高宗实录》卷302《乾隆十二年十一月上》，北京：中华书局，1985年，第957-958页。

漆雕开、皆为圣人所深许，较之公西华，亦难为轩轾。即以阎若璩据《问仁》一章，谓与由求并称，当升公西华。而所据《侍坐》一章，则曾子升配，已不能复进曾皙。是议礼纷纷如聚讼，转不如姑仍其旧之为安也。

……

查公明仪、曾申、申详，见于《孟子》及《檀弓》等书，皆能守家传、谨师法，以不背于圣贤之徒。但授受渊源，既罕明证，其阐明圣道，亦别无考据。

汉河间献王刘德、修学好古。所得皆古文先秦旧，如《周官》《尚书》《礼记》之属，事迹具载《汉书》。但当暴秦之时，转徙流离，藏遗经于焚书坑儒之会，诸儒实为其难。及挟书之禁已弛，以藩王有土之尊，出其力以搜求图籍，献王实为其易。

若因子张之弟子，增祀公明仪，则曾子高弟，尚有乐正子春、子襄、公明高。

若因曾子之孙，子张之子，增祀曾申、申详，则孔氏子孙之贤者，尚有孔斌、孔穿、以下多人。

若因有功经籍，增祀刘德，则藏书壁中、避祸嵩山之孔鲋，亦未列俎豆。

事阅数千年，博议者未之及，非有阙遗，实重之也。

又其意以为蔡元定，自有功圣门，非以子重。果如所言，不但无以处曾皙，即程珦、朱松、于圣道亦各有体认，岂皆以子重者？此其为臆说无凭，又不辨而自明。

以上各条。俱毋庸议。从之。①

可见，乾隆明确强调雍正二年厘正祀典的重要性，且言明相关典章已收入《大清会典》，上书言事者特别是官员不应不知，但阮学浩、阎若璩此处所提建议中，厘正两庑先贤先儒位次及多条增祀建议显然未曾提前与既有典章制度对照。而乾隆三年（1738）升祀有若，是仿照宋代咸淳年间升祀子张，"皆以补唐礼所未备"。孔门弟子中与公西华贡献相当

---

① 《清实录》第 12 册《高宗实录》卷 302《乾隆十二年十一月上》，北京：中华书局，1985 年，第 957-958 页。

者还有不少,如果据阎若璩之意升祀公西华,那么可能会造成"是议礼纷纷如聚讼,转不如姑仍其旧之为安也",不如维持现状。其他几条援引前例以求增祀的提议,都能在儒家经典和传世史籍中找到条件基本相符之人,如果据此增祀也必然引发更多争论。可以说乾隆对于孔庙祀典,特别是因循多年的成例持十分谨慎的态度,或视为"定论",为避免在祀典方面再出现不必要的争议,并没有过多更动之意。由此,基本可以推断乾隆九年(1744)张汉上奏请求将来知德配享学宫,是在这样的政治文化氛围下进行的。虽然此时来知德其人其学已有了进一步的传播与发扬,但要在这样的历史条件下成功跻身孔庙从祀体系还是有不小的难度。

结合上述几个案例不难看出,这一时期清朝统治者对待孔庙从祀问题十分务实,而且保持十分严格且谨慎的态度,不会因为个别儒生或官员的意见随意更动,否则便不能对孔庙祀典拥有绝对掌控与解释权。特别是乾隆个人对于一些官员出于个人见解或某些政治目的轻言更动祀典,却不务本职实务的举动已有言辞上的切责。这些应当都是乾隆九年(1744)张汉提出以来知德配享孔庙之议,最终未能通过的一些重要原因。

三、道光至光绪年间四次增祀来知德于孔庙的动议

在前文已提及的李承玖为桂香书院本《太史来瞿唐先生年谱》所撰新序中,有以下文字:

……附载崇祯时刘巡按(之勃)奏请从祀易名疏稿,已命下礼臣议覆允行,因鼎革未及饬遵。至道光间,王宝珊(笃)督学会同川督复请,将高宗御案采择《来注》各条及《明史》所载先生崖略均未声明,以致部驳。此后左太史马实夫(秀儒)观察吁请徐制军(泽醇)具题,值制军瓜代去。光绪辛巳,同邑李尧咨(秉中)副车禀恳陈伯双(懋侯)督学再申前奏,又值督学丁艰。奔前后两次,均未遑入告。说者谓天虽偶迟其报享,天岂终吝其蒸尝,夫有剥必复者,天道之循环,由困而亨者,易理之消长。方今圣天子稽古右文,崇儒重道,远迈前明,贤有司表彰潜德,阐发幽光,岂输先哲?倘因斯谱上达宸聪,比照近年陕西吴学政

（大澂）奏准从祀蠚厔李二曲（中孚）征君新案，分俎豆之馨香，锡华衮之美谥，安知非彼苍者留以待圣主贤臣炼娲皇石以补此缺陷欤？则谓此谱之重刻为指日从祀易名之预兆先声可，即谓当年馆库之收藏为已升堂入室亦可。至先生之学问人品，《明史》暨当日公卿之月旦具在，岂待晚近后生捧土以益泰山，抱细流以增河海耶！兹惟识重刻专本所缘起云。①

引文前半段讲述了刊刻此本的过程，后半段则可梳理出三次为来知德争取从祀孔庙的尝试。道光年间，督学王宝珊会同当时的"川督"上疏请将来知德从祀孔庙。此后，马秀儒与徐泽醇再次动议上疏纳来知德入孔庙从祀，也未实现。经查，马秀儒字艺林，道光十五年（1835）进士，道光二十三年（1843）在河南赈灾后升四川成绵龙茂道迁按察使，咸丰五年（1855）擢湖北布政使。民国《山东通志》有传。①徐泽醇，汉军正蓝旗人，嘉庆庚辰（嘉庆二十五年，1820）进士，②道光十九年（1839）任（重庆知府），③道光三十年（1850）兼署四川总督。④因此，根据马秀儒与徐泽醇共同在蜀地任官的时间推断，此次上疏的时间应在道光三十年（1850）至咸丰初年之间。光绪七年（1881）梁山县李秉中会同督学陈懋候再提来知德从祀孔庙议，但因陈督学丁忧，"奔前后两次，均未遑入告"。这三次尝试推动来知德从祀孔庙的动议由于缺乏直接的资料记载，暂无法直接展开分析与论述，只能留待日后进一步研究。但尚能根据既有研究推断这一时期清政府对孔庙从祀问题的一些变化。

清代中晚期，世事变化，特别是鸦片战争爆发后，在千年未有之变局下，国家需要治世名臣以应对变局，反映在孔庙从祀上的变化例如道光六年（1826）陆贽、咸丰元年（1851）李纲、咸丰二年（1852）韩琦从祀，以激励非常之才；国家危难，需褒奖忠贞气节，于是道光二年（1822）刘宗周、道光二十三年（1843）黄道周、咸丰九年（1859）陆秀夫、同

---

① 此序见于四川省图书馆藏桂香书院本《太史来瞿唐先生年谱》。
① 《民国山东通志》卷175《马秀儒传》，1918年铅印本，第17676页。
② 《咸丰济宁直隶州续志》卷10《职官志·国朝河道职官表》，清咸丰九年刻本，第62页。
③ （清）王梦庚修，（清）寇宗纂：《道光重庆府志》卷4《职官志》，《中国地方志集成·四川府县志辑5》，成都：巴蜀书社，1992年，第162页。
④ （清）李玉宣修；（清）衷兴鉴等纂：《同治重修成都志》卷4《职官志第六》，《中国地方志集成·四川府县志辑2》，成都：巴蜀书社，1992年，第160页。

治二年（1863）方孝孺等为国殉节者从祀。道光二年至宣统二年清廷共下达了二十二道从祀诏，增列从祀33人，我们从中更多看到的是时局变化下统治阶层的实际需求。①道光、光绪年间几次推动来知德从祀的活动便是在这样的背景下展开的。

光绪十一年（1885），时任四川总督的丁宝桢基于前人的经验，上《明儒来知德请从祀两庑折》，其文如下：

明儒来知德请从祀两庑折

光绪十一年七月初四日

奏为请将故儒从祀文庙以彰圣学恭折：仰祈圣鉴事，窃据前署布政使如山转，据梁山县知县邹放详准，教谕张仕文牒称："伏查前明故儒来知德，生于嘉靖乙酉年，幼有至性，乡里称为孝童，以礼经中嘉靖壬子科举人。三试礼闱不第，闻亲抱病，决计归养迨二亲。继殁，庐墓六年。服阕后，终身布衣疏食，不见有司。其家产则尽让于兄，友爱极至。尤笃志好学，专讲《大学》致知格物之功，穷研经史。所著《日录》分内、外两篇，共计十余种，皆振兴正学，维持名教，而其著述极深微者，则尤在《周易集注》一书。尝有思至十数夜不能成寐者，一日忽读"见豕负涂"之句，遂深思有得，顿悟易象，又悟文王《序卦》、孔子《杂卦》之意。后阅数年，始悟卦变之非。盖积二十九年之久，而书始成。其宗旨以伏羲圆图为错，以文王《序卦》为综，以错、综二字极易象之变，发千古之秘，四圣之所欲言者，率不外乎此。万历三十年，经四川总督王象乾、贵州巡抚郭子章举荐，授翰林院待诏，因老力辞，仍饬有司月给米三石，终其身。三十一年，该儒既殁。三十五年，奉旨建设石坊。三十六年，入祀乡贤祠。崇祯十六年，巡按刘之勃题请从祀予谥，京师戒严，未及议行。伏读《钦定明史》，已将该儒列入《儒林传》，所著《易注》收入《四库》，是该儒之著作，早邀朝廷洞鉴矣。窃思该儒研究易理，专注易象，阐发河洛之奥旨，遥承羲孔之渊源，揆之功令，实与咸丰十年部

---

① 黄进兴：《优入圣域：权力、信仰与正当性》，西安：陕西师范大学出版社，1998年，第319-335页。

议相符，应请从祀庙廷等情，请具奏前来。臣覆查该故儒来知德躬持名教，学究天人，当其矢志养亲时，即大书"愿学孔子"四字缚于臂，是其锐志圣贤已可概见。所著《日录》，大致谓《大学》一书，归本格物致知，而其间所发各议于圣门体道功夫，实能推阐尽致。至其羽翼圣经，师表后学者，则莫如《周易集注》一编。《周易》自有明以前，诸儒皆以象失其传，不言易象，止言其理，究之象不着明，则理亦无所附丽，遂使四圣微言秘旨几于尘封。该儒乃殚精研思，注明易象，隐万县求溪山中，昼夜刻苦，越二十余年，而始悟洵足，以启迪后来，默契前圣，允宜袝缮庙廷，以彰异数。查该儒在前明时，仅得入祀乡贤，并于学宫旁修建特祠。至从祀之请，虽经刘之勃剀切疏陈，而时届鼎革，未及议礼。是发微阐幽之典，实有待于我朝矣。伏考该故儒事迹，《钦定明史》已载入《儒林传》，并将其所著《易注》收入《四库全书》，且恭读《御纂周易折中》，其说兼采，《御纂周易述义》，其旨多符。是该儒学术精粹，久在圣明特赏之中，而袝缮巨典尚复阙如。合无仰恳天恩，俯准饬部核议来知德从祀两庑，以表遗德，而彰圣学出自鸿慈。除咨部外，理合恭折具奏，伏乞皇太后、皇上圣鉴、训示，谨奏。①

这份奏疏除介绍来知德的生平与学术成就外，重点当在于丁宝桢特地提出来知德的德行及学术"实与咸丰十年部议相符"，因而此处应当援引了咸丰十年清廷关于明儒曹端从祀孔庙的一次重要前例。《清文宗实录》咸丰十年（1860）四月二日载：

> 先是礼部奏，遵议河南巡抚瑛启奏明儒曹端从祀文庙。
> 得旨：大学士、军机大臣、另行妥议具奏，并酌定以后从祀章程，不可漫无限制。若定例原有专条，即不必酌定章程，遵例行，不准援案。
> 至是奏称：曹端笃信好学，守道不移，崇正辟邪，以力行为主，论者推为明初理学之冠。应如该部所请，准以明儒曹端从祀

---

① （清）丁宝桢：《丁文诚公奏稿》，《续修四库全书》第五〇九册《史部·诏令奏议类》，上海：上海古籍出版社，2003年，第730-731页。

文庙东庑，其位在先儒胡居仁之上。至从祀章程，例无明条，应以阐明圣学、传授道统为断。嗣后除著书立说，羽翼经传，真能实践躬行者，准奏请从祀文庙外，其余忠义激烈者，入祀昭忠祠；言行端方者，入祀乡贤祠；以道事君、泽及庶民者，入祀名宦祠。概不得滥请从祀文庙。其明儒贤辅，已经配享历代帝王庙者，亦应饬无庸再请从祀。从之。①

咸丰十年（1860）议定明儒曹端从祀孔庙的理由是"笃信好学，守道不移，崇正辟邪，以力行为主，论者推为明初理学之冠"，随后，清政府再次强调了孔庙从祀制度不宜随意更动，"不得滥请从祀文庙"。并明确说明哪些人可以入祀昭忠祠、乡贤祠、名宦祠。因而，丁宝桢的奏疏，除列举来知德的学术成果外，还指出《钦定明史》收录来知德传、《四库全书》收录《周易集注》《御制周易折中》对《周易集注》的注引，并说明来知德有关周易的论述其义旨有不少与《御纂周易述义》的提法相符，以此说明来知德的学术及著作符合自康熙朝以来清朝最高统治者的需求，由此也证明来知德符合"阐明圣学、传授道统为断。嗣后除著书立说，羽翼经传，真能实践躬行者"的标准，其德行、学术成就已然超出了乡贤祠"以道事君、泽及庶民者"的要求，有足够的理由进入孔庙两庑从祀的位阶。

此外还有一点值得注意，明末刘之勃的《从祀书》末尾虽称"命下，因乱未经通行"，但笔者尚未找到对此奏疏的廷议等官方记载。上述丁宝桢奏请将来知德纳入孔庙"两庑"的从祀位阶，《清德宗实录》中所记光绪十一年乙酉八月清廷将此事"下礼部议"①，当是目前仅见的清政府对来知德从祀孔庙问题的直接处理意见。遗憾的是，囿于史料的有限，目前笔者暂未找到此次"礼部议"的具体记载。不过，这份奏折的全文及清廷"下礼部议"的答复，都在1885年10月11日第4488号《申报》第12版《京报全录》中被全文刊载。②因而此次丁宝桢请求将来知德从祀文庙两庑的活动，通过近代报纸传媒不仅得以在更广的范围内传播，

---

① 《清实录》第44册《文宗实录》卷315《咸丰十年四月上》，北京：中华书局，1985年，第631页。

① "四川总督丁宝桢奏：请表明儒来知德从祀文庙。下礼部议。"见《清实录》第54册《德宗实录》卷213《光绪十一年八月上》，北京：中华书局，1985年，第1000页。

② 《申报》1885年10月11日第4488号第12版《京报全录》。

更使原本由官员、士人运作，上疏申报"请从祀"，进而由皇帝御览后下发礼部商议的运作流程呈现在报刊读者面前。随着近代传媒方式的变迁，"请从祀""礼部议"等王朝国家政治文化活动的运作过程，得以被更广泛的社会阶层所知晓。来知德其人其学，也由此得到了更广泛的传播。

结合以上案例，晚明至清众多官员、士人为来知德从祀孔庙付出了持续不断的努力，但结合历史的实际情况，我们可以得知，来知德最终还是未能跻身从祀孔庙的先贤之列，这不得不说是历史上的一大憾事。

四、来知德的著述、年谱等资料在奏请增祀文庙活动中的作用

我国古代士人文集的编订、重印，有一部分是作者在世之日对自己一生的学术成就加以总结，还有不少是其乡里后学为宣扬彰显其学术的举措。如果将士人文集的刊刻活动置于孔庙从祀变迁的运作过程中来理解，就不难发现其中也包含了明显的现实考虑。以明代从祀王阳明时所产生的争议为例，或可见儒者著述在孔庙从祀议案中的重要作用。据朱鸿林研究，王阳明从祀议案中反对者质疑的一大论点便是其没有足够分量的个人著述，按照传经的标准，王阳明并没有注释经典之作，他的《传习录》只是语录对话。这是十分有力的质疑，也因此很快便有支持王阳明从祀者出来刻印其著作。其中颇为重要的是，隆庆六年（1572）和万历元年（1573），支持阳明从祀的谢廷杰分别在浙江、南京刊刻《王文成公全书》。前后两年便在两个江南重地刊刻王阳明的文集，是由于谢廷杰在浙江巡按御史任上与浙江当地行政官员意见不一，以至于次年转任南畿督学御史时要按自己的意思重刻新版，其编订刻印王阳明文集的目的便是将阳明的文章、书信、语录等结集刊刻，以作为支持王阳明从祀的实物证据。①这一问题，在来知德的从祀问题上也有明显的体现。来知德的《周易集注》在明清两代流传甚广，仅明末就有五次刊刻，而清代更迭经刊布，见于载记者不绝如缕。②而有关《来瞿唐先生日录》在本书第二章有详细的说明。从现存两份奏请将来知德增祀孔庙的上疏及李承玖重印桂香书院本《太史来瞿唐先生年谱》所撰序言中可见，晚明至清的

---

① 朱鸿林：《儒者从祀孔庙的学术与政治问题》，《孔庙从祀与乡约》，北京：生活·读书·新知三联书店，2015年，第14—16页。
② （明）来知德：《周易集注》，张万彬点校，北京：中华书局，2019年，点校说明。

几次对来知德著作及年谱的重印实际上与历次奏请增祀的活动存在较为密切的关系。

崇祯十六年（1643）八月刘之勃所上《从祀疏》中便称"为真儒之学行，久着谥祀之异典。尚稽谨约略生平，彚进遗书，以备廷议，以光盛治事""随取其诸刻而细读之，见其议论切实，行谊醇正，真有非近世诸儒所能及者"。在此奏疏最后更具体提到"其知德遗书所录，自《易注》《大学古本》及《格物图解》而外，颇及应酬词语，刊字亦不无差讹，臣亦不敢削正一字，以失本来，除止就原板刷印进览，并送该部□察"①。想来彼时来知德著作存在多个刊本，尚未厘清其脉络，此次随奏疏进呈的"《易注》《大学古本》及《格物图解》"等书在字词层面便存在"差讹"，刘、陈在具表申报时声称为使进呈的著作尽可能真实地反映来知德其人其学的状况，对文本"不敢削正一字"。嘉庆十四年（1809）符永培在周大璋本基础上重刻了宁远堂本《重刻易经来注》。

除了来知德本人的著作外，梁山县当地还对来知德《年谱》还进行了重刻：道光十一年（1831），时任梁山县令的区拔熙①主持重刻了《太史来瞿唐先生年谱》。光绪七年（1881），梁山当地学人李承玖又将区拔熙所刻的《太史来瞿唐先生年谱》进行了翻刻，因此本刻于梁山当地的桂香书院，史称桂香书院本《年谱》。此外，李承玖在重印桂香书院本《太史来瞿唐先生年谱》序言中甚至直接指出，道光年间为来知德奏请入祀孔庙的奏疏未能成功获批有一重要原因："高宗（当指乾隆皇帝）御案采择《来注》各条及《明史》所载先生传略均未声明，以致部驳。"②这两份文本虽不是来知德本人的著述，但却是康熙、乾隆两朝对来知德学术成就的官方意见。光绪十一年（1885）丁宝桢为来知德请从祀的奏疏中也提到："伏读《钦定明史》，已将该儒列入《儒林传》，所著《易注》收入《四库》，是该儒之著作，早邀朝廷洞鉴矣。"③足见这些奏请将来知德纳入孔庙从祀

---

① （明）戴诰、古之贤等：《太史来瞿唐先生年谱》，《北京图书馆藏珍本年谱丛刊》第50册，北京：北京图书馆出版社，1999年，第183-187页。
① 区拔熙，广东高明进士，道光十年调补任。见（清）朱言诗：《光绪梁山县志》，《中国地方志集成·四川府县志辑54》，成都：巴蜀书社，1992年，第218页。
② 见于四川省图书馆藏桂香书院本《太史来瞿唐先生年谱》李承玖撰序言。
③ （清）丁宝桢：《丁文诚公奏稿》，《续修四库全书》第509册《史部·诏令奏议类》，上海：上海古籍出版社，2003年，第730-731页。

体系的官员已然充分了解到,如欲成其事,则有必要随奏疏一并进呈著作、年谱及其他一些能够反映来知德学术成就的资料。

笔者虽暂未查到所谓"高宗御案采择《来注》各条"的具体内容,但却在康熙皇帝命李光地编纂的《御制周易折中》中查得7处引自来知德《周易集注》的内容。①无论是康熙朝《御制周易折中》引述来知德,还是所谓"高宗御案采择《来注》各条",再到四库馆臣将来知德的《周易集注》收入《四库全书》,并在《四库全书总目提要》中加以解题,都是康乾时期国家最高统治者对来知德著作学术价值的判断,更可以视作为来知德学术地位的一种重要政治背书;此外,康熙朝编订的《明史》时将来知德纳入《儒林传》,则是清初修史活动中对来知德其人其学的重要认定。而较早的万斯同《明史》中对来知德的学术评价多出一些词句,现将两文本罗列如下以备比勘:

张廷玉修订《明史》来知德本传:

> 其学以致知为本,尽伦为要。所著有《省觉录》《省事录》《理学辨疑》《心学晦明解》诸书,而《周易集注》一篇用功尤笃。自言学莫邃于易。初,结庐釜山,学之六年无所得。后远客求溪山中,覃思者数年,始悟易象。又数年始悟文王序卦、孔子杂卦之意。又数年始悟卦变之非。盖二十九年而后书成。①

万斯同《明史》来知德本传:

> 其学以致知为本,尽伦为要。谓《大学》之格物,乃格去物欲,犹孔子克己复礼为仁,孟子养心莫善寡欲之意,皆除去有我之私也。识者善之□。所著有《省觉录》《省事录》《理学辨疑》《心学晦明解》诸书,而《周易集注》一编,用功尤笃。自言学莫邃于易。初,结庐釜山,学之六年无所得。后远客求溪山中,潜精覃思者数年,始悟易象。又数年始悟文王序卦、孔子杂卦之意。又数年始悟卦变之非。盖二十九年而后书成。其专精如此。②

---

① 参见(清)李光地:《御纂周易折中》,《文渊阁四库全书》第38册,台北:台湾商务印书馆。
① (清)张廷玉等:《明史》卷二八三《儒林二·来知德》,中华书局,1974年,第7291页。
② (清)万斯同:《明史》卷三八五《儒林三·来知德》,清抄本,第9539-9540页。

上述两本对勘后，张廷玉《明史》将"谓《大学》之格物，乃格去物欲，犹孔子克己复礼为仁，孟子养心莫善寡欲之意，皆除去有我之私也。识者善之囗"整句及"潜精覃思者数年"的"潜精"省去，其余内容与万斯同《明史》基本保持一致。两处字句上的减省，并未使文意发生重大变化。张廷玉《明史》基本认同万斯同《明史》对来知德著作的罗列，突出肯定其对《周易》的阐发成就。张廷玉《明史》来知德本传对其学术成就的介绍与评价，基本能反映康乾时代统治阶层对来知德学术的认知状况。而万斯同自修《明史》较少受到清朝统治者的影响，且他后来以布衣身份参与到张廷玉主持编修《明史》的工作中来，两书来知德本传学术评介部分应当只对文字上做了一定的精简，则说明至少在来知德的评价问题上清朝统治阶层与万斯同这位由明入清的士人观点基本一致。

结合既有研究，并查阅明清实录中有关孔庙从祀问题的一些记载，应当能更全面立体地理解这类随请从祀奏疏一并进呈的著作、年谱等"申报材料"是如何在具体的制度运作中发挥作用的。以从祀议案的运作过程来看，儒者文集等资料是皇帝同官员进行廷议时重要的参照资料。身居高位的皇帝每日需要批阅大量奏疏，礼部官员每日也需要处理许多文书资料，面对来自全国各地的这类奏疏，参与廷议的其他官员或难以对每个提请从祀孔庙者逐一深入了解。部分官员面对并不熟悉的讨论对象，在进行取舍商议时，除了会受相关儒者当时的声望及各级官员的运作力度所影响外，最直接且最可靠的评判依据仍旧是这些随奏疏进呈的相关资料。而且，儒者从祀孔庙的重要标准之一便是对儒家经典有阐发之功。决定孔庙从祀的实际权力掌握于皇帝，相关动议的提出需要官员的运作，对比此前一些案例则，在具体的廷议场景下，一旦所议儒者缺少足够分量的著述，则此儒者便不满足从祀孔庙的必要条件。从这一层面，也能看出这一时期部分儒者刊刻文集的现实考虑。在来知德从祀孔庙的议案中，随这类奏疏一并进呈的还有当时所能获取的来知德相关著述、年谱等资料。推动此议案的官员，出于使相关奏请得到通过的角度，自然需要结合当时朝廷的政治文化氛围，特别是祀典更动或孔庙从祀进退等客观条件的变动，附上相应的"申报材料"。

而对于晚明至清祀典更动是由什么人出于怎样的目的发起，应当也存在一些变化。朱鸿林曾指出："至少在明朝，没有一件从祀事情是由皇帝策动的；各个等级的士大夫，哪怕是位阶低到如县学的训导，都可以上疏提议从祀某人。奏疏一到朝廷，朝廷就必须面对，做出处理……在'非天子不礼仪'的帝制时代，制礼作乐是天子的事。但实际上皇帝通常不主动提出这些礼乐问题。问题来了时，他便让臣下辩论去，最后他必须做决定，这是因为他是君主之故……这个问题的重点应该在皇权运用的依据上……当廷议一致的时候，皇帝不会挑战，只有顺从……廷议不一致的时候，皇帝通常也不做靠边的决定，只会把事情搁置起来。"[1]可见虽然中国古代孔庙从祀问题的决定权在皇帝手中，但明代在祀典问题的讨论中士大夫的廷议意见起到了较明显的作用，清代皇帝则出于巩固统治、把握皇帝对祀典的重要决定权的缘故，十分在意孔庙祀典的更动。这也从另一个视角说明廷议在讨论从祀问题上的重要作用，而作为从祀上疏的进呈者，提供足以说明来知德著作及学术能力的材料就显得更加必要。

根据本节的梳理，笔者认为，历次运作来知德从祀孔庙的议案，对于推动有关地方特别是梁山县对来知德相关著述的整理刊印及年谱编订有重要作用，这客观上使来知德的学术成就得以进一步厘清。也有赖于此，今日的研究者得以更多元地了解来知德的相关著作，研究并评价其学术成就。

第三节 来知德崇祀活动中的士人

随着数字人文近年来逐渐兴起，出现了不少"人名传记资料库"，能够在一定时空范围内对一类甚至多种文本数据进行可视化呈现，又或者获取以具体人物为核心的士人交际网络。典型的案例便是《家族、婚姻与道学：〈仙溪志·人物传〉中的社会关系》一文，借助哈佛 CBDB 数据库分析清抄本《宝祐仙溪志》人物传中所载宋代兴化军历史人物关系网络。[2]笔者虽在多个数据库尝试检索来知德的相关资料，特别是围绕

---

[1] 朱鸿林：《儒者从祀孔庙的学术与政治问题》，《孔庙从祀与乡约》，北京：生活·读书·新知三联书店，2015年，第19-20页。

[2] 李宗翰、郑莉：《家族、婚姻与道学：〈仙溪志·人物传〉中的社会关系》，《唐宋历史评论》（第3辑），北京：社会科学文献出版社，2017年，第33-45页。

他本人的社会关系网,但数据库中与来知德相关的文本甚少,难以起到应有的作用。所幸前文在叙述为来知德修"特祠"及上书为其争取孔庙从祀地位等活动时,简要提及了一些官员、士人,他们的举动是今人了解来知德的重要资料线索。本节主要聚焦于主持历次重修来公祠及推动来知德从祀孔庙的部分官员、士人。在查找传世文献中有关这些人的记载后,对他们的身份地位、来源等进行简单梳理,使一个以崇祀来知德为核心的士人群体能初步呈现。从而在今后的研究中更深入地探索有哪些人参与到来知德的相关崇祀活动中,并思考来知德其人其学在仕宦阶层中究竟有怎样的影响力。

一、清代重修来公祠的主要官员、士人

下面以表格的形式对清代明确参与重修来公祠的官员及其概况进行统计。

重修来公祠官员统计表

主事者姓名	来公祠的重修活动	主事者身份地位、籍贯	修建来公祠前后的其他活动
林尧光	顺治十八年(1661)主持学官重修 康熙元年(1662)重修来公祠	时任梁山知县,福建莆田人,以拔贡举①	康熙元年(1662),林尧光申文,为来嗣祖请给衣顶,恢复旧典。将来知德《易》的成果,连同来知德年谱一并转申。使"来嗣祖准经衣顶奉祀,不必入考册也"。来公祠重修后书写了记事匾额及楹联
田起凤	康熙四年(1665)来任梁山,曾主张重修来公祠,其人去世后搁置	时任梁山知县,辽东荫生②	

---

① (清)黄廷桂等修,张晋生等纂:《雍正四川通志》卷31,《四川历代方志集成·第四辑》第2册,北京:国家图书馆出版社,2017年,第653页。
② (清)黄廷桂等修,张晋生等纂:《雍正四川通志》卷31,《四川历代方志集成·第四辑》第2册,北京:国家图书馆出版社,2017年,第653页。

续表

主事者姓名	来公祠的重修活动	主事者身份地位、籍贯	修建来公祠前后的其他活动
王若羲	康熙五年（1666）重修文庙学官，并重修来公祠	时任梁山知县，福建候官人，顺治十二年（1655）史大成榜进士，自"延平教授转梁山知县，多惠政，民德之"①	康熙五年（1666）修建"县署"②
孙天霖	康熙六十年（1721）重修文庙 康熙六十一年（1722）重修来公祠	时任梁山知县，江南贡生，康熙五十九年（1720）来任③	康熙五十九年（1720）增修"县署"④ 康熙六十一年（1722）重修东西城楼⑤
符永培	嘉庆九年（1804）重修文庙 嘉庆十二年（1807）重修来公祠	时任梁山知县，河南宁陵监生，嘉庆八年（1803）来任⑥	
张焕祚	同治二年（1863）重修文庙，历时三年，并重修来公祠	时任梁山知县，山东蓬莱副榜，同治二年（1863）署任⑦	

① （清）郝玉麟等修，谢道承等纂：《乾隆福建通志》卷41，闽台历代方志集成，第40册，北京：社会科学文献出版社，2018年，第5153页。王若羲籍贯及任职梁山县的时间分别见（清）郝玉麟修，谢道承纂：《乾隆福建通志》卷27，闽台历代方志集成，第38册，北京：社会科学文献出版社，2018年，第3374页；（清）黄廷桂等修，张晋生等纂：《雍正四川通志》卷31，《四川历代方志集成·第四辑》第2册，北京：国家图书馆出版社，2017年，第653页。
② （清）朱言诗：《光绪梁山县志》，《中国地方志集成·四川府县志辑54》，成都：巴蜀书社，1992年，第65页。
③ （清）黄廷桂等修，张晋生等纂：《雍正四川通志》卷31，《四川历代方志集成·第四辑》第2册，北京：国家图书馆出版社，2017年，第653页。
④ （清）朱言诗：《光绪梁山县志》，《中国地方志集成·四川府县志辑54》，成都：巴蜀书社，1992年，第65页。
⑤ （清）朱言诗：《光绪梁山县志》，《中国地方志集成·四川府县志辑54》，成都：巴蜀书社，1992年，第64页。
⑥ （清）常明修，杨芳灿、谭光祜等纂：《嘉庆四川通志》卷105，《四川历代方志集成·第四辑》第9册，北京：国家图书馆出版社，2017年，第204页。
⑦ （清）朱言诗：《光绪梁山县志》，《中国地方志集成·四川府县志辑54》，成都：巴蜀书社，1992年，第218页。

续表

主事者姓名	来公祠的重修活动	主事者身份地位、籍贯	修建来公祠前后的其他活动
沈芝林		时任梁山知县，安徽芜湖监生，同治三年（1864）署任①	
艾鈫		时任梁山知县，江苏上元监生，同治四年（1865）署任②	

如前所述，来公祠自来知德去世后不久便建立，至清代有四次明确的重修。清代梁山县来公祠的重修往往是文庙、学宫修缮活动的一部分。相关工程主要由梁山县地方官员主持，这些官员绝大多数都自外地来任梁山县。他们对文庙、学宫及来公祠进行重修，本就是地方官员主政一方的常见举措，当然重修文庙与来公祠的活动也是包括在他们重整县域，修缮城墙、县城衙署等针对梁山县公共空间的整修活动中。这些工程从发起到进行往往深受主事官员的影响，甚至会出现官员离任故修缮工程暂停甚至中止的情况，如田起凤去世后来公祠的修缮工作便中止；符永培因故调离，相关工程等到其回任方重新被提上日程等。这些县一级地方官员，对当时整体的政治文化氛围更多是因应，尚不足以向朝廷上疏建议为来知德请求从祀孔庙，从根本上提升来知德的地位及影响。

二、推动来知德从祀孔庙的部分官员、士人

相较于重修来公祠的官员更多为梁山县地方官，向朝廷上疏争取将来知德入祀孔庙的官员则往往都是行省一级的官员。分析其中的蜀地官员在上疏为来知德请从祀时蜀地的社会状况，有助于今人进一步了解奏疏提交的背景。而通过他们任职蜀地时的一些举措，则能使今人更好地理解为来知德奏请从祀的活动是在怎样的条件下提出的。此外，乾隆朝

---

① （清）朱言诗纂：《光绪梁山县志》，《中国地方志集成·四川府县志辑54》，成都：巴蜀书社，1992年，第218页。
② （清）朱言诗纂：《光绪梁山县志》，《中国地方志集成·四川府县志辑54》，成都：巴蜀书社，1992年，第218页。

山东道监察御史张汉，是几次奏请来知德从祀于孔庙活动的参与者中，唯一一位既非蜀人，又无蜀地仕宦经历者。对其给予必要的关注，或能从侧面了解来知德其人其学在蜀地官员、士人之外还具有怎样的影响力。本小节将以明末《从祀疏》的作者四川巡按刘之勃及共同具名的四川巡抚陈士奇及乾隆朝《奏请将明儒来知德配享学宫事》的作者张汉为例加以说明。

（一）明亡前夕为来知德"请从祀"的四川巡按刘之勃与四川巡抚陈士奇

明末向朝廷上《从祀疏》的是时任四川巡按刘之勃、四川巡抚陈士奇，《明史》中皆有传。刘之勃，字安侯，陕西凤翔（今陕西宝鸡凤翔）人。崇祯七年进士。曾上《节财六议》《东厂三弊》受朝廷赏识。于（崇祯）十五年（1642）出按四川。他上疏为来知德"请从祀"从祀时的崇祯十六年（1643）秋，蜀地"类报灾异，请缓赋省刑，亦弭灾一术时不能用"。崇祯十七年（1644）正月，张献忠攻入蜀地，兵锋蔓延至许多州县。四月蜀中听闻京师失守、崇祯自缢煤山的消息，人心惶惶。刘之勃否定了一些地方士人拥立蜀王监国的提议，退保成都。八月，张献忠军队逼近成都，刘之勃率军抵抗后被俘。张献忠认为之勃是同乡，想任用他，之勃反而劝说张献忠不杀百姓，辅立蜀王世子。张献忠不从，之勃不屈大骂，被弓箭射杀殉难。①

陈士奇，字平人，漳浦（今属福建省漳州市漳浦县）人。初好文学，并不以军事能力知名。"举天启五年进士，授中书舍人。崇祯四年考选，授礼部主事，擢广西提学佥事。"从他后来的仕宦经历来看，除了几次掌管学政外，他还多次担任过重庆兵备、赣州兵备参议等地方上的军事要职。他在蜀地也曾督理四川学政。由于他曾有掌兵的经验，经朝臣推荐于崇祯十五年（1642）秋，擢右佥都御史，代廖大奇巡抚四川。在四川巡抚任上，士奇在处理松潘兵变和地方变乱上有所建树。然而《明史》认为他："本文人，再督学政，好与诸生谈兵，朝士以士奇知兵。及秉节钺，反以文墨为事，军政废弛。石砫女将秦良玉尝图全蜀形势，请教兵分守十三隘，扼贼奔突。置不问，蜀以是扰。"士奇在蜀中掌兵时未能重

---

① （清）张廷玉等：《明史》卷二六三《刘之勃传》，中华书局，1974年，第6811页。

视防务，却将不少精力放在地方文化政策上。崇祯十六年（1643）十二月，"朝议以其不任，命龙文光代之。"改任命令下达后不久，阳平守将赵光远率兵二万携瑞王朱常浩自汉中退至保宁避难，随行百姓也有数万，造成蜀地恐慌，陈士奇指责赵光远不应搅扰蜀中腹地，令其据守蜀地北部门户阳平关，瑞王则领兵三千至重庆。崇祯十七年（1644）四月，龙文光到蜀地接任四川巡抚，陈士奇本可离开，但由于收到京师陷落的消息，便决定留驻重庆，城破殉难。①

从刘之勃和陈士奇在蜀地的仕宦经历看，上《从祀疏》时的"崇祯十六年八月十三日"，蜀地已能明显受到张献忠势力的威胁。掌握兵权的陈士奇未采纳秦良玉固守十三处关隘的建议，刘之勃虽赞同秦良玉的意见但却无兵可派。②《明史》认为陈士奇"秉节钺，反以文墨为事，军政废弛"，是后来蜀地再次被张献忠攻破的原因之一。笔者认为，从陈士奇在应对地方变乱及处理赵光远部入蜀的问题上的确展现出一定的军事才能，这些都对当时稳定蜀地起到了积极作用，似乎并非如后来朝廷所言不能胜任蜀中掌兵的职责。当然，陈士奇因文人出身从而对蜀地的文化事业报以更多关注也是不争的事实，他在早年督学四川时便曾到梁山县"谒文庙，后即拜来瞿唐先生祠，北面肃恭，告私淑之意，探其遗书，访其坟墓"③，可以看出他个人对来知德学术的了解与推崇。他在蜀地陷入战火危机时，一面与刘之勃一同上疏请求将来知德纳入孔庙从祀，一面却未采纳秦良玉加强关隘守备的建议。如以后见之明来看，其对军事防务问题的处理结果，确实应当对后来蜀地被攻破负有一定责任。但在评析这一观点时，还需考虑到，以当时蜀中防务条件是否有足够能力在积极应对、充分动员的情况下阻挡张献忠入蜀步伐。换言之，陈士奇是主观上误判局势，轻视了张献忠的战力，还是明朝在蜀地的统治已经无力做出更多积极应对，还需做进一步考察。再者，对于陈士奇"以文墨为

---

① （清）张廷玉等：《明史》卷二六三《陈士奇传》，中华书局，1974 年，第 6808-6809 页。
② "张献忠尽陷楚地，将复入蜀。良玉图全蜀形势上之巡抚陈士奇，请教兵守十三隘，士奇不能用。复上之巡按刘之勃，之勃许之，而无兵可发。"见（清）张廷玉等：《明史》卷 270《秦良玉传》，中华书局，1974 年，第 6947-6948 页。
③ （明）李长祥：《天问阁文集》，《四库禁毁书丛刊》集部第 11 册，北京：北京出版社，1997 年，第 251 页。

事"的批评，或应从如下几个方面予以理解。刘之勃与陈士奇在《从祀疏》中所表达的"臣谓乱之所从起，正由子不知有孝，臣不知有忠，正须提明教以砥□之，则经术所以经世务未始，非救时一大机括。况知德为蜀儒，臣幸为蜀官，官其地，知其人，而不以上闻，是蔽贤也，则臣之自处又将何如哉？恳乞敕下该部，将从祀、谥名二事一并议，覆将见圣道大成，益昭著于崇儒之际，而天下后世具淬砺于风厉之条矣。"更动祀典，奖进来知德这样的蜀地先贤，有利于宣传儒学的忠孝观念，进而激励民心士气，刘、陈二人也是将其视为挽救时局的举措之一。当时治理蜀地需面对诸多社会问题，单纯强调军事防务未必能挽救危局，而为了重整日益散乱的民心士气，则需要奖进乡贤、倡导忠义观等"文墨"之事方能达成；此外，似乎不宜将蜀地军事防备失利一事过多归咎于两位官员对文化事业的关注。

（二）乾隆九年为来知德"请从祀"的山东道监察御史、云南石屏人张汉

乾隆九年上《奏请将明儒来知德配享学宫事》折的山东道监察御史张汉，字月槎，号莪思，晚号蛰存。云南石屏人，生于康熙十九年（1680），卒于乾隆二十四年（1759），乾隆二年（1737）的博学鸿词特科"补试"中，张汉中二等第三名，再授翰林院检讨，乾隆七年（1742）迁山东道监察御史。因此乾隆九年的奏折正是其第二次入翰林院为官的十年期间。这一时期的张汉在多地巡查，为民请命，乾隆九年他还上书讨论湖广水利事宜。有关张汉的家世生平及文学创作，《张汉散文研究》中已有较全面之论述。①其在山东道监察御史时的具体经历尚缺少足够的资料予以说明。不过，基本可以确定的是张汉并非蜀人，也并没有在蜀地直接任官的经历，但他可能在第一次罢职归家后游历全国各地时到过蜀地，其自述"独三晋与闽中，未有予车辙马迹，天下五岳独余北岳，不得至，往往为恨耳。"②他对来知德的了解，除可能来自读书阅览之外，也可能来自其游历见闻。颇有良好官声的张汉愿意上疏请求以来知德配享孔庙，

---

① 李燕清：《张汉散文研究》，云南大学硕士学位论文，2018。
② 张汉：《漫游草跋》，《留砚堂诗集》卷30，云南省图书馆藏道光二十四年刻本。转引自李燕清：《张汉散文研究》，云南大学硕士学位论文，2018，第17页。

殊为不易，也从侧面反映来知德其人其学在这一时期已有较大的影响力。

还有一点需要特别注意，鉴于清朝统治者对孔庙祀典问题的讨论持严格谨慎的态度，乾隆朝官员上疏讨论祀典实际上需要冒一定的政治风险。前文已述乾隆皇帝本人在驳回乾隆十二年（1747）阮学浩、阎若璩更动祀典的十一条建议之余，还特别指出历史上孔庙从祀的讨论中早就存在一些官员、士人凭一己之见"迎合时事，党护乡曲"的情况，并强调"祀典关系重大。若只凭其私心浅见，率议更张，忽进忽退，忽东忽西，成何政体？"对于一些增祀的请求，强调"事阅数千年，博议者未之及，非有阙遗，实重之也"，不应随意更动雍正二年厘正祀典的成果。①乾隆二十六年（1761）山东按察使沈廷芳奏请增祀曾子、孟子门人及本朝之儒汤斌，其奏疏见《清高宗实录》卷六百二十九，对此乾隆皇帝直言："增祀之事，议论纷如聚讼，亦无实济政要，故不为也。"②次日，乾隆皇帝甚至直谕军机大臣等：

> 昨据沈廷芳请增从祀文庙一折，所奏无关紧要，已于折内批示训饬矣。身为臬司，自有职任应为之事，所当实力办理者。从祀增损，本无裨于实政，昔人纷纷聚讼，已属无谓。乃撷拾经生家言，连篇累幅，徒为条奏塞责，可乎？国家激劝人才，现在信赏必罚，应之者尚恐不能捷如影响，况以已往之人，用虚名进退，遽望其转移风尚，真所谓不揣其本而齐其末耳。沈廷芳向来原有好名习气。观此奏，可见积习未除。其平日居官，究竟何如？③

结合具体语境不难发现，沈廷芳之说遭到质疑的直接理由是其身任"臬司"却于本职范围之外议论孔庙增祀问题，从而受到"好名习气"的质疑。乾隆直接询问时任山东巡抚阿尔泰沈氏其人为官究竟如何？阿尔泰回奏："沈廷芳人本迂腐，自以出身鸿博，每拘牵文义，喜尚虚文。于政事未能实力殚心。且有好名习气，兼时有疾病，一切察吏明刑，终难

---

① 《清实录》第 12 册《高宗实录》卷 302《乾隆十二年十一月上》，北京：中华书局，1985年，第 956-958 页。
② 《清实录》第 17 册《高宗实录》卷 629《乾隆二十六年正月下》，北京：中华书局，1985年，第 16-17 页。
③ 《清实录》第 17 册《高宗实录》卷 629《乾隆二十六年正月下》，北京：中华书局，1985年，第 17 页。

望其整饬。"①而在乾隆看来"似此挦扯浮文,何济实政?"沈廷芳"身任臬司,在臬言臬,律例之因革,应言者不少而喋喋以此为事,其职任旷误必多"。此事甚至成为乾隆二十七年(1762)沈廷芳被迫以"原品休致"的直接原因。①乾隆个人还认为部分士人或官员更动祀典的提议是"用虚文进退谓足转移风俗……皆明季相沿陈腐恶习,朕所深恶"②。将其视为晚明一些儒生官员空求虚名而不务实的习气,认为这是导致明朝灭亡的原因之一。巧合的是,乾隆九年(1744)张汉上奏折为来知德请求配享学宫时,官职为山东道监察御史,议论祀典似乎也不在其本职工作范围之内,越职而言祀典之事,这也可能是此次为来知德请增祀未能获准的客观原因之一。

然而,即便对乾隆朝的官员而言,上书讨论孔庙祀典问题具有一定的政治风险,张汉仍旧为来知德上疏奏请配享孔庙。其举动既非出于桑梓乡情为故里乡贤发声,也非出于官员在任期间推举治下境域内乡贤的义务,从动机上看,更有可能是发自内心地认同来知德的学问成就与品格。这也是来知德的学问著述得以进一步流传的重要表现。在今后的研究中,或能依据现有的线索,逐步建立起以来知德个人交游、身后崇祀等主题的士人网络,这对于进一步深入研究、评介来知德的著述和学问都有积极的意义。

---

① 《清实录》第 17 册《高宗实录》卷 629《乾隆二十六年正月下》,北京:中华书局,1985 年,第 17 页。
① 《清实录》第 17 册《高宗实录》卷 653《乾隆二十七年正月下》,北京:中华书局,1985 年,第 310 页。
② 《清实录》第 17 册《高宗实录》卷 653《乾隆二十七年正月下》,北京:中华书局,1985 年,第 310 页。

结　语

　　来知德作为明代巴蜀地区的儒家先贤,历经嘉靖、隆庆、万历三朝,他的人生经历看似平凡,但也正是这种平凡成就了其处世不惊的态度和云淡风轻的境界,使他得以超脱物质与名利的牵绊,潜心向学,终成圣贤。他一生都不曾涉足仕途,在经历了四次会试不第后,毅然放弃科举,从此归隐田园,潜心学问,积极探求圣人之道,最终得以在理学与易学领域取得瞩目的成就。来知德出身蜀中平民之家,但是良好的家风与和谐的家庭关系为来知德日后圣贤人格的养成提供了良好的成长环境。与此同时,来知德与当时的许多文人士子都结下了深厚的友谊。其中不但包括尚书、巡抚等高级官员,也不乏知府、知县等地方中下级官僚,乃至普通的地方儒生。正如来氏所言:"乐多贤友,即有朋自远方来,得天下英才而教育之乐也,皆非涉于形气之私之乐也。"[①]来知德交友,重在志同道合,而对于对方的身份则不曾介意,因此他的朋友众多。

　　笔者对来知德家乡附近,即川东相关地点的考证,仅仅是对来知德蜀中游历状况的部分反映。如万历五年(1577),来知德曾游峨眉山,并留下名篇《游峨眉赋》。而三峡、白帝城等地,来知德一生更是数次游历,他曾自号"瞿唐""十二峰道人",从中也能看出他对三峡之雄浑壮丽景色的喜爱。由于这类名胜都为后人所熟知,故笔者在此就不一一论述了。除了本文提及的相关地点外,《日录》诗文中涉及来知德蜀中的游历地点还有很多,然而囿于现存资料的不足,笔者只能选择具有代表性的几处游历地点进行考证,其中难免挂一漏万,所以还有待后继者进一步补充说明。在现存的《来瞿唐先生日录》的诸多版本中,笔者对万历刻本和道光辛卯刻本进行对校。在校对的过程中发现,二者之间存在着内容上

---

①（明）来知德:《重刻来瞿唐先生日录》,《续修四库全书》第一一二八册《子部·杂家类》,上海:上海古籍出版社,2003年,第77页。

的互补与卷次上的差异，并且由于道光本刊刻的时代关系，因避讳与万历本产生了部分差别。笔者通过对两种版本的考察，试图还原《日录》的本来面貌。

在《来瞿唐先生日录》中，不乏来知德对于历史人物的评价。来氏褒扬了蔡元定、黄巩、张巡、岳飞等不惜以牺牲生命来成就不朽道德的先贤英烈，同时贬斥了诸如贾似道这类为君子所不齿的猥琐宵小。对历史人物才能的评价则体现了他强调道德作为个人才能发挥的先决条件。来知德对历史上诸位帝王进行了对比分析，主张君主节用尚俭，不滥施民力的"民本"思想。来知德对历史人物的评价也反映了来知德的历史观与价值观。来知德生死观既是来知德理学思想的起点，也是其认识世界的基础。来知德用理学思想解释生死问题，认为生死取决于气之聚散，且富贵生死皆有命数。来氏对于鬼神有着较为理性的认识，不仅揭露了民间鬼神观念的妄诞，而且极为重视传统的丧葬祭祀所发挥的社会作用。他在探求生命永恒价值的过程中逐渐认识到生命有限，贵在一朝闻道，而人的道德属性成就了生命的不朽。来知德天性豁达，喜爱饮酒，《来瞿唐先生日录》外篇就收录了大量与饮酒有关的诗赋。来氏饮酒类诗赋多是在与朋友的宴饮、交游的过程中创作出来的，即使与朋友无法见面时，也可以通过在书信中赋诗来表达他日见面把酒言欢的真切愿望。来氏的饮酒类诗赋多用典故，且往往借酒抒情，这也形成了他饮酒类诗赋独特的创作特点。当然，作为一位传统修养极高的儒者，来知德也深刻地意识到饮酒作乐必须被限定在一定的程度之内，饮酒一旦过量或是在不合时宜的场合下饮酒，则往往将造成许多负面的影响。来知德由此进行了深入探讨，继而形成了一套合乎于礼的饮酒制度并自己以身作则，严格遵守，以期达到教化乡民的作用。

张栻与来知德，作为宋明两代巴蜀地区理学思想的代表性人物，其学说在当时以及后世都产生了深远的影响。笔者将二者的理学思想与治学思想加以对比分析，在说明二者思想之异同的基础上，试图在一定程度上展现巴蜀学人的学术思想与治学路径。总的来看，张、来二人在理学思潮的大背景下，都十分重视理欲之辨，尤其是认识到摒弃个人私欲的必要性以及心在其中的主宰意义。二者皆认为天理在日常人伦日用之中得以彰显，因此强调生活中的道德践履，具体表现为对礼的遵守与践

行。至于二者的治学思想，张栻与来知德都主张当以孔子为师，并能够对当时的科举制度进行批判性的认识，强调学与思的互动以及躬行实践的重要性。

围绕晚明至清梁山县来知德"特祠"的兴废、一些官员士人向朝廷请求从祀来知德于孔庙的活动为中心，笔者在长时段内观察有关来知德的崇祀活动，进而梳理出一批与来知德崇祀活动直接相关的官员、士人。来知德的特祠自建立以来一直是梁山县文庙学宫的重要组成部分，其兴废与明清易代的"大历史"及梁山县地方社会状况都有密切关联。来公祠的建立、重修也包含部分官员士人欲进一步向朝廷提请从祀来知德于孔庙的意图。而纵观本文涉及的研究时段，至少可查知六次奏请将来知德增祀于孔庙的动议。在晚明至清这样的长时段内，对来知德的崇祀活动是随着政治文化氛围的变化而展开的。从明清易代的社会动荡中刘之勃、陈士奇拯救世风人心的期望，到清代康雍乾三朝对孔庙祀典的重新厘定及严格把控，再到晚清大变局中清政府为挽救危局再次大规模更动祀典，每一个阶段所要应对的背景都有很大的区别。虽然来知德最终未能跻身孔庙从祀行列，但这些崇祀活动已然对其学术的流传有十分积极的作用。针对其中一些问题，还有更进一步深入探讨的空间。

参考文献

（一）古籍

[1] 司马迁. 史记[M]. 北京：中华书局，1963.

[1] 郑玄，孔颖达. 礼记正义[M]上海：上海古籍出版社，2008.

[2] 郑玄，贾公彦. 仪礼注疏[M]. 上海：上海古籍出版社，2008.

[3] 郑玄，孔颖达. 毛诗正义[M]. 北京：中华书局，1980.

[4] 韩愈. 韩昌黎文集校注[M]. 上海：上海古籍出版社，1986.

[5] 范晔. 后汉书[M]. 北京：中华书局，1965.

[6] 刘昫，等. 旧唐书[M]. 北京：中华书局，1975.

[7] 欧阳修，等. 新唐书[M]. 北京：中华书局，1975.

[8] 司马光. 资治通鉴[M]. 北京：中华书局，1976.

[9] 邵雍. 邵雍全集：肆[M]. 上海：上海古籍出版社，2016.

[10] 张载. 张载集[M]. 北京：中华书局，1978.

[11] 胡宏. 胡宏集[M]. 北京：中华书局，1987.

[12] 叶适. 叶适集[M]. 北京：中华书局，2010.

[13] 陈亮. 陈亮集[M]. 北京：中华书局，1987.

[14] 张栻. 张栻全集[M]. 长春：长春出版社，1999.

[15] 朱熹. 四书章句集注[M]. 北京：中华书局，1983.

[16] 朱熹. 朱子全书[M]. 上海：上海古籍出版社，合肥：安徽教育出版社，2002.

[17] 黄士毅. 朱子语类汇校[M]. 上海：上海古籍出版社，2014.

[18] 戴溪. 石鼓论语答问[M]//文渊阁四库全书：第199册，上海：上海古籍出版社，1987.

[19] 赵蕃. 章泉稿[M]//影印文渊阁四库全书：集部第一一五五册，台湾：台湾商务印书馆，1986.

[20] 脱脱. 宋史[M]. 北京：中华书局，1977.

[21] 来知德. 易经集注[M]. 上海：上海书店，1988.

[22] 代浩，古之贤，等. 太史来瞿唐年谱[M]//《年谱丛刊》北京图书馆珍藏本：第50册，北京：北京图书馆出版社，1999.

[23] 来知德. 重刻来瞿唐先生日录[M]//续修四库全书：第一一二八册，上海：上海古籍出版社，2003.

[24] 来知德. 来瞿唐先生日录[M]//四库全书存目丛书，济南：齐鲁书社，1995.

[25] 朱国桢. 涌幢小品[M]//续修四库全书：第一一七三册，上海：上海古籍出版社，2002.

[26] 郭孔延. 资德大夫兵部尚书郭公青螺年谱[M]//北京图书馆珍本·年谱丛刊：第五十二册，北京：北京图书馆出版社，1998.

[27] 杜应芳，胡承诏. 补续全蜀艺文志[M]//续修四库全书：第一六七七册，上海：上海古籍出版社，2003.

[28] 赵世显. 芝园稿[M]//四库未收书辑刊：第五辑第二十四册，北京：北京出版社，1997.

[29] 李长祥. 天问阁文集[M]//四库禁毁书丛刊：集部第十一册，北京：北京出版社，1997.

[30] 永瑢，等. 四库全书总目[M]. 北京：中华书局，1965.

[31] 丁宝桢. 丁文诚公奏稿[M]//续修四库全书：第五〇九册，上海：上海古籍出版社，2002.

[32] 龙文彬. 明会要：卷四十：职官十二[M]. 刻本，永怀堂，1887（清光绪十三年）.

[33] 张廷玉，等. 明史[M]. 北京：中华书局，1974.

[34] 黄宗羲. 明儒学案[M]. 北京：中华书局，1985.

[35] 黄宗羲，全祖望. 宋元学案[M]. 北京：中华书局，1986.

[36] 毕沅. 续资治通鉴[M]. 北京：中华书局，1957.

[37] 万斯同. 明史：卷三八五：儒林三·来知德[M]. 抄本.

[38] 明实录：附录02：崇祯实录[M]. 台北："中央研究院"史语所，1967.

[39] 清实录：第7册：世宗实录[M]. 北京：中华书局，1985.

[40] 钦定大清会典则例：卷八二：礼部·中祀二[M]//影印文渊阁四库全书：史部第六二二册，台北：台湾商务印书馆，1983.

[41] 李光地. 御纂周易折中[M]//影印文渊阁四库全书：经部第三八册，台北：台湾商务印书馆.

[42] 张汉. 奏请将明儒来知德配享学宫事[A]. 中国第一历史档案馆，03-0295-016.

[43] 黄廷桂，张晋生，等. 雍正四川通志：卷 28 上[M]//四川历代方志集成·第四辑：第 2 册，北京：国家图书馆出版社，2017.

[44] 常明修，杨芳灿、谭光祜，等. 嘉庆四川通志：卷 105[M]//四川历代方志集成·第四辑：第 9 册，北京：国家图书馆出版社，2017.

[45] 李玉宣，衷兴鉴，等. 同治重修成都县志[M]//中国地方志集成·四川府县志辑 2[M]. 成都：巴蜀书社，1992.

[46] 郝玉麟，谢道承. 乾隆福建通志[M]//闽台历代方志集成. 北京：社会科学文献出版社，2018.

[47] 王庆熙. 乾隆梁山县志[M]//中国地方志集成·重庆府县志辑 34. 成都：巴蜀书社，2016.

[48] 朱言诗. 光绪梁山县志[M]//中国地方志集成·四川府县志辑 54. 成都：巴蜀书社，1992.

[49] 符永培.（嘉庆丁卯）梁山县志：十八卷[M]，影印，哈佛大学汉和图书馆藏.

[50] 李成林，罗承顺. 康熙顺庆府志[M]//中国地方志集成·四川府县志辑 54，成都：巴蜀书社，1992.

[51] 翁道均，熊毓藩. 同治营山县志[M]//中国地方志集成·四川府县志辑 54，成都：巴蜀书社，1992.

[52] 张琴，范泰衡. 万县志[M]//中国方志丛书：华中地方第 379 号，台北：成文出版社，1976.

[53] 复成修，胡元翔. 同治新宁县志[M]//中国地方志集成·四川府县志辑 60，成都：巴蜀书社，1992.

[54] 崔邑俊，杨崇，焦懋熙. 乾隆夔州府志[M]//中国地方志集成·重庆府县志辑 26，成都：巴蜀书社，2016.

[55] 恩成，刘德铨. 道光夔州府志[M]//中国地方志集成·四川府县志辑 60，成都：巴蜀书社，1992.

[56] 刘高培，赵志本. 乾隆万县志[M]//故宫珍本丛刊：第 217 册：四川府州县志：第 13 册，海口：海南出版社，2001.

[57] 民国梁山县志[M]//重庆图书馆藏稀见方志丛刊，北京：国家图书馆出版社，2014.

（二）期刊

[1] 王棋. 来知德"舍象不可以言易"的易学思想探析[J]. 江西社会科学，2007（9）.

[2] 林忠军. 来知德易象说及其意义[J]. 周易研究，2009（4）.

[3] 官岳. 论来知德易学的哲学思想[J]. 浙江社会科学，2009（2）.

[4] 刘体胜. 试论来知德的像象观与错综说[J]. 周易研究，2010（4）.

[5] 蔡方鹿. 来知德对理学的疑辨及其易学的特点[J]. 福建论坛（人文社会科学版），2012（1）.

[6] 俞荣根. 巴渝文化与易文化[J]. 西南师范大学学报，2001（6）.

[7] 金生杨. 巴蜀易学渊源[J]. 四川师范大学学报（社会科学版），2004（3）.

[8] 舒大刚，李冬梅. 巴蜀易学源流考[J]. 周易研究，2011（4）.

[9] 蔡方鹿，刘俊哲，金生杨. 巴蜀哲学思想的发展脉络[J]. 社会科学研究，2013（2）.

[10] 余光贵. 明末隐士来知德的哲学思想[J]. 孔子研究，1990（2）.

[11] 李寰. 西蜀大儒来知德[J]. 四川文献：第 56 辑，1967.

[12] 杨自平. 来知德《易》学特色——错综哲学[J]. "中央"大学人文学报：第 27 辑，2003（6）.

[13] 钟彩钧. 来知德哲学思想研究[J]. 中国文哲研究集刊：第 24 辑，2004（3）.

[14] 林桐城. 从宇宙论之研究视域论来知德之气论[J]. 景文学报：第 22 辑第 2 期，2012（6）.

[15] 林桐城. 来知德《周易集注》"依图解义"释例[J]. 景文学报：第 24 辑第 1 期，2013（12）.

[16] 林桐城. 来知德之心性论[J]. 景文学报：第 23 辑第 2 期，2013（6）.

[17] 吴伟.《周易集注》的早期版本[J]. 图书情报工作，2011（11）.

[18] 谢莺兴. 来知德《周易集注》版本考述[J]. 东海中文学报：第 13 辑，2001（7）.

[19] 母忠华，徐涛. 巴渝诗人来知德诗歌之思想内容研究[J]. 消费导刊，2008（6）.

[20] 唐成元，孔祥辉. 注《易》大师来知德[J]. 晚霞，2006（12）.

[21] 吴正权. 一代大儒来知德（上）[N]. 梁平报，2012-11-5（4）.

[22] 吴正权. 一代大儒来知德（下）[N]. 梁平报，2012-11-12（4）.

[23] 舒大刚. 蜀学的流变及其基本特征[J]. 江苏科技大学学报（社会科学版），2017（9）.

[24] 邓广铭. 谈谈有关宋史研究的几个问题[J]. 社会科学战线，1986（2）.

[25] 漆侠. 宋学的发展和演变[J]. 文史哲，1995（1）.

[26] 肖永明. 张栻《论语解》的学风旨趣与思想意蕴[J]. 湖南大学学报（社会科学版），2011（5）.

[27] 吴亚楠. 张栻、朱熹对"太极"与"性"关系的不同解读[J]. 江淮论坛，2016（1）.

[28] 文碧方，洪明超. 张栻早期、中期、晚期工夫论之演变[J]. 湖南大学学报（社会科学版），2019（4）.

[29] 杨世文. 张栻教育哲学论略——以明伦教育为核心[J]. 江苏科技大学学报（社会科学版），2018（12）.

[30] 蔡方鹿. 宋明理学之经典诠释思想刍议——兼论与西方诠释学的异同[J]. 中国社会科学院研究生院学报，2011（1）.

[31] 景海峰. 中国哲学的诠释学境遇及其维度[J]. 天津社会科学，2001（6）.

[32] 景海峰. 中国经典诠释学建构的三个维度[J]. 天津社会科学，2017（1）.

[33] 黄俊杰. 东亚儒学史研究的新视野——儒家诠释学刍议[J]. 台大文史哲学报，第五十三期.

[34] 常建华. 共赏与建构：康熙帝的御赐书法活动[J]. 文史哲，2017（4）.

（三）专著

[1] 漆侠. 宋学的发展和演变[M]. 石家庄：河北人民出版社，2002.

[2] 周大璞. 训诂学初稿[M]. 武汉：武汉大学出版社，2007.

[3] 石峻. 中国佛教思想资料选编[M]. 北京：中华书局，1983.

[4] 钱穆. 中国近三百年学术史[M]. 北京：中华书局，1987.

[5] 蔡方鹿. 巴蜀哲学与文化探讨[M]. 北京：中国社会科学出版社，2020.

[6] 黄进兴. 优入圣域：权力、信仰与正当性[M]. 西安：陕西师范大学出版社，1998.

[7] 徐朝旭，等. 儒家文化与民间信仰[M]. 北京：人民出版社，2013.

[8] 朱鸿林. 孔庙从祀与乡约[M]. 北京：生活·读书·新知三联书店，2015.

[9] 黑格尔. 小逻辑[M]. 贺麟，译. 上海：上海人民出版社，2009.

[10] 帕尔默. 诠释学[M]. 潘德荣，译. 北京：商务印书馆，2012.

[11] 伽达默尔. 真理与方法——哲学诠释学的基本特征[M]. 洪汉鼎，译. 上海：上海译文出版社，2004.

[12] 杨效雷. 巴蜀隐士来知德以象解《易》述论[M]//周少川. 历史文献研究：总第28辑. 上海：华东师范大学出版社，2009.

[13] 陈培荣. 来知德《周易集注》初刻本考[M]//北京大学《儒藏》编纂与研究中心. 儒家典籍与思想研究：第五辑，北京：北京大学出版社，2013.

[14] 郑家治、李咏梅. 心学家来知德的诗学思想研究[M]//明清巴蜀诗学研究. 成都：巴蜀书社，2008.

[15] 熊明安. 来知德和彭端淑的教育思想[M]//熊明安，等. 四川教

[16] 王小红. 来知德生平学行考述[M]// 舒大刚, 王小红. 巴蜀文献: 第一辑, 成都: 四川大学出版社, 2014年10月。

[17] 余光贵. 来知德[M]//贾顺先, 戴大禄. 四川思想家. 成都: 巴蜀书社, 1988.

[18] 南怀瑾. 三家村与来知德[M]//南怀瑾选集. 上海: 复旦大学出版社, 2003.

[19] 梁平县地方志编纂委员会. 梁平县志·文化人物·来知德[M]. 北京: 方志出版社, 1995.

[20] 吴正权. 易学大家来知德[M]//锦绣梁平. 重庆: 重庆出版社, 2007.

[21] 李克明. 来知德的故事[M]//梁平县政协文史委员会. 梁平文史话. 2007.

[22] 王茂乾, 丁耀廷. 来知德万州演周易[M]//万州文史资料: 第7辑(总第11辑). 中国人民政治协商会议重庆市万州区委员会文史学习联络联谊委, 2005.

[23] 金生杨. 张栻《南轩易说》考辨[M]//蔡方鹿, 舒大刚. 儒家德治思想探讨. 北京: 线装书局, 2003.

[24] 陈寅恪. 邓广铭《宋史职官志》考证序[M]//金明馆丛稿二编, 上海: 上海古籍出版社, 1980.

[25] 缪钺. 宋代文化浅议[M]//孙钦善. 国际宋代文化研究会论文集, 成都: 四川大学出版社, 1991.

[26] 苏铉盛. 张栻《太极解义》[M]//陈来. 早期道学话语系统的形成与演变, 合肥: 安徽教育出版社, 2007.

[27] 陈培荣. 来知德《周易集注》初刻本考[M]//北京大学《儒藏》编纂与研究中心. 儒家典籍与思想研究: 第五辑. 北京: 北京大学出版社, 2013.

[28] 李宗翰, 郑莉. 家族、婚姻与道学:《仙溪志·人物传》中的社会关系[M]//唐宋历史评论: 第3辑. 北京: 社会科学文献出版社, 2017.

（四）学位论文

[1] 刘体胜. 大义入象：来知德易学思想浅绎[D]. 武汉：武汉大学，2005.

[2] 王棋. 来知德易学思想探微[D]. 济南：山东大学，2006.

[3] 官岳. 来知德易学研究[D]. 济南：山东大学，2008.

[4] 尹辰霆. 来知德易哲学研究[D]. 济南：山东大学，2013.

[5] 陈竹义. 来氏易经理数思想之研究[D]. 台北：中国文化大学哲学研究所，1988.

[6] 李燕清. 张汉散文研究[D]. 昆明：云南大学，2018.